beck^Ische reihe

b^{sr}

Johanna die Wahnsinnige ist eine der bewegendsten Figuren der spanischen Geschichte. Mutter von sechs Kindern, die sie wenig sehen konnte, Witwe mit sechsundzwanzig, abgeschnitten von der Macht, eingeschlossen, eingesperrt in Tordesillas – erst von ihrem eigenen Vater, später von ihrem Sohn Karl V. – stirbt sie schließlich am 12. April 1555 nach einer endlosen Gefangenschaft.

«Fernández Álvarez hat ein ebenso dichtes wie poetisches Buch geschrieben ... leicht und luftig kommt der Text daher, als Porträt einer Königin, die das Unglück hatte, zwar nicht von der Geschichte, wohl aber von ihrer eigenen Zeit vergessen zu werden.»

Kersten Knipp, Neue Zürcher Zeitung

Manuel Fernández Álvarez, Mitglied der Königlichen Akademie der Wissenschaften in Madrid, lehrte bis zu seiner Emeritierung an der Universität Salamanca Geschichte der Frühen Neuzeit.

Manuel Fernández Álvarez

JOHANNA
DIE WAHNSINNIGE
1479−1555

Königin
und Gefangene

Aus dem Spanischen
übersetzt von
Matthias Strobel

C.H.Beck

Die Originalausgabe erschien unter dem Titel:
Juana La Loca. La Cautiva de Tordesillas
© Editorial Espasa Calpe, S.A., Madrid 2000

Mit 21 Textabbildungen

Für Marichún,
die von der armen Gefangenen
von Tordesillas
so sehr gefangen genommen wurde,
mit Liebe.

Dieses Buch erschien erstmals 2005
in gebundener Form im Verlag C.H.Beck

1. Auflage in der Beck'schen Reihe, 2008
Für die deutsche Ausgabe:
© Verlag C.H.Beck oHG, München 2005
Satz: Fotosatz Janß, Pfungstadt
Druck und Bindung: Druckerei C.H.Beck, Nördlingen
Umschlagabbildung: Gemälde um 1496 von Juan de Flandes,
Kunsthistorisches Museum Wien
Umschlagentwurf: +malsy, Willich
Printed in Germany
ISBN 978 3 406 54769 0

www.chbeck.de

INHALT

In diesem Porträt, das Johann von Flandern etwa um 1497 malte, zeigt sich uns die Infantin von Spanien in all ihrer Schönheit. Kunsthistorisches Museum Wien.

VORWORT

Johanna die Wahnsinnige ist eine der bewegendsten Figuren unserer Geschichte. Witwe mit fünfundzwanzig, Mutter von sechs Kindern, die man ihr früh wegnimmt – mit Ausnahme der kleinen Katharina, der nachgeborenen Tochter Philipps des Schönen, und selbst sie wird ihr 1525 entrissen –, abgeschnitten von der Macht, eingeschlossen in ihre Gemächer von ihrem Gatten Philipp, in Tordesillas von ihrem Vater Ferdinand eingesperrt, bleibt sie in dieser Gefangenschaft auch während der Regierungszeit ihres Sohnes Karl V. Von 1525 an lebt sie (sieht man einmal ab von den sporadischen Besuchen der kaiserlichen Familie oder eines Abgesandten des Kaisers) bis zu ihrem Tod dreißig Jahre später in dieser Gefangenschaft und endet schließlich im Wahnsinn, so viel steht zweifelsfrei fest.

Ihr trauriges Schicksal bewegte die einfachen Menschen ihrer Zeit und rührt auch heute noch. Nach wie vor ist sie eine der populärsten Figuren der spanischen Geschichte, nicht, weil ihr Großes geglückt wäre, sondern weil es ihr versagt blieb, die aktive Rolle zu spielen, die ihr aufgrund ihrer hohen Herkunft bestimmt war.

1. Leben und Schicksal der spanischen Königin sind bis heute in der Literatur nur unzureichend gewürdigt worden. Außer einem kurzen Abriss Antonio Rodríguez Villas gegen Ende des 19. Jahrhunderts (*Biographische Skizze der Königin Johanna*)[1] gibt es noch die gleichermaßen knappe Studie des deutschen Hispanisten Ludwig Pfandl[2] und die ausführlichere, aber stilistisch trockene Abhandlung von M. Prawdin[3].

Dieser Mangel an Literatur ist Hindernis und Ansporn zugleich. Hindernis, weil wir wenig über den Alltag der Königin wissen; Ansporn, weil wir Neuland betreten.

In meinen Studien über das 16. Jahrhundert taucht Johanna, die arme Königin, immer wieder auf, vor allem in meinem *Corpus Documental de Carlos V,* wo sich über fünfzig Einträge zu Johanna finden. Diese Dokumentation liefert uns Anhaltspunkte dafür, dass die emotionale Instabilität der Königin beträchtliche Probleme aufwarf. In dem Bericht, den der Vizekönig Alonso von Aragonien am 7. März 1516 in Saragossa verfasste, heißt es zum Beispiel, dass es nur schwer denkbar wäre, Johanna zur Königin dieser Krone auszurufen.[4] Auch finden sich in besagtem *Corpus* Mitteilungen über das königliche Gefängnis von Tordesillas.[5]

Über Jahre hinweg zog mich das Schicksal der Königin immer mehr in Bann. Als der damalige Provinzialratspräsident von Palencia mich in einem Brief dazu ermunterte, eine Biografie über Doña Johanna zu schreiben, erschien mir dies eine verlockende Vorstellung. Ich begann, so viele Informationen wie möglich zu sammeln, und rechnete damit, vor allem in Tordesillas fündig zu werden.

Was ich dort erlebte, verdient einen kleinen Exkurs. Eines Morgens wurde ich in diesem entzückenden Städtchen am Duero vorstellig. Mit Gemeindearchiven hatte ich bis dahin immer gute Erfahrungen gemacht, insbesondere mit den Libros de Acuerdos; in Madrid, Salamanca und Zamora hatte ich großen Nutzen aus ihnen gezogen. Warum es also nicht in Tordesillas versuchen? Voller Hoffnung begab ich mich zum Rathaus, wo ich sofort das Büro des Gemeindevorstehers aufsuchte. Es war gegen zwölf, was mir eine vernünftige Uhrzeit erschien, um mit meinen Nachforschungen zu beginnen. Nicht so dem Herrn dieser Behörde – oder seinem Vertreter –, der mich abzuwimmeln versuchte und mir versicherte, dass sich im Rathaus nichts über die Zeit fände, die mich interessierte. Ich bestand jedoch darauf, dies eigenhändig überprüfen zu wollen. Glücklicherweise tauchte in diesem Moment eine weitere Beamtin auf: Concha del Soto. Sie zeigte sich äußerst hilfsbereit, verschaffte mir Zugang zu den Beständen des Archivs und wies mich auf die nummerierten Aktenbündel hin, die im oberen Teil der Regale lagerten.

Auf meine Bitte hin überreichte sie mir das oberste Bündel, und zu meiner großen Überraschung handelte es sich tatsächlich um die Libros de Acuerdos, allerdings die des 17. Jahrhunderts. Neugierig geworden, vielleicht auch einer Eingebung folgend, bat ich darum, mir das zweite Aktenbündel zu reichen. Zu meiner Verwunderung stellte ich fest, dass sich unter den Dokumenten aus dem 16. Jahrhundert auch ein Vermerk befand über die Trauer, die in dem Städtchen am Todestag der unglücklichen Königin geherrscht hatte. Ich kam mit der liebenswürdigen Beamtin überein, dass es zweckmäßig wäre, die Bestände neu zu ordnen, und bat um Erlaubnis, die wichtigsten Dokumente kopieren zu dürfen, was sie mir mit der gleichen Liebenswürdigkeit gestattete, mit der sie mir von Anfang an entgegengekommen war.

Mein Besuch in Tordesillas war überaus erfolgreich. Nur dank dieser Dokumente konnte ich die Biografie über die Königin zu einem würdigen Abschluss bringen, eine Biografie, die ich von der ersten bis zur letzten Zeile mit einem Gefühl tiefer Anteilnahme verfasst habe. Es ist dem großen Interesse des Verlags Espasa Calpe zu verdanken und im Besonderen meiner guten Freundin Pilar Cortés, der Leiterin des Sachbuchprogramms, dass diese Biografie nun in einer korrigierten und erweiterten Ausgabe vorliegt; danken möchte ich auch meiner Tochter Susana Fernández Ugarte, Doktorin der spanischen Philologie, die mir bei der stilistischen Überarbeitung wertvolle Hilfe geleistet hat.

Bleibt mir noch zu sagen, dass mich die gründliche Auseinandersetzung mit dem Leben Königin Johannas tief bewegt hat. Und so hoffe ich, dass auch Sie sie in Ihr Herz schließen werden.

EINLEITUNG

Am 12. April 1555 starb in Tordesillas eine merkwürdige Frau. Zwar wurde ihr Tod in den offiziellen Akten der Krone vermerkt, doch drang kaum etwas darüber über die Mauern des Städtchens hinaus. Die Menschen, die Mitte des 16. Jahrhunderts lebten, wussten nur wenig über die Tote, sie hatten allenfalls von einer wunderlichen Legende gehört: von dem makaberen Schauspiel einer untröstlichen Witwe, die sich weigerte, ihren Gatten, der im besten Mannesalter gestorben war, zu begraben. Sie war mit dem Leichnam von Dorf zu Dorf über die Felder der Meseta gezogen, nachts, von großen Pechfackeln beleuchtet, deren Flammen im Wind flackerten, und hatte unter freiem Himmel kampiert.

Ein wahres Unglück.

Wer war diese merkwürdige Frau?

Johanna, so lautete ihr Name, war von edelstem Geblüt, Tochter der Katholischen Könige. Als Drittgeborene hatte sie kaum Aussichten auf den Thron, und dennoch bestimmte das Schicksal sie zur rechtmäßigen Königin von Kastilien und Aragonien.

Ihr Lebensweg, der so glorreich, glänzend und spektakulär begann, nahm früh eine traurige Wende. Der Tod ihres Gatten stürzte sie in eine tiefe Finsternis. Als Johanna die Wahnsinnige ging sie in die Geschichte und die Legende ein. Der Wahnsinn trennte sie von der Macht, doch zeit ihres Lebens wurde sie nie ihrer Titel enthoben. Sie blieb die Königin von Kastilien und León, Aragonien, Neapel, Sizilien etc. in einer autoritären Monarchie mit absolutistischen Tendenzen, doch Macht auszuüben, wie einst ihre Mutter Isabella die Katholische, blieb ihr versagt. Stattdessen wurde sie das Opfer der Macht, die Gefangene von Tordesillas.

Ihr Gatte, Philipp der Schöne, ihr Vater, Ferdinand der Katholische, und schließlich auch ihr eigener Sohn, Karl V., degradierten sie zu einer Königin auf dem Papier, zu einem Gesicht ohne Stimme, zwangen sie, für mehr als ein halbes Jahrhundert, in eine demütigende Gefangenschaft, die mit dem Tod ihrer Mutter Isabella am 26. November 1504 begann, als sie zur Königin von Kastilien ernannt wurde, und bis zu ihrem eigenen Tod am 12. April 1555 währte.

Ein tragisches und schmerzliches Schicksal. Und dennoch: Als ihr Sohn Ferdinand von ihrem Tod erfuhr, machte er eine seltsame Bemerkung: Äußerst glücklich sei seine Mutter gewesen, die glücklichste aller Frauen, denn sie habe sechs Kinder aufwachsen sehen in einer Zeit schrecklicher Kindersterblichkeit, und sie habe erlebt, dass ihre beiden Söhne, Karl V. und Ferdinand I., zu Kaisern und die vier Töchter zu Königinnen gekrönt wurden: Eleonore, Königin von Frankreich; Isabella, Königin von Dänemark; Maria, Königin von Ungarn; und Katharina, die nachgeborene, innig geliebte Tochter aus der Ehe mit Philipp dem Schönen, Königin von Portugal. Johanna, Königin von Kastilien, war somit die Begründerin eines Stammbaums, aus dem zwölf christliche Könige hervorgingen: ein glückliches Los in den Augen ihres Sohnes Ferdinand, ein ruhmreiches Leben und ein wunderbares Schicksal. Machtpolitisch betrachtet, hätte es nicht besser verlaufen können. Geschichtlich gesehen, stand außer Zweifel: Johanna war die große Gewinnerin.

Wer jedoch durch die Gassen Tordesillas streift und den Weg zum Palast einschlägt, das Kloster Santa Clara betritt und auf den Fluss Duero hinabsieht und dann unwillkürlich an das Los der Königin denkt, den überkommt vielleicht eine Ahnung, wie einsam dieses Leben Tag für Tag und so viele Jahre lang gewesen sein muss.

Die geistige Störung, unter der die Königin litt, bewahrte sie nicht vor Schmerz. Wir wissen, dass sie sich verzweifelt an ihre jüngste Tochter Katharina klammerte, zum einen, weil sie die Erinnerung an ihren Gatten Philipp verkörperte, aber auch vor allem deshalb, weil dieses Mädchen ihre Einsamkeit, eine unerträgliche Einsamkeit, linderte.

Das menschliche Drama Königin Johannas liegt darin begründet, dass sie, die alles hätte haben können, am Ende gar nichts hatte, zur Elendsten der Elenden ihres Königreiches wurde, gequält von ihren eigenen Albträumen.

Als Königin Kastiliens (ab 1504) und schließlich ganz Spaniens (ab 1516) wäre sie eine der mächtigsten Monarchinnen ihrer Zeit gewesen, denn in diesem Jahrhundert des autoritären Monarchentums lag die gesamte Macht in den Händen des Souveräns.

Was Spanien betrifft, beschränkte sich diese Macht nicht nur auf das Mutterland. In der fünfzigjährigen Regentschaft der umnachteten Königin eroberte die spanische Krone die Neue Welt, nahm den südamerikanischen Kontinent mit seinen Fabelreichen der Azteken und Inkas in Besitz. Zur gleichen Zeit standen spanische Truppen, die so genannten Tercios, in ganz Europa: auf Italiens Boden, an Frankreichs Grenzen, in Deutschlands Ebenen; und sie kämpften in Nordafrika von Oran bis Tripolis.

Eine glänzende Epoche, nicht zuletzt durch die Brillanz ihrer Denker. Der Humanist Juan Luis Vives, der in Brüssel ein bescheidenes Dasein führte, wurde an den spanischen Hof gerufen; Juan de Valdés, der in Neapel eine Heimstatt gefunden hatte, übte seinen gelehrten Einfluss über halb Italien aus; die Ständeversammlung, die so genannten Cortes, feierte die göttlichen Verse Garcilasos; und schließlich erschien ein kleines Büchlein, das die Literatur revolutionieren sollte: der *Lazarillo de Tormes*.

In der ersten Hälfte des 16. Jahrhunderts wurde Spanien unbestreitbar zur größten Macht der westlichen Welt.

Vor diesem Hintergrund muss man das Schicksal Johannas der Wahnsinnigen betrachten, will man das menschliche Drama dieser Gefangenschaft ermessen.

1 . DAS ZEITALTER

Zwischen 1479 und 1555 erlebte Europa, ja die ganze Welt einen tiefgreifenden Wandel. Es war ein Zeitalter, in dem erstaunliche Veränderungen vor sich gingen.

Europa, im Osten bedrängt vom Ottomanischen Reich, wendet sich dem Ozean zu. Doch für die Europäer sind die Meere und die Länder jenseits der Ozeane immer noch ein unbegreifliches Geheimnis. Selbst Afrika ist nur an seinem nördlichen, dem Mittelmeer zugewandten Rand, bekannt. Die amerikanischen Kontinente sind noch nicht entdeckt, ganz zu schweigen von Australien, Neuseeland und Neu-Guinea. Und in Russland ist der Ural noch nicht überschritten, das riesige Sibirien ist eine weitere *Terra incognita*. Niemand vermutet, dass es den Pazifischen Ozean gibt, und selbst die Behauptung, die einige Gelehrte der Antike aufgestellt haben, dass die Erde rund sei, harrt noch eines Beweises.

Ein drei viertel Jahrhundert später hat sich das Panorama dramatisch verändert. Seerouten, befahren von Portugiesen und Spaniern, aber auch von Italienern, Engländern und Franzosen, haben das Wissen über die Welt erweitert. Die Welt ist bereits einmal umsegelt worden, zwischen 1519 und 1522, auf einer Reise, die von Magellan begonnen und von Elcano beendet wurde. Und die Spanier haben ihren Fuß bereits auf die Philippinen gesetzt. Und diese Spanier, in der Mehrzahl Kastilier, sind es auch, die den südamerikanischen Kontinent erobern, vom Rio Grande in Mexiko bis hinunter nach Santiago de Chile. Portugal hat seine Herrschaft über die Meere gefestigt, hat die Küsten des afrikanischen Kontinents besiedelt, ist bis zum Indischen Ozean vorgedrungen, wo Vasco da Gama Anspruch auf das reiche Indien erhebt. Darüber singt später Camões sein berühmtes Heldenlied. Gleichzeitig beginnt Russland, nach Sibirien vorzustoßen.

Mit den Eroberungen wächst auch der Austausch zwischen den Völkern der verschiedenen Kontinente. Zum ersten Mal gibt es so etwas wie eine Weltpolitik, eine Weltwirtschaft.

Es ist eine Welt, in der die Künste und Wissenschaften sich entfalten. Noch befinden wir uns ja im Zeitalter der Renaissance, einer glänzenden Epoche des Geistes: Raffael, Leonardo de Vinci, Michelangelo und Tizian, *Das letzte Abendmahl* und die Fresken der Sixtinischen Kapelle; Erasmus von Rotterdam, der mit seiner Gelehrsamkeit Licht in das dunkle Europa trägt, Kopernikus, der sein revolutionäres Werk *De revolutionibus orbium coelestium* schreibt, und Andreas Vesalius, der Verfasser von *De humani corporis fabrica*. Der eine offenbart der Menschheit die Wunder des Universums, der andere die Eigentümlichkeiten des menschlichen Körpers.

Die drei größten Entdeckungen dieses Zeitalters sind der Mensch, die Erde, der Kosmos. Zum ersten Mal wird gezeigt, wie der menschliche Körper beschaffen ist, zum ersten Mal wird bewiesen, dass die Erde rund ist, dass sie sich um die Sonne dreht und nicht umgekehrt.[6]

Es ist aber auch eine Zeit der Kämpfe, der Konflikte, der Spaltungen. In Deutschland wagt es ein Zeitgenosse Königin Johannas von Kastilien, Martin Luther, sich gegen die römische Kirche aufzulehnen, dem Papst die Stirn zu bieten, und führt so die Spaltung der Kirche herbei, die unter dem Namen Reformation in die Geschichtsbücher eingehen wird.

Die bedeutendsten Persönlichkeiten, die das politische Geschehen jener Zeit bestimmen, weiten ihre Herrschaft auf andere Gebiete und Reiche aus: Es ist die Epoche Franz I. von Frankreich und Solimans des Prächtigen, des Kaisers des Orients, des Herrschers über Konstantinopel, der Karl V., den Sohn Königin Johannas, ins Abseits drängen will.

Doch all das sagt wenig aus über die Umstände, unter denen Johanna von Kastilien lebte. Um diese zu beschreiben, müssen wir etwas darüber erfahren, wie dieses Königtum organisiert war, welcher Glauben, welche Sitten in jener Zeit vorherrschten. Seit dem Tod ihres Gatten lebte Johanna bis zu ihrem Ende in der so genannten *Monarquía Católica*. Wir wollen diese Monarchie so bezeichnen, wie es damals üblich war, weil diese Herrschaft sich auch auf Länder außerhalb Spaniens erstreckte und weil in Spanien selbst die Gesetze, Sitten und Sprachen sich unterschieden, je nachdem, ob wir über das Königtum Kastilien oder Aragonien sprechen.

Wir wollen jedoch bei diesem Kastilien bleiben, das Johanna nach dem Jahr 1506 nicht mehr verlassen wird.

An dieser Stelle sei daran erinnert, dass Kastilien in zwei Gebiete unterteilt war: den Teil, der der Krone, und den Teil, der dem Adel gehörte. Ersterer umfasste nicht einmal ein Drittel des kastilischen Territoriums, war aber die Grundlage für die königliche Macht. Dort lagen die Städte und Dörfer, die von den Städteparlamenten, den so genannten Cortes, kontrolliert wurden, und diese Cortes wiederum konnten ihre Stimmen geltend machen in so wichtigen Fragen wie der Thronfolge, der Abgaben an die Krone und der Einforderung von Belohnungen für die dem König geleisteten Dienste.

Dieses königliche Kastilien wurde von einem Rat regiert, dessen offizielle Aufgabe es war, den König zu beraten (daher der Name: Königlicher Rat), der aber faktisch das Land im Namen des Monarchen regierte. Was das Territorium anging, verließ sich der Rat auf die Vögte, die in den 66 Vogteien, in die die Katholischen Könige das Land unterteilt hatten, die Macht ausübten und Recht sprachen. Wenn man bedenkt, dass es die Katholischen Könige waren, die den Königlichen Rat neu strukturierten, indem sie ihn den Gelehrten unterstellten – so geschehen in Toledo 1480, als Johanna von Kastilien erst ein Jahr alt war –, und wenn man in Betracht zieht, dass sie es waren, die die Inquisition einführten, erhalten wir eine ungefähre Vorstellung davon, wie sehr sich Kastilien im Laufe des Lebens dieser Königin gewandelt hat. Der Horizont sollte sich erweitern, in einer Weise ausdehnen, wie es die Vorfahren nie für möglich gehalten hätten. In nur zehn Jahren beendeten die Katholischen Könige die Reconquista, eroberten Granada zurück, die letzte, scheinbar uneinnehmbare Bastion jenes märchenhaften Nasridenreiches. Navarra und Kastilien vereinigten sich zu einer Zeit, als Johanna noch die rechtmäßige Königin von Kastilien war. Wenn wir noch hinzufügen, dass der Norden Spaniens und der Süden Italiens an die spanische Krone fielen, dass jenseits der Meere neue Länder hinzugewonnen wurden, dann lässt sich erahnen, was es bedeutete, in jener Zeit Kastilier zu sein. Der Leitspruch eines Ritters des 15. Jahrhunderts, der auf einem Stich mit Schwert und Kompass dargestellt ist, bringt es auf den Punkt:

> Mit Schwert und Kompass/
> und weiter ohne Unterlass

Wir haben von einem königlichen Kastilien gesprochen, und dazu gehörte selbstverständlich auch das Städtchen Tordesillas, in dem es seit den Zeiten Peters I. einen Königspalast gab. Der Ort diente einerseits dem König als Aufenthaltsort – in diesem Fall der Königin –, da er über den Vorteil verfügte, nur eine Tagesreise von Valladolid, einer der größten Städte der spanischen Meseta, entfernt zu sein; und andererseits war er Sitz des wichtigsten Gerichtshofs: der Chancillería. Auch in Valladolid machte jener fahrende Königshof gern Halt. Dies galt für die Katholischen Könige – die dort geheiratet hatten –, und es sollte auch für Karl V. und seine Frau gelten, Isabella von Portugal. Daher entschloss sich Ferdinand der Katholische 1507, als es einen endgültigen Aufenthaltsort für Johanna zu finden galt, schließlich für Tordesillas. Später, als Karl V. die Aufsicht über Johanna dem Marquis von Denia übertrug, wurde dieser automatisch zum Großkanzler des Städtchens. Daher finden sich in Tordesillas auch keine Vögte, solange die gefangene Königin dort lebte.[7]

Neben der geografischen und geistigen Expansion muss uns die Frage des Glaubens, der Religiosität, der spirituellen Praktiken beschäftigen. Wir müssen uns insbesondere fragen, inwieweit diese Gesellschaft von dem Glauben an übernatürliche Kräfte geprägt war.

Die Beantwortung dieser Frage erfordert ein eigenes Kapitel. Zunächst ist festzuhalten, dass die Menschen damals fest an Hexen glaubten und sich ernsthaft fragten, ob Johanna nicht verhext sei. Sie selbst klagte ein ums andere Mal, dass die Kammerfrauen, die sie schlecht behandelten, Hexen seien. Und der Name des Bösen taucht des Öfteren auf in den Schriften derer, die im Hof der Königin ein und aus gingen.

Und daher stellt sich uns hier die Kernfrage: Was ist unter dem Begriff «magische Mentalität» zu verstehen?

2. VON DER MAGIE

Magische Mentalität in der Renaissance? Glaubte man damals noch an Hexen und Zaubersprüche, an Teufelspakte? War die Renaissance nicht die Zeit, in der sich die Vernunft auf allen Ebenen Bahn brach?

Tatsächlich war die Renaissance, wie oben bereits erwähnt, eine glänzende Epoche: In Technik und Wissenschaft wurden, beschleunigt durch die Erfindung des Buchdrucks, spektakuläre Fortschritte erzielt; neue Länder wurden entdeckt, die den geistigen Horizont erweiterten; der Erfindungsgeist eines Leonardo da Vinci schwang sich zu immer neuen Höhen auf; Kopernikus revolutionierte das Weltbild; und Vesalius erforschte die Anatomie des menschlichen Körpers.

Trotzdem dürfen wir nicht vergessen, dass die herausragende Kultur der Renaissance elitär und nur einem kleinen Teil der Gesellschaft vorbehalten war und sich zudem nur auf einige wenige privilegierte Städte beschränkte: Florenz und Venedig, Bologna und Neapel, Sevilla und Salamanca. Und natürlich auf die Königshöfe: Paris, London, Brüssel, vor allem aber auf Rom. Im Europa der frühen Neuzeit lebte der Großteil der Bevölkerung – bis zu achtzig Prozent – auf dem Land, sieht man einmal von gewissen Gebieten wie Norditalien oder den Niederlanden ab. Und diese ländliche Bevölkerung bestand überwiegend aus Analphabeten. Damit soll nicht gesagt sein, dass es zwischen den kulturellen, wissenschaftlichen oder technischen Fortschritten der Elite und der weniger privilegierten Bevölkerung keine Verbindung gegeben hätte, aber wir dürfen uns nicht vom Glanz der Oberschicht täuschen lassen.

Oder anders ausgedrückt: 1484 bringt Papst Innozenz VIII. eine Bulle (*Summis desiderantes affectibus*) heraus, die die Existenz von

Hexen bestätigt. Zwei Jahre später veröffentlichen die deutschen Dominikaner Heinrich Institoris und Jakob Sprenger ein Buch, das in ganz Europa Verbreitung findet und zur Grundlage der Hexenverfolgung wird: *Malleus maleficarum*, «Der Hexenhammer». Das Interesse an allem, was mit Hexerei zu tun hatte, war so obsessiv, dass es selbst an den Universitäten Widerhall fand. In Spanien widmete Pater Vitoria zwischen 1539 und 1540 seine *Relectio* in Salamanca diesem Thema: *De magia*, nannte er sein Buch, was keinen Zweifel offen lässt.

Natürlich finden sich in diesem Jahrhundert auch Atheisten. Als prominentes Beispiel sei hier der Franzose Rabelais (1494–1553) erwähnt, aber es handelte sich alles in allem doch um eine Minderheit. Daher ist es angebracht, einen genaueren Blick auf die magische Mentalität des 15. und 16. Jahrhunderts zu werfen, denn sie ist der Schlüssel, um das zu verstehen, was mit und um Johanna von Kastilien geschah.

Die Frage lautet: Was versteht man unter magischer Mentalität? Eine erste Antwort könnte lauten: Wenn man das Unbekannte durch übernatürliche Kräfte erklärt und sich von diesen übernatürlichen Kräften auch die Lösung erhofft, um die dadurch entstandenen Probleme und Rätsel zu lösen.

Darauf könnte man erwidern, dass dies auch für die religiöse Mentalität gilt, und fragen, worin der Unterschied besteht. Wo verläuft die Grenze? Zunächst halten wir fest, dass für die Menschen des 16. Jahrhunderts diese Grenze sehr durchlässig ist. Doch während der Gläubige den göttlichen Beistand durch Bitten (Gebet) und Opfer (Buße) zu erreichen sucht, meint der an Magie Glaubende, die übernatürliche Hilfe durch einen Pakt oder einen Fluch herbeiführen zu können. Der Unterschied besteht also darin, dass der eine bittet und der andere fordert, dass der eine betet und der andere einen Fluch ausspricht, wobei die Grenze zwischen beiden, wie gesagt, in jener Zeit sehr unscharf ist. Denn es waren gerade jene betenden Männer – zum Beispiel Kleriker –, die an die Macht der Flüche glaubten, mit denen einige Mitglieder jener Gesellschaft andere belegen konnten: Gemeint sind selbstverständlich die Hexen. Und dieser Hexenglaube, der Glaube an den Einfluss des Bösen auf den Menschen, knüpft ein seltsames Band zwischen Religion und Magie. Offensichtlich betrachtete man die Macht der Magie als etwas Gottgewolltes, ebenso wie die Macht des Bösen (will sagen: Satans). Das Verbindungsglied zwischen dem Religiösen und dem Magischen war also der Teufel. Alle Welt glaubte, dass der Teufel immer und überall auftauchen konnte, was sich in der Sprache niedergeschlagen hat, z. B. in Redewendungen wie «in Teufels Küche kommen» oder «wenn man vom Teufel spricht».

Betrachten wir nun einige Beispiele aus der Zeit Johannas. Um 1538 veröffentlichte Pedro Ciruelo ein Buch mit dem Titel *Reprobación de las supersticiones y hechicerías* (Gegen Aberglauben und Hexerei). Ciruelo war Professor an der Universitäten von Alcalá de Henares und Salamanca und ein herausragender Mathematiker, aber er war auch ein Geistlicher, und als Geistlicher glaubte er sich mit diesem Thema auseinander setzen zu müssen.

Ciruelo schildert, wie der Teufel den Alltag der Menschen bestimmte: Wie er in Häuser eindrang, sogar in Klöster, wo er

> … kommt und Lärm veranstaltet, herumpoltert und an die Türen und Fenster klopft, laut singt und Steine wirft …

Der Teufel als Störenfried, der gern mit den Menschen Unfug trieb, sie zu nächtlicher Stunde erschreckte. Ein Teufel, der sogar in die Küche eindrang und alles kurz und klein schlug:

> … er zerdeppert Töpfe und Teller und Suppenschalen …

Ein Teufel, der vor allem zur Unzucht verführte und brave Christen in ihren Träumen heimsuchte:

> Manchmal kommt er auch ins Bett, wo die Leute schlafen, und dann zieht er ihnen die Kleider vom Leib und berührt sie unsittlich …

Mit anderen Worten:

> … er lässt sie nicht in Ruhe schlafen …[8]

Man könnte die Reihe der Zitate endlos fortsetzen. Hinter allem vermutete man den Teufel und seine Diener – die Hexer und die Hexen –, hinter jedem Streich, hinter jeder Missetat. Selbst die gebildetsten Menschen glaubten daran.

Die heilige Theresa berichtet in *Das Buch des Lebens* von einem Geistlichen, der in wilder Ehe lebte und der, obwohl er seine Schuld anerkannte und sich für sein Tun selbst verabscheute, sich nicht davon befreien konnte. Sie schreibt:

> Ich stellte bei ihm zu Hause Erkundigungen an; der Arme war verdammt, konnte aber nichts dafür; die unglückselige Frau hatte ihn mit Hilfe einer kleinen Kupferfigur verhext, hatte ihn so gezwungen, sie zu lieben, und niemand war imstande, ihn von diesem Zauber zu befreien ...

Glaubte die Heilige tatsächlich an die Macht einer kleinen Götzenfigur, daran, dass die Geliebte ihn verzaubert hatte? Sie verneint es («Ich glaube nicht an diese Art von Zauber ...»), und dennoch forderte sie den Geistlichen dazu auf, die Figur in den Fluss zu werfen. Angeblich wachte der in wilder Ehe lebende Priester danach auf wie aus einem Traum, traf sich nicht mehr mit seiner Geliebten und lebte glücklich, bis sein letztes Stündlein geschlagen hatte.[9] Ich glaube nicht an diese Art von Zauber ...

Von einer Geistesgröße wie Fray Luis de León würde man ebenfalls nicht meinen, dass er an Zaubersprüche glaubte wie den, von dem wir in *La Celestina* lesen:

> Ich beschwöre dich, elender Pluto ... /

Als jedoch die Inquisition Luis de León in die Mangel nahm, als sie ihm den Prozess machte und ihn aufforderte, all seine Schuld zu bekennen, gab dieser große Dichter zu, dass er sich einmal eines Zauberbuchs bedient habe, das er von einem Studenten erhalten habe. Luis de Leon glaubte wahrscheinlich nicht im strengen Sinn an Zaubersprüche, aber neugierig war er offenbar schon.[10]

Und dann war da noch die Sache mit den Teufeln, die sich der traurigen Kreatur Mensch bemächtigten, von seinem Körper Besitz ergriffen. Darunter litten nicht nur die vom Teufel Verführten selbst, sondern auch alle Menschen in ihrem Umfeld. Also verwundert es nicht, dass ganze Dörfer, ob große oder kleine, nach denen schrien, die ihrer Ansicht nach die Macht besaßen, diesen Teufel auszutreiben. Das waren zum einen die Priester und zum anderen die Scharlatane, und gegen Letztere wandte sich Ciruelo, der selbst Priester war, ihnen wollte er das Handwerk legen. Denn nur die von Gott Geweihten konnten und durften Macht über die Teufel besitzen, vorausgesetzt natürlich, das Böse hatte nicht bereits Besitz von ihnen ergriffen.[11]

Unter diesen von Gott gewollten Exorzisten gab es einige, die besonders begnadet waren. Wenden wir uns erneut der heiligen Theresa zu, die ein Loblied auf San Juan de la Cruz singt. Sie schreibt an Inés de la Cruz, die Oberin des Klosters von Medina del Campo, die sehr besorgt war wegen einer ihrer Nonnen, Isabel de San Jerónimo, weil sie angeblich vom Teufel besessen war, und in diesem Brief kündigt sie an, dass sie San Juan de la Cruz zu ihr schicken werde:

> Ich schicke euch unseren Bruder Juan de la Cruz, damit er sie heile, denn Gott hat ihm die Gnade verliehen, bei den Menschen den Teufel auszutreiben, wenn sie ihn in sich tragen.

Reiner Aberglaube? Keinesfalls. San Juan hatte seine Macht in Ávila bewiesen – die heilige Theresa lebte dort, war also Augenzeugin –, wo er einen Menschen nicht von einem, nein, gleich von drei Legionen Teufeln befreit hatte!

> … und ich befahl ihnen im Namen Gottes, dass sie seinen Namen sagen sollen, und sie gehorchten augenblicklich.[12]

Mit dem Wirken des Teufels ließen sich alle Anomalien rechtfertigen, all das, was in diesen unwissenden Zeiten als Täuschungen angesehen wurde, all das, womit Fehler und Irrtümer vertuscht werden konnten. Werfen wir einen Blick auf einen konkreten Fall: Im Jahre 1588 wurde eine Frau von einem Vertreter der Inquisition angeklagt, weil sich bei ihr folgende merkwürdige Begebenheit ereignet hatte: Ärzte hatten sie im Auftrag des Tribunals untersucht, um ihr Geschlecht festzustellen, und waren zu dem Schluss gelangt, dass es sich um einen Mann handelte. Bei einer zweiten Untersuchung fanden sie heraus, dass es doch eine Frau war. Also waren sie getäuscht worden, und dies konnte nur das Werk des Bösen sein.

Es gab allerdings zwei Arten von Magie: die weiße Magie – mittels deren man z. B. einen Zauber lösen oder die Fruchtbarkeit einer verheirateten Frau erhöhen konnte – und die schwarze Magie, die nur dazu diente, mit rituellen Praktiken einen Feind zu vernichten. Es gibt eine ländliche Magie und eine städtische Magie. Ersterer gehören Hexen und Hexer an, Letzterer Zauberinnen vom Typ der Celestina.

Die Magie durchwirkte alle Bereiche des menschlichen Lebens: das Wissen, die Liebe – also auch die Sexualität –, Unbilden, Krankheit, Hunger, gute oder schlechte Ernten, Wünsche und unerfüllbare Träume – in der Renaissance z. B. die Sehnsucht, an weit entfernte Orte fliegen zu können; oder Schätze zu finden oder noch einmal jung zu sein. Die Verflechtung mit der Religion, die ihren Ausdruck in der Vorstellung vom Bösen findet, haben wir bereits betrachtet: Nur mit Hilfe der Religion konnte man wirkungsvoll gegen den Teufel vorgehen. Die Magie und das Böse bildeten stets einen Zusammenhang; folglich konnte das Böse nur durch Gott und seine Vertreter auf Erden – Priester und Mönche – besiegt werden.

Aus diesem Glauben ergibt sich eine weitere, furchtbare Konsequenz: die Hexenverfolgung.

Magie und Macht

In der christlichen Vorstellung ist die Magie eng mit Macht verknüpft. Es sei hier nur an die Heiligen Drei Könige erinnert. In der Bibel heißt es:

> Als Jesus zur Zeit des Königs Herodes in Betlehem in Judäa geboren worden war, kamen Sternendeuter (mágoi) aus dem Osten nach Jerusalem und fragten: Wo ist der neugeborene König der Juden? Wir haben seinen Stern aufgehen sehen und sind gekommen, um ihm zu huldigen.

Beim entscheidenden Ereignis des Christentums, der Geburt des Herrn, erscheinen also die Heiligen Drei Könige als *mágoi* – Sterndeuter, Zauberer –, für die das Leben eines jeden Menschen von seinem Stern bestimmt wird. Es handelt sich hierbei um einen Glauben, der tiefe geschichtliche Wurzeln hat, um magische Mentalität. Ich will damit nur sagen, dass sich diese Mentalität selbst in der Bibel nachweisen lässt.

Die Verbindung von Magie und Macht ist manifest. Den Königen ist alle Macht verliehen, ergo auch die der Magie. Frazer legt in seiner klassischen Studie über die magische Mentalität dar, wie Hexer und Zauberer häufig höhere Ämter anstrebten und erlangten, also zu Anführern und Königen wurden. Seine Argumentation ist überzeugend. In früheren Zeiten, besonders in Mittelalter und der Renaissance, besitzen die Könige eine magische Aura. Die Chronisten sprechen von Wundern und Zeichen, die häufig ihr Leben begleiten. Andrés Bernáldez schreibt über Ferdinand den Katholischen, bei seiner Geburt habe sein Planet:

> … im höchsten Stand der Glückseligkeit gestanden, wie die Astrologen sagten.

Und über den Tod Isabellas schreibt er – nachdem er ihr Loblied gesungen hat –, dass zum Zeichen ihres Endes die Erde gebebt habe.

Nicht ohne Grund nannte Goubert Ludwig XIV. den «Großen Hexenmeister». Diese Bemerkung findet sich, so ironisch sie auch gemeint sein mag – typisch für die Menschen des 18. Jahrhunderts –, in den berühmten *Persischen Briefen* von Montesquieu; noch immer besagte die Tradition, dass der König heilende Kräfte besaß, magische Kräfte, insbesondere am Tag seiner Krönung.

Minister und Beamte nutzten die Magie als Mittel, um ihre Gegner zu beleidigen und zu diffamieren. Es ist die wirkungsvollste und verbreitetste Form, um gegen Feinde vorzugehen, sei es gegen Gruppen, sei es gegen Einzelne. Oft wird den Minderheiten – ob Juden, Morisken oder Zigeunern – vorgeworfen, magische Praktiken zu vollziehen, davon geben Dokumente und die Literatur Zeugnis.

Die Juden von Tembleque im Prozess um das Santo Niño de La Guardia, veröffentlicht von Pater Fita, die Morisken oder die Zigeuner, die in literarischen Geschichten auftauchen, werden mit magischen Praktiken in Verbindung gebracht. Es gab auch andere Fälle: Um die Rebellion gegen das rechtmäßige Oberhaupt Philipp II. zu rechtfertigen, bezeichnete Wilhelm von Oranien den spanischen Monarchen als «Mittagsteufel».

Der Magievorwurf war auch als destabilisierendes Moment nützlich, um die Macht derer zu beenden, die wenig Legitimation besaßen wie die Günstlinge autoritärer Monarchen. Politiker, die zu Günstlingen aufstiegen, wurden beschuldigt, ihren Herrscher mit einem Zauber belegt und damit ihres Willens beraubt zu haben. So zum Beispiel, ein Jahrhundert später, im Fall von Sieteiglesias oder des Herzogs von Olivares. Und Ähnliches geschah im England Heinrichs VIII., Anne Boleyns, Crammers und Cromwells. Und auch die Geschichte um Bothwell und Maria Stuart war ähnlich gelagert.

Magie und Eros

Magie ist natürlich auch in dem Bereich des menschlichen Lebens präsent, der das Fortbestehen der Art sichert: in der Sexualität. Einerseits war das Erotische in institutionalisierte und nicht zuletzt sakrale Bahnen gelenkt worden, doch andererseits bewegten sich die tatsächlichen Praktiken oft nicht konform dieser Regeln.

Wie sahen diese Normen aus? Da wäre zuallererst die Jungfräulichkeit der unverheirateten Frau zu nennen. Dann die Treuepflicht der verheirateten Frau. An dritter Stelle das Gesetz der Gruppe: Es waren die Eltern, die die Ehe herbeiführten, sie wählten die jeweiligen Partner normalerweise aus der eigenen Gemeinschaft und achteten darauf, dass kein soziales Gefälle bestand.

Der Verstoß gegen diese Normen zog schwere Konsequenzen nach sich, die nicht nur den Schuldigen trafen: Die Schande fiel nicht nur auf die unverheiratete Frau, die ihre Jungfräulichkeit verloren hatte, sondern auf die ganze Familie; war die Frau verheiratet und wurde untreu, kam die Schande über den Ehemann, der sich vom Spott als Gehörnter nur dadurch befreien konnte, dass er die untreue Frau und ihren Liebhaber tötete. Und was das Gesetz der Gruppe betrifft, so zeigen sich diese Normen an der Feindseligkeit – im besten Falle Argwohn –, mit dem Fremde behandelt wurden, die sich einer Frau aus der jeweiligen Gemeinschaft näherten, und an der Ablehnung, die sie erfuhren, wenn sie eine Eroberung gemacht hatten.

Wie kommt hier die Magie ins Spiel?

Wenn die Ehe die Nachfolge nicht sicherte oder wenn einer der Eheleute dem eigenen Geschlecht zugeneigt war – magische Praktiken konnten Abhilfe schaffen; wenn eine Leidenschaft die Erwiderung sucht oder wenn der äußere Schein wiederhergestellt werden soll (die «Wiedererlangung» der Jungfräulichkeit einer unverheirateten Frau; die «Unschuld» einer untreuen verheirateten Frau) oder wenn die sexuelle Potenz wiedererlangt werden soll (die Suche nach der verlorenen Jugend), dann «half» die Magie. Wer sich von diesen Ängsten bedrängt sieht, wird der Versuchung anheim fallen, auf magische Praktiken zurückzugreifen. Die damalige Gesellschaft lebte in dem Glauben, dass Hexen Kenntnis von Kräutern besaßen, die im Verbund mit den richtigen Worten das begehrte Wesen verzaubern konnten.

Faust suchte die Formel, um seine verlorene Jugend wiederzuerlangen. Celestina war berühmt für ihr Geschick, die Jungfräulichkeit wiederherzustellen. Beide literarischen Werke spiegeln die Überzeugungen dieser Epoche wider. Was die Unschuld der untreuen verheirateten Frau angeht, so stoßen wir auf die magische Kraft des Verführers; und hier, bei einer literarischen Figur – dem Tenorio –, lässt sich die Verbindung zu den realen Verhältnissen herstellen. In den Inquisitionsprozessen tauchten immer wieder Verführer auf, die in ländlichen Gegenden ihr Unwesen trieben, und diese Verführer wurden von der Gemeinschaft der Hexerei beschuldigt, ihnen wurde vorgeworfen, dass sie mittels ihrer magischen Fähigkeiten verheiratete Frauen blendeten und ihnen ihren Willen raubten. Wir haben es hier mit einer kuriosen Variante des Sündenbocks zu tun, die dazu diente, untreue Ehefrauen von ihrer Schuld und gehörnte Ehemänner von ihrer Schande zu befreien.

Das Gesetz der Gruppe – Clans oder verfeindeten Dörfer – behinderte die freie Liebeswahl, so wie bei Romeo und Julia – die Montagues und Capulets – oder bei dem Ritter von Olmedo mit der Französin aus Medina. Die Heirat außerhalb der Gruppe wurde abgelehnt, und wenn es dennoch jemand versuchte, dann reagierte die Gemeinschaft mit Argwohn und vermutete sofort, dass diese Ehe vollzogen wurde, weil es etwas zu verbergen galt. Auch hier lief der Fremde Gefahr, magischer Praktiken bezichtigt zu werden. Die Ritter von Medina sprachen Doña Ines von ihrer Schuld frei, denn sie sei verzehrt worden vom

Höllenfeuer der Zauberei …,

das Fabia, die Hexe, im Auftrag des Ritters von Olmeda in ihr entfacht habe. Die Todesstrafe traf denjenigen, der die Normen der Gruppe verletzt hatte.

Auf der anderen Seite lebte man in dem Glauben, dass die Liebe schicksalhaft war, dass sie nicht von der Ehe abhing, sondern von den Sternen; dadurch ließ sich ein Mädchen leichter verführen, denn gegen das Schicksal war man machtlos. So wenigstens verbreiteten es die städtischen Zauberinnen vom Typ einer Celestina. All dies hat seine Vorläufer in klassischen Erzählungen, die daher in hohem Ansehen standen. Man konnte auf die Circe oder auf Medea verweisen.

Damit ist das Terrain für magische Aktivitäten abgesteckt: In der Stadt haben wir die Zauberin oder Kupplerin, auf dem Land die Hexe. Beiden unterstellte man, dass sie mit dem Teufel in Verbindung standen und zu jeglicher Untat bereit waren. Wer das Haus der Celestina betrat, betrat automatisch das Sanctum Sanctorum der magischen Praktiken.

Der Zusammenhang zwischen dem Teuflischen und der Untreue springt ins Auge; und dessen Darstellung trifft den Nagel auf den

Kopf. Der Teufel erscheint häufig als Mann mit Hörnern oder in Gestalt verschiedener Tiere, besonders in der des Ziegenbocks. Dass dem Mann einer untreuen Ehefrau symbolisch Hörner verpasst werden oder dass er als Ziegenbock bezeichnet wird, ist also kein Zufall. Diese Parallele liegt, wie gesagt, auf der Hand. Doch was ist der eigentliche Grund dafür? Sahen die Menschen damals in jedem Liebhaber einer verheirateten Frau den Inkubus? Wurde automatisch ein Zusammenhang zum Teuflischen hergestellt, der den Ehemann mit einbezog? Kam daher die Notwendigkeit, dass der Ehemann den magischen Kreis durchbrach und die Schuldigen tötete?

«Weg mit den Hörnern!», rief damals ein gekränkter Ehemann, wenn er mit eigener Hand seine Frau und ihren Liebhaber öffentlich hinrichtete. Der junge Cervantes wurde Mitte des 16. Jahrhunderts in Sevilla Zeuge einer solchen Szene, die er nie vergaß. Der Gedanke liegt nahe, dass ein gehörnter Ehemann, indem er den Gewohnheiten seiner Zeit gemäß auf diese Weise seine Ehre wiederherstellte – vielleicht ohne sich dessen bewusst zu sein –, einem alten Ritus folgte, um den magischen Kreis zu durchbrechen, in dem er sich gefangen glaubte.

Magie und Widrigkeiten

Weiße Magie und schwarze Magie: Erstere konnte man anwenden, um vorzubeugen oder zu lindern, während Letztere oft die Schuldzuweisung der davon betroffenen sozialen Gruppe war – wegen Krankheiten, schlechter Ernten, des Verendens von Vieh –, die Suche nach einem Sündenbock also, durch dessen Auslöschung das Böse bekämpft werden konnte. Mit Magie konnte man also das Böse sowohl verhindern als auch vernichten, und zwar auf zwei Ebenen: auf der individuellen und auf der kollektiven.

Die damalige Gesellschaft war Krankheiten mehr oder weniger schutzlos ausgeliefert. Hinzu kam, dass die hygienischen Zustände in den Hospizen äußerst unzureichend waren, dass die Kranken häufig nicht isoliert werden konnten und sich folglich Infektionen schnell verbreiteten. Wir wissen von historischen Fällen wie dem des San Juan de Dios, dass geistig Kranke grausam behandelt wurden und dass das Auspeitschen als medizinische Maßnahme galt. Einige neue Krankheiten waren besonders virulent und außerdem peinlich, da man sie sich beim sexuellen Verkehr zugezogen hatte. Zu nennen ist hier vor allem die Syphilis, deren Ursprung jeweils anderen Ländern unterstellt wurde (das gallische Übel im Falle Spaniens). Das mag auch der Grund dafür sein, dass die Symbole des Todes und die der Wollust oft zusammen auftraten wie der Totenschädel und der Frosch an der Renaissancefassade der Universität von Salamanca.

Wir dürfen nicht vergessen, wie rückständig die Medizin im 16. Jahrhundert war. So konnte der Galeerensträfling in dem Roman *Viaje a Turquía* sich als Arzt ausgeben, um dem Rudern zu entgehen. Der Autor mag übertrieben haben, doch die Tatsache, dass die Cortes darauf bestanden, dass an den Medizinischen Fakultäten ein Lehrstuhl für Astrologie eingerichtet wurde, damit die Ärzte die jeweilige Krankheit in Bezug zu den Sternen setzen und besser verstehen konnten, spricht Bände. Den Puls fühlen, die Zunge und den Urin betrachten, Abführmittel verabreichen und zur Ader lassen und dabei lateinisch daherreden: Darin, scheint es, bestand die ganze Wissenschaft der Ärzte.

In Anbetracht dieser Tatsache liegt es auf der Hand, dass die Menschen des 16. Jahrhunderts sich der Magie zuwandten, um diesen Übeln vorzubeugen, sie zu heilen, dass sie in ihr deren Ursache sahen und ein Mittel, diese zu bekämpfen.

Hier kommen die Amulette mit ins Spiel, die berühmten Pech-Amulette, die man damals trug, um den bösen Blick zu bekämpfen. Noch im 18. Jahrhundert finden sich Hinweise darauf in den Dokumenten über Findelkinder, woraus wir schließen können, dass die Erzählung der Herzogin D'Aulnoy über ihre Reise nach Spanien nicht gänzlich der Phantasie entsprang. Darin schildert sie, wie sie einmal einer Frau mit ihrem Kind auf dem Arm begegnete, die um den Hals ein solches Pech-Amulett trug, um sich vor dem bösen

Blick zu schützen. Die Angst vor dem bösen Blick brachte diejenigen hervor, die behaupteten, sie könnten diesen bösen Blick wieder lösen. Diese Scharlatane wurden von Pedro Ciruelo vehement angegriffen. Die einen heilten die Tollwut, die anderen trieben unreine Geister aus, wieder andere den Teufel, und manche behaupteten sogar, sie könnten Plagen durch einen Scheinprozess beenden, durch den z. B. die Heuschrecken aus der Gegend vertrieben und sogar exkommuniziert würden: eine peinliche Parodie auf die Inquisition. Für einen Geistlichen wie Pedro Ciruelo waren Letztere die Schlimmsten. Jedenfalls wies er die Prälaten an, sie sollten in ihrer Diözese keine Teufelsaustreiber dulden, könnten diese doch ihre Macht nur vom Teufel selbst haben. Nur von Gott befugte Geistliche dürften eine Teufelsaustreibung vornehmen.

Hexerei

Die Brücke zwischen der magischen und der christlichen Mentalität ist letztendlich die Vorstellung vom Teufel. Für den Menschen des 16. Jahrhunderts war der Teufel überall, jegliche Verwirrung, die ihn überfiel, ob klein oder groß, schrieb er dem Teufel zu. Und natürlich beruhten die magischen Kräfte von Hexen und Zauberern auf einem Pakt mit dem Teufel. So erklärt es sich auch, dass man als Strafe den Tod durch Verbrennen als angemessen erachtete.

Die Hexenverfolgung grassierte in ganz Europa. In Spanien war sie merkwürdigerweise nicht ganz so verbreitet, weil die Inquisitoren mit mehr Bedacht vorgingen als die weltlichen Richter in Frankreich, Deutschland und England, wie Caro Baroja gezeigt hat. Vielleicht lag dies daran, dass man begriffen hatte, dass die Hexen und ihre Welt keine wirkliche Gefahr darstellten für die Kirche oder den Staat jener konfessionellen Monarchie, die sich Katholische Monarchie Spaniens nannte.

Im Gegensatz dazu verurteilten Gerichte im restlichen Europa Tausende von angeblichen Hexen zum Tod auf dem Scheiterhaufen.

Vorher unterzog man sie einer schrecklichen Folter, damit sie gestan-
den, einen Pakt mit dem Teufel eingegangen zu sein, Kinder umge-
bracht zu haben, am *Sabbat* Orgien veranstaltet zu haben. Anschließend folterte man sie erneut, damit sie andere Hexen in der
Gemeinschaft verrieten. Der Teufel habe ihnen zum Zeichen des
Pakts mit dem Fingernagel die Schulter oder das Geschlecht geritzt,
hieß es, und er habe ihnen zur Begleitung ein Tier (Eule, Frosch) geschenkt, das sein Gesicht besitze.

In modernen Gesellschaften spricht man im Allgemeinen von
Hexen, weniger von Hexern. Die Figur des Hexers wird mehr mit
Alchemie und ähnlichen Praktiken assoziiert, die für die Gemeinschaft keine Gefahr darstellten. Ganz anders im Fall von Hexen: Es
gab Richter, die sich rühmten, Hunderte von Hexen zum Tod auf
dem Scheiterhaufen verurteilt zu haben, wie z. B. ein Richter im
Süden Frankreichs, der eigenen Angaben zufolge neunhundert Hexenprozesse geführt hatte. Nimmt man diese Zahl zur Grundlage,
ergibt sich in der westlichen Welt in der Hochphase der Hexenverfolgung (vom Ende des 15. Jahrhunderts bis zu Beginn des 18. Jahrhunderts) eine Unzahl dieser von Gerichten abgesegneten Morde.
Am schlimmsten tobte die Hexenjagd in Deutschland, Frankreich,
der Schweiz, England und Schottland, insbesondere in Nürnberg,
Lyon und Genf. Insgesamt war das protestantische Europa stärker
betroffen als das katholische – mit Ausnahme Frankreichs, denn in
Italien, Irland und besonders in Spanien gab es erstaunlich wenige
Fälle. Ganz frei von diesem Übel waren aber auch diese Länder
nicht, wie Caro Baroja am Fall des Baskenlandes dargestellt hat. In
Navarra war 1527 Avellaneda als Inquisitor eingesetzt worden, der
an Flüge und heimliche Versammlungen von Hexen glaubte und
dies mit der Todesstrafe belegte. Bis heute nicht ganz geklärt ist die
Frage, ob hinter den Hexenprozessen nicht der Versuch stand,
gegen die Anhänger Frankreichs vorzugehen, da damals Navarra
gerade an die Katholische Monarchie gefallen war.

Besondere Bedeutung bei der Hexenverfolgung kam den Trakta-
ten zu, die die Phantasie jener leichtgläubigen Gesellschaft befeuer-

ten. Erinnert sei an die Bulle von Papst Innozenz VIII. aus dem Jahr 1484, in der auf die Gefahr durch Hexerei hingewiesen wurde. Dieser Text ist ein Beweis dafür, wie stark der Glaube an Hexen und ihre schrecklichen Praktiken im Norden Deutschlands war. Darin wird von zahlreichen Fällen berichtet, von infernalischen Praktiken, bei denen Personen beiderlei Geschlechts sich dem Teufel hingaben. Es handelt sich dabei um die Inkuben und Sukkuben. Von Inkuben sprach man, wenn der Teufel in Menschengestalt eine fleischliche Beziehung zu einer Frau unterhielt; von Sukkuben, wenn er in Frauengestalt auftrat und einem Mann beischlief. Im Fall der Inkuben konnte der Teufel für Nachkommenschaft sorgen: die Satanskinder.

> … und durch ihre Zauberkräfte und Zaubersprüche und anderen widerlichen Aberglauben, durch ihre Hexereien und ungeheuerlichen Verbrechen zerstören sie die Kinder der Frauen und die Brut der Tiere, und sie versengen und vernichten die Früchte der Erde.

Gegen diesen Angriff des Satans schlug der Papst Alarm. Seinem Aufruf wurde bald Folge geleistet, der Kampf wurde aufgenommen. Besonders hervor taten sich dabei zwei deutsche Dominikaner, die bereits erwähnten Sprenger und Institoris, die etwas später, im Jahr 1487, ein Buch veröffentlichten, das einen verheerenden Einfluss in ganz Europa ausüben sollte: der *Malleus maleficarum*, der Hexenhammer. Darin wird nicht nur Unglaubliches über ihr Unwesen berichtet und die Hysterie gegen angebliche Hexen geschürt, sondern auch ganz genau beschrieben, wie man diese entdecken konnte, und außerdem die Behandlung, die Foltermethoden und Strafen, deren man sie unterziehen sollte. Eine anonyme Anzeige genügte bereits, um die Gerichtsmaschinerie in Gang zu setzen. Selbst Angaben von Kindern und geistig Behinderten wurden zugelassen. Die Folter war das beste Mittel, um ein Geständnis zu erzwingen. Und da ja die Hexerei ein Teufelspakt war und somit als Ketzerei angesehen wurde, kam als Strafe nur der Scheiterhaufen in Frage. Erleichterung gewährte man nur den Frauen, die ausriefen, das Urteil sei gerecht: Sie wurden hingerichtet, bevor der Scheiterhaufen angesteckt wurde, womit ihnen das Verbrennen bei lebendigem Leib erspart blieb.

Vom Wahn der Hexenverfolgung ließ sich praktisch die ganze christliche Welt anstecken, eingeschlossen einige große Männer ihrer Zeit. Pedro Ciruelo forderte 1548 in seinem Buch über Aberglaube und Hexerei, dass die «verfluchten Hexen» von den Richtern «mit Strenge» behandelt werden sollten. Francisco de Vitoria widmete von 1539–1540 dem Thema eine Vorlesung und auch seine *Relectio*, die er am 18. Juli 1540 unter dem Titel *De magia* hielt. Auch wenn der Professor vieles bezweifelte, was über Hexen erzählt wurde, hielt er dennoch an der Möglichkeit ihrer Existenz fest. Größeren Einfluss hatte der Franzose Jean Bodin, der selbst Hexenprozesse verfolgte und seine persönlichen Erfahrungen in einem Buch zusammentrug. Es erschien vierzig Jahre später in Paris unter dem Titel *Démonomanie des Sorciers*. Dieser ausgezeichnete Jurist hielt dem Druck seiner Umwelt nicht stand und forderte, im Kampf gegen die Hexen das Recht zu beugen, denn andernfalls könne man sie nicht bestrafen; er hieß gut, schon beim geringsten Verdacht gegen sie vorzugehen, denn das Volk könne nicht irren. Anonyme Anzeigen, Aussagen von Kindern, Folter: All dies wurde von Jean Bodin gutgeheißen. Er forderte für Hexen sogar eine noch härtere Strafe wie das Verbrennen auf kleiner Flamme, da die Zeremonie nur eine halbe Stunde dauere.

Auch im 17. Jahrhundert änderte sich die Einstellung gegenüber den Hexen nicht. Erst durch die spöttische Kritik der Enzyklopädisten, insbesondere die Voltaires, wurde die magische Mentalität zurückgedrängt. Im Gegensatz dazu waren im 16. Jahrhundert die Prozesse gegen Hexen derart gang und gäbe, dass es sogar Formulare mit den Fragen gab, die die Richter den Hexen stellen sollten, z. B. im Elsass. Die Angeklagte wurde zuerst gefragt, seit wann sie Hexe sei, dann, warum, und schließlich, wie es dazu gekommen sei. Dann ging man schnell dazu über, alles über ihre fleischlichen Beziehungen mit dem Inkubus herauszufinden, über ihre teuflischen Flüche und ihre Teilnahme am Hexensabbat. Wir haben hier erneut den Beweis, wie sehr die Menschen des 16. Jahrhunderts im Bann der magischen Mentalität standen.

Daher stellt sich nun die entscheidende Frage, die unser eigentliches Thema betrifft: Glaubten die Menschen damals, dass Johanna von Kastilien verhext war?

Die Königin selbst war überzeugt, dass die Kammerfrauen, die ihr dienten, die so genannten Dueñas, allesamt Hexen waren, die sie ohne Unterlass quälten.

Da hatte der Teufel seine Hand im Spiel.

Es konnte gar nicht anders sein.

3. AM HOF DER KATHOLISCHEN KÖNIGE

Das Jahr 1479 ist ein wichtiges Datum in der Geschichte Spaniens. Gleich zu Beginn, am 19. Januar, starb in Barcelona der alte König von Aragonien, Johann II., im fortgeschrittenen Alter – äußerst selten in dieser Epoche – von einundachtzig Jahren.

Die Nachricht erreichte den Hof der Katholischen Könige mitten in den Bemühungen um eine Befriedung der Extremadura, wo sie das letzte Aufflackern des Erbfolgekriegs erstickten; in Extremadura gab es noch Widerstandsnester wie Mérida und Medellín, die nach wie vor – mit Hilfe der Portugiesen – die Sache von Johanna «la Beltraneja» verfochten.

Nach Johanns II. Tod war Ferdinand mehr als nur der König von Sizilien. Nun war er wirklich auf Augenhöhe mit seiner Gattin Isabella. Auf dem Gipfel der Macht angelangt, konnte die lang ersehnte Einigung Spaniens vollzogen werden. Den Hof erfasste eine große Euphorie. Eine Euphorie, die sich bald in politischen Entscheidungen und im königlichen Bett bemerkbar machte.

Natürlich auch im Bett. Der mächtige Monarch von Aragonien zeugte im Februar 1479 – die Nachricht von seiner Krönung zum König von Aragonien war kaum einige Tage alt – ein Kind, das pünktlich neun Monate später geboren wurde, am 6. November des gleichen Jahres; allerdings war es kein Sohn, sondern ein Mädchen, dem man den Namen des verstorbenen Herrschers gab: die zukünftige Johanna von Kastilien.

All dies trug sich in Kastilien zu, wo für Ferdinand und Isabella alles nach Plan verlief. Am 24. jenes Monats Februar besiegten sie bei Albuera die Truppen von Johanna «la Beltraneja»; es war ein Sieg, ohne dass eine Schlacht im eigentlichen Sinne stattgefunden hatte, mehr ein kriegerisches Scharmützel. Es war jedoch ein Sieg, der den Weg zu Friedensverhandlungen zwischen den beiden Monarchien öffnete. Besiegelt wurde dieser Friede bald darauf in Alcaçovas.

Es war ein wichtiges Ereignis, eines der bedeutendsten im politischen Leben beider Völker, denn von da an war die spanisch-portugiesische Grenze befriedet, eine Grenze ohne Konflikte, die nur noch von Diplomaten und Hochzeitsgesandtschaften passiert wurde, um die letzten Vereinbarungen zwischen den fernen Herrscherdynastien zu treffen; Heere überschritten diese Grenze nicht mehr.

Es war ein Friede, den Ferdinand dazu nutzte, um seine neuen Reiche zu besuchen. Am 28. Juni zog er in Saragossa ein. Am 1. September jubelte man ihm in Barcelona zu. Und im Herbst reiste er nach Valencia, um die Fueros, die Sonderrechte der Stadt, per Eid zu bestätigen. Unterdessen unterschrieb Isabella jene Verträge von Alcaçovas, die auf der Halbinsel eine solch große Wirkung entfalten sollten. Schließlich trafen sich beide Herrscher in Toledo, wohin die Cortes der kastilischen Reiche einberufen worden waren; dort erfolgte eine grundlegende interne Neuordnung der kastilischen Krone, insbesondere des Königlichen Rats, in dem der Hochadel zugunsten der Gelehrten entmachtet wurde.

Auch eine andere Reform mit schwerwiegenden Folgen nahmen die Könige in Angriff: die Einsetzung einer neuen Inquisition.

Damit bekräftigten sie auf beiden Gebieten, dem politischen wie dem religiösen, die Macht jener Krone und machten aus der Monarchie eine wirkliche Theokratie. All dies erfolgte im Hinblick auf ein ehrgeiziges Projekt: die Eroberung des nasridischen Reiches von Granada, den Kampf gegen die letzte muselmanische Bastion auf der Halbinsel, die Beendigung der Reconquista.

In ebenjener Stadt Toledo, am 6. November 1479, inmitten dieses brodelnden Umfelds, wird Johanna von Kastilien geboren.

Wie ein Historiker schrieb, genoss Johanna – ebenso wie ihre Schwestern – die typische Erziehung ihrer Zeit, die vor allem aus Hausarbeiten wie Nähen und Häkeln bestand, gepaart mit Musik und Lektüre, insbesondere der heiligen Schriften und Heiligenlegenden.

Dies ist die große Königin Isabella in ihren letzten Jahren. Ihr Gesicht ist verwelkt, ihr Blick traurig, weil sie fürchtet, dass ihr Werk mit ihrem Tod untergeht. Ölgemälde von Johann von Flandern, Königliche Akademie für Geschichte, Madrid.

Ferdinand der Katholische, dem die Angelegenheiten des Staates stets wichtiger waren als die der Familie, sah in seiner Tochter Johanna lediglich ein Hindernis für seinen Plan, Herrscher über Kastilien zu werden. Anonym. Museum der Schönen Künste, Poitiers.

Kurzum, es sei eine behütete Kindheit gewesen, wie es sich am Hof von Isabella der Katholischen gezieme, die selbst oft über die Tage ihrer Kinder wache.

Dieses süßliche und etwas lobhudelnde Bild vom Hof Königin Isabellas müssen wir leicht korrigieren. Zuerst liegt die Vermutung nahe, dass nicht alle vier Schwestern – Isabella, Johanna, Maria und Katharina – die gleiche Erziehung erhielten, denn Isabella war wesentlich älter als die anderen: neun Jahre älter als Johanna, zwölf Jahre älter als Maria und fünfzehn Jahre älter als Katharina. Johanna spielte also vor allem mit ihren beiden kleineren Schwestern, Maria und Katharina. Diese drei steckten immer zusammen, wodurch Isabella, die Älteste (die Infantin Isabella), auf einer anderen Stufe stand. Johann nahm als Erbprinz sowieso eine andere Stellung ein.

Dies ist jedoch nur ein kleiner Vorbehalt. Wichtiger ist der Hinweis darauf, dass Isabella, die Königin, sich meist den Aufgaben des Staates widmen musste und innerhalb ihres Reiches von einem Ort an den anderen zog. Wir haben es hier eindeutig mit einem fahrenden Königshof zu tun. Mal war die Königin damit beschäftigt, die Extremadura oder Galicien oder Andalusien zu befrieden, mal kümmerte sie sich um den Feldzug gegen das nasridische Reich von Granada, mal befehligte sie die Nachhut, um dem Heer zu helfen, das ihr Mann, König Ferdinand, anführte: ein Krieg, das dürfen wir nicht vergessen, der zehn Jahre dauerte. Dann wieder führte sie den Vorsitz bei den Cortes von Kastilien oder besuchte mit Ferdinand die Reiche der aragonesischen Krone. Und schließlich musste sich Isabella noch mit Tausenden von diplomatischen Komplikationen herumschlagen, musste Verhandlungen führen, um ihre fünf Kinder zu verheiraten, tatkräftig die Entdeckerfahrten von Christoph Kolumbus unterstützen, die Eroberung der Kanarischen Inseln vorantreiben, ihre Infanterieeinheiten, die Tercios, unter dem Kommando eines ihrer Lieblingssoldaten, Gonzálo Fernández de Córdoba, des Großen Kapitäns, zu Heldentaten anspornen.

Durch ihre zahlreichen Verpflichtungen hatte die Königin wenig Zeit und konnte sich kaum um die Familie kümmern. Vielmehr war es so, dass einige Infanten in den unbedeutenderen Königspalästen aufwuchsen; in den Alkazaren von Segovia oder Toledo oder in dem Palastkomplex, den die Könige in Ávila hatten errichten lassen, gleich neben dem Dominikanerkloster Santo Tomás. Jedenfalls waren die Eltern häufig abwesend. Die Heimstatt der Katholischen Könige ähnelte also mehr dem Umfeld, in dem spanische Kinder heute groß werden: Die Eltern arbeiten und überlassen die Kinder fremden Händen.

Letztlich jedoch besitzen wir kaum direkte Kenntnis darüber, wie das Familienleben der Katholischen Könige aussah. Wir können nur Schlussfolgerungen aus dem ziehen, was wir sicher über die Lebensweise von Königin Isabella wissen. Fest steht jedenfalls, dass die Königin ein Interesse an Kultur hatte, das weit über das ihres Gatten Ferdinand hinausging, dass sie eine ausgezeichnete Bibliothek besaß, die gut bestückt war mit klassischen Autoren – u. a. Vergil, Titus Livius und Seneca –, aber auch religiösen Werken – z. B. Augustinus – und nicht zuletzt modernen Autoren wie z. B. Boccaccio.[13] Und nicht zu vergessen die berühmten Dichter unter der Regentschaft ihres Vaters Johanns II. wie Juan de Mena. Die Kunstsammlung der Königin war eine der wichtigsten ihrer Zeit, besonders was die flämische Malerei betraf.[14] Und schließlich nahm die Königin an ihrem Hof eine Reihe von italienischen Humanisten auf und verlieh ihm damit Glanz. Wir denken dabei z. B. an Alfons V. (El Magnánimo) von Neapel. Der kastilische Königshof zog Geistesgrößen an wie Lucio Maríneo Sículo, die Brüder Antonio und Alejandro Geraldino und vor allem den Protegé des Grafen von Tendilla, den Mailänder Petrus Martyr von Anglería. Schließlich sei noch die Musikkapelle der Königin erwähnt, von der uns das Ausgabenbuch des Hofs, das uns der Schatzmeister Gonzalo de Baeza hinterlassen hat, detailliertes Zeugnis gibt.

Diese Daten und Fakten, die als gesichert gelten, verdanken wir den sorgsamen und genauen Untersuchungen von so ausgezeichneten Forschern wie Antonio de la Torre y del Cerro und seiner Frau Engracia de la Torre und vor allem von Tarsicio de Azcona, dem vielleicht besten Kenner Isabellas der Katholischen und ihrer Zeit.[15] Deren Arbeiten erlauben uns die Feststellung, dass am Hof Isabellas Sparsamkeit nicht oberste Pflicht war, wenngleich die Königin, was ihre persönlichen Ausgaben betraf – insbesondere für Kleidung und Schmuck –, eher zu Zurückhaltung neigte. Wie Azcona nachgewiesen hat, stiegen die Ausgaben von Jahr zu Jahr beträchtlich und gaben dem Königshof ein immer prunkvolleres Gepräge. Größeren Einfluss auf die Erziehung der Infantinnen, insbesondere auf Johanna, hatte der humanistische Geist der Zeit. Wir kennen den Namen ihres Hauslehrers: Alejandro Geraldina, dem sie ihre Lateinkenntnisse und jene humanistische Bildung verdankte, die bei bedeutenden Persönlichkeiten ihrer Zeit wie Luis Vives große Bewunderung hervorrief. Wir wissen auch, dass sie tänzerische und musikalische Begabung besaß, spielte sie doch ausgezeichnet Klavichord. Französisch hingegen lernte sie, im Gegensatz zu dem, was ihre Panegyriker behaupten, damals nicht.[16] Am spanischen Königshof wurde kein Französisch gelehrt. Auch Kaiser Karl V. änderte daran nichts, obwohl er in den Niederlanden mit dem Französischen aufgewachsen war. Zwar schrieb er an seine Schwester Maria auf Französisch, doch mit seinen Kindern unterhielt er sich nie in dieser Sprache. Johanna lernte am Ende dann doch noch Französisch, aber in einer anderen Lebensphase, in ihrer einsamen Zeit in den Niederlanden, als sie zur Gräfin von Flandern geworden war.

Wie hat man sich nun den Umgang Königin Isabellas mit ihren Kindern vorzustellen? Hatte sie Verständnis für Johanna, konnte sie ihr in deren sicherlich nicht einfachen Jugend eine Stütze sein? Einer ihrer bedeutendsten Biografen schreibt, dass Johanna nicht gerade ihre Lieblingstochter war: «Sie liebte sie von Herzen», berichtet Tarsicio de Azcona, «aber sie verstand sie nicht und konnte ihr keine Stütze sein.»[17]

Es gab noch etwas anderes, das bei Johanna in der Zeit, in der sie am königlichen Hof lebte, einen nachhaltigen Eindruck hinterließ: die regelmäßigen Besuche, die sie in Begleitung ihrer Mutter der Gefangenen von Arévalo abstattete, dieser anderen Königin – der Königin Mutter, wie wir sie ab jetzt nennen wollen –, die seit 1454, nachdem ihr Mann, König Johann II., gestorben war, zurückgezogen in der Burg von Arévalo lebte. Ich spreche von Isabella von Portugal, der Mutter Isabellas der Katholischen, die, wie gesagt, 1454 Witwe geworden war und erst zweiundvierzig Jahre später, also 1496, in ihrem Zufluchtsort Arévalo starb.

Die Parallelen zwischen jener Isabella von Portugal und Johanna von Kastilien stechen ins Auge; eine Parallele, die viel augenscheinlicher ist als die zwischen Johanna und Don Carlos. Viele Historiker neigen dazu, Johanna mit ihrem Urenkel, dem Sohn Philipps II., in Verbindung zu bringen wie z. B. der deutsche Hispanist Ludwig Pfandl in seiner berühmten Studie.[18] Aber Johanna und ihre Großmutter Isabella von Portugal weisen wesentlich mehr Gemeinsamkeiten auf, nicht nur waren sie beide Frauen, sondern beide waren Königinnen, früh zu Witwen geworden und lebten fast ein halbes Jahrhundert lang als Witwen. Darüber hinaus war beider Leben geprägt von einer geistigen Störung, aufgrund deren sie ihr Leben an Orten weitab der Macht verbringen mussten: Isabella von Portugal in Arévalo und Johanna von Kastilien in Tordesillas.

Mehr noch: Es scheint durchaus plausibel, dass die geistige Störung Isabellas von Portugal ebenfalls auf einen starken emotionalen Schock zurückzuführen war. In Arévalo hat sich bis zum heutigen Tage die Legende erhalten, dass die Königin durch die Flure ihrer Burg irrte und so laut, dass man es auf den umliegenden Feldern hören konnte, rief: «Don Álvaro! Don Álvaro!» Dies war jedoch nicht der Name ihres Mannes, König Johanns, der so viele Jahre älter war als sie und mit dem sie nur sieben Jahre über Kastilien geherrscht hatte, sondern der ihres ersten Gönners, der sie aus ihren relativ bescheidenen Verhältnissen als Tochter einer portugiesischen Adelsfamilie herausgeholt und sie zur Königin von Kastilien gemacht hatte; ein Mann, den sie erst hoch geschätzt und dann gehasst hat: Álvaro de la Luna, lange Zeit ein Günstling des Hofes, der plötzlich und dramatisch in Ungnade gefallen war und schließlich auf Befehl der Königin 1453 geköpft wurde. Haben wir es hier mit einer Geschichte wie der Johannes' des Täufers zu tun, der auf Betreiben von

Herodes' Stieftochter den Tod fand? Warum, fragen wir uns, erinnert sich die verwitwete Königin Isabella von Portugal in ihren Wahnanfällen an den Günstling und nicht an ihren Mann?

So interessant es auch sein mag, die Frage zu stellen, wie sehr Johanna vom Schicksal ihrer Großmutter betroffen war, so lässt sich hier jedoch nur festhalten, dass die wiederholten Besuche in der Burg von Arévalo, wo sie einige Tage an der Seite der kranken Isabella von Portugal verbrachte, sicherlich auf das jugendliche Gemüt Johannas einen starken Eindruck gemacht haben. Die gefangene Königin Isabella von Portugal, die Verrückte von Arévalo, übte ganz offensichtlich eine merkwürdige Faszination auf Johanna aus, und wir werden daher diese Vorgängerin nicht aus den Augen verlieren.

Aber wenden wir uns nun zunächst dem Prinzen Johann zu. Das Erziehungsmodell der Katholischen Könige für ihren Sohn galt in jenen Zeiten als beispielhaft, so dass Karl V. Befehl gab, sich bei der Ausbildung seines Sohnes Philipp II. daran zu orientieren. Wir wissen dies von einem Augenzeugen, Gonzalo Fernández de Oviedo, dem berühmten Historiker des 16. Jahrhunderts, der sich mit folgenden Worten schriftlich an ebenjenen Philipp wandte:

> … der Kaiser will es, dass Seine Hoheit (Philipp II.) in der gleichen Weise erzogen werde wie Ihr Onkel …[19]

Dem ist noch hinzuzufügen, dass Johannas Mutter, Isabella die Katholische, äußerst eifersüchtig war. Sie hatte auch allen Grund dazu, denn Ferdinand der Katholische war ein zügelloser Frauenheld, der, wenn wir den Chronisten glauben dürfen, des Öfteren von der Königin ertappt wurde, wie er auf den Fluren des Palastes eine Hofdame küsste. Isabellas schreckliche Wutanfälle richteten sich dann meist gegen die Schuldige, obwohl man wohl kaum von Schuld sprechen kann. Wie hätte sich eine Hofdame gegen die Avancen eines Königs wehren sollen? Tatsächlich wissen wir von einigen illegitimen Kindern Ferdinands wie jenen Don Alonso, Erzbischof von Saragossa, der später jenen bemerkenswerten Brief an Karl V. schrieb, als dieser den Thron bestieg; oder jene beiden Nonnen – eine davon Oberin –,

die im Augustinerkloster von Madrigal de las Altas Torres das Gelüb-
de ablegten und dort in den Zwanziger- und Dreißigerjahren des
16. Jahrhunderts unter dem Namen Maria von Aragonien lebten
(beide Schwestern trugen den gleichen Namen, eine bis heute überraschende Pointe).[20] Dass Ferdinand ein wahrer Don Juan war, be-
zeugen jedenfalls die meisten Chronisten:

> ... er liebte die Königin sehr, widmete sich aber auch anderen Damen ...

Auch Pulgar weiß davon zu berichten, der wiederum folgende Bemerkung über Isabella macht:

> Sie liebte den König, ihren Gatten, sehr und war über alle Maßen eifer-
> süchtig ...[21]

Isabella, die als Königin solch große Selbstbeherrschung bewies,
konnte im Palast jegliche Contenance verlieren, wenn sie Ferdinand
bei einem Seitensprung erwischte, denn, so lesen wir bei Pater Mariana:

> ... sie empfand große Liebe für ihren Gatten, aber darin mischten sich Ei-
> fersucht und Argwohn ...[22]

Da Ferdinand seiner Lust im Palast, am Hof frönte, erfuhren natürlich auch die Kinder, als sie etwas älter waren, von der Untreue ihres
Vaters und der Verzweiflung ihrer Mutter.

Eine der Töchter zeigte sich besonders beeindruckt von dem Fa-
milienzwist: Johanna von Kastilien. Und dies ist nicht einfach nur
Spekulation, denn Johanna selbst schrieb:

> ... wenn ich mich von der Leidenschaft hinreißen ließ und in einen Zu-
> stand verfiel, der meiner Würde nicht entsprach, dann war der Grund da-
> für die Eifersucht ...

Es war eine entschuldbare Leidenschaft, denn schließlich hatte auch
ihre Mutter, die erhabene Königin, sie gezeigt. Und dann fährt Johanna mit ihrer Rechtfertigung fort:

> ... und nicht nur ich trage diese Leidenschaft in mir, auch meine Mutter,
> der Gott Ruhm verleihen möge, die eine solch vorzügliche und auserwähl-

te Person in dieser Welt war, war eifersüchtig, und auch Ihre Hoheit heilte am Ende die Zeit, wie Gott, wenn es ihm gefällt, mich heilen wird ...[23]

Dies ist auch der Grund dafür, warum Johanna, als ihre Mutter in jener berüchtigten Szene in Medina von ihr mehr Gelassenheit im Umgang mit ihrem Gatten, Philipp dem Schönen, forderte, mit «solch toller Dreistigkeit» reagierte, dass die große Königin dies als grobe Missachtung ihrer Autorität empfand:

> Und dann sprach sie zu mir mit einer solchen Heftigkeit, unter Missach-tung dessen, was eine Tochter zu ihrer Mutter sagen darf, dass ich mir dies, hätte ich nicht bemerkt, in welchem Zustand sie sich befand, unter keinen Umständen hätte gefallen lassen ...[24]

Für gewöhnlich wird diese Bemerkung als Beweis dafür angesehen, dass Johanna von Kastilien bereits 1503 in diesem Streit mit ihrer Mutter, bei dem sie mit «solch toller Dreistigkeit» zu ihr sprach, An-zeichen für eine emotionale Störung zeigte. Vielleicht aber sollten wir dies nicht so stehen lassen. Vielleicht sollten wir mit gutem Grund annehmen, dass die Königin selbst zu dieser Reaktion Anlass gegeben hatte, denn wer selbst so eifersüchtig war wie sie – «über alle Maßen» –, der hatte eigentlich nicht das Recht, der Tochter ge-rade in diesem Punkt Vorhaltungen zu machen.

Wie hätte Johanna gegenüber ihrer Mutter, die ihr so Leid tat, denn reagieren sollen, wenn nicht mit dem Hinweis auf die grenzen-lose Eifersucht, die Isabella wegen der Eskapaden ihres Mannes erlit-ten hatte?

Offenbar war nämlich Königin Isabella nicht die Schönheit, als die sie die Chronisten gerne rühmen. Hieronymus Münzer, der die vier-undvierzig Jahre alte Königin 1495 besuchte, schildert sie uns als groß gewachsene, «etwas dicke» Frau. Was ihre angebliche Schön-heit betrifft, so ringt er sich lediglich dazu durch, ihr ein «angeneh-mes Antlitz» zu konstatieren.[25]

Wir können erahnen, was er meint, wenn wir die bekannteren Porträts der Königin betrachten, etwa das von Johann von Flandern, das im Sitzungssaal der Königlichen Akademie für Geschichte in Madrid hängt.

Isabella war also nicht sehr attraktiv, nachdem der Reiz der Jugend verblüht war, und auch ihr Kleidergeschmack war nicht der erlesenste. Wenn wir Münzer glauben dürfen, dann trug sie fast immer Schwarz.[26] Acht Jahre nach Münzer schrieb Anton von Lalaing, der Chronist Philipps des Schönen, despektierlich:

> Die Kleidung des Königs und der Königin brauche ich nicht zu erwähnen, denn sie tragen lediglich Stofftücher.[27]

Selbst wenn wir der Legende, nach der Isabella geschworen haben soll, erst dann wieder die Kleidung zu wechseln, wenn Granada erobert sei, keinen Glauben schenken (die Bezeichnung «isabellinischer Farbton» für Kleidung, die einen verdächtigen Gelbton angenommen hat, stammt daher, wobei man auch an etwas denken könnte, das weniger mit Farbe als vielmehr mit Geruch zu tun hat), scheint es nicht allzu verwunderlich, dass Ferdinand mit der Selbstverständlichkeit gekrönter Häupter in solchen Dingen nach etwas suchte, was er im ehelichen Bett nicht fand – und zwar mit demselben Eifer, mit dem er all seine Geschäfte betrieb. Fest steht jedenfalls, dass Ferdinand fremdging, was ihm die verstimmte Königin immer wieder vorhielt, wobei ihr Zorn sich – wie oben erwähnt – mehr gegen die jeweiligen Favoritinnen richtete und nicht gegen ihren königlichen Gatten, der sich allenfalls ihr vorwurfsvolles Geschrei anhören musste. Und hierin liegt auch der Grund, warum sich Isabella mit «alten Frauen» umgab, so wie es später auch Johanna tun sollte, die sogar so weit ging, selbst nach dem Tod ihres Mannes keine junge Frau an ihrer Seite zu dulden.

Jedenfalls zeigt uns die Auseinandersetzung zwischen Mutter und Tochter etwas, das bislang ignoriert oder verschwiegen wurde: dass Isabella begriff, dass sie eine gewisse Mitschuld am Verhalten ihrer Tochter trug; dass das, was ihre Mutter, Isabella von Portugal, die Gefangene von Arévalo, erlitten hatte und was sie am eigenen Leib erfahren hatte, eine genetische Veranlagung war, die plötzlich im ungeheuerlichen Verhalten ihrer Tochter durchschlug.

Doch darüber zu reden werden wir noch genügend Gelegenheit haben.

4. DIE GRÄFIN VON FLANDERN

Ab 1492, nachdem die Katholischen Könige die beiden innenpoliti-
schen Prüfungen – den Erbfolgestreit mit der Beltraneja und die
endgültige Reconquista – so glänzend bestanden hatten, stellten sie
sich außenpolitischen Herausforderungen und wandten sich dem
Mittelmeerraum und der Erkundung neuer Seewege zu.

Im Mittelmeer, wo sie bereits über zwei ausgezeichnete Opera-
tionsbasen verfügten – die Inseln Cerdeña und Sizilien –, dazu die
balearischen Inseln und die dem *Mare Nostrum* zugewandte levantini-
sche Küste, erwartete sie das neapolitanische Abenteuer. Früher
oder später würde es zu einer Auseinandersetzung mit dem mächtigen Frankreich kommen, das sich vom überseeischen Bankett ausge-
schlossen sah und ebenfalls nach der Herrschaft über das Königreich
von Neapel strebte.

Dessen eingedenk und in Anbetracht des Risikos, das sie erwartete, fassten die Katholischen Könige einen ehrgeizigen Plan, suchten
mächtige Verbündete, um mit deren Hilfe die unvermeidliche Konfrontation mit dem gallischen Nachbarn zu wagen. Sie setzten dabei
auf Ehebündnisse mit den wichtigsten Monarchien des Westens.

Am Anfang stand Portugal, wo ihre Tochter Isabella ein Mitglied
der Avisdynastie, die in Lissabon herrschte, heiratete; zuerst ehelichte sie den Prinzen Alfons, und als dieser wenige Monate nach
der Hochzeit starb, wurde 1495 König Manuel der Glückliche ihr
Gemahl.

Kurz darauf bahnte das Königspaar eine doppelte Heiratsallianz
mit den Niederlanden an, die zur Hochzeit des Prinzen Johann mit
Margarethe von Österreich und Johannas von Kastilien mit Philipp
dem Schönen führte, der damals Graf von Flandern war.

Sowohl Margarethe als auch Philipp waren Kinder von Kaiser Maximilian I., so dass ein Bündnis mit dem habsburgischen Königshaus hergestellt war, wodurch wiederum Frankreich in Westeuropa isoliert wurde. Blieb noch England, ein Ziel, dem sich die Katholischen Könige später widmen würden; nachdem sie zunächst die Infantin Katharina mit Prinz Arthur zu verheiraten suchten, ehelichte sie schließlich 1509 Heinrich VIII.

Wenden wir uns zunächst der Verlobung Johannas von Kastilien zu.

Jede Hochzeit, gleichgültig, welchen Rang die Brautleute besaßen, hatte zwei Seiten: eine spielerische, die vor allem in dem großen Fest zum Ausdruck kam, wo der «Wein im Übermaß» floss; und dann gab es noch eine andere Seite, eine untergründigere, verstecktere, die – fast könnte man sagen – verdrängt wurde von den Protagonisten, aber auch von den wirklichen Drahtziehern, in den damaligen Zeiten vor allem den Eltern: Man wusste nie, welchen Verlauf das Leben der Brautleute nehmen würde. Dies betraf in erster Linie die Braut, denn schließlich musste sie ihr Zuhause verlassen, wo sie Geborgenheit und Zuneigung erfahren hatte, und sich der launischen Autorität ihres Ehemanns unterwerfen. Und dies gilt umso mehr, wenn diese Braut nicht nur ihr Elternhaus verlassen musste, ihr gewohntes Umfeld, ihre Stadt, sondern ihr Volk, um sich in ein fernes, unbekanntes Land zu begeben, wo seltsame Sitten herrschten, wo allein schon die Sprache ein kaum zu überwindendes Hindernis darstellte.

Um zu verstehen, welchen emotionalen Schock Johanna erlitten haben muss, sollten wir zunächst einen Blick auf die Stellung der Frau in jener Gesellschaft werfen, insbesondere innerhalb der Ehe.

Dass die Ehen von den Eltern gestiftet wurden, ist eine altbekannte Tatsache und war bis vor kurzem auch in den heutigen Königshäusern üblich. Damals jedoch war es unabdingbar, dass die Eheschließenden von gleichem Rang waren. Also musste für Johanna als Tochter des so glänzenden spanischen Königshauses ein Bräutigam aus einem anderen Königshaus gefunden werden. Angesichts dessen war Philipp der Schöne als Graf von Flandern auf den ersten Blick scheinbar eine minderwertige Partie, war eine Hochzeit mit ihm dem Prestige des spanischen Königshauses abträglich, aber die Tatsache, dass er der Sohn des Kaisers war, machte diesen Makel wett. Fest steht jedenfalls, dass die Gefühle der Brautleute absolut keine Rolle spielten.

Bevor wir uns den konkreten Umständen zuwenden, hier einige kursorische Bemerkungen vorweg über die Familienstruktur im 15. Jahrhundert.

Die Familienstruktur war autoritär, denn die Familie war auf jeder Ebene ein kleines Königreich, in dem der Vater der mit absoluter Macht ausgestattete Monarch war, der niemandem Rechenschaft über seine Taten – ob gute oder schlechte – ablegen musste, es sei denn, er beging eine offenkundige Bluttat oder einen vergleichbaren barbarischen Akt. Zu leiden unter dieser autoritären Struktur – die in Tyrannei ausarten konnte – hatte vor allem die Frau. In der Praxis kam dieser Nachteil nicht so stark zum Tragen, weil die Rollenverteilung festgelegt war: Der Mann verwirklichte sich in der Gesellschaft, wandte seine ganze Kraft der Außenwelt zu und überließ die Herrschaft über das Heim der Ehefrau, der Mutter, die sich der Kindererziehung und dem Haushalt widmete. Zwischen den anfangs einander unbekannten Eheleuten, die ein familiäres Interesse einte – die Haushaltsführung und die Liebe zu den Kindern, die ja in den Genen jeglicher Spezies angelegt ist –, konnte durchaus so etwas wie gegenseitige Zuneigung entstehen und sich später zu Liebe entwickeln, im besten Sinne des Wortes, so geschehen Jahre später zwischen Karl V. und Kaiserin Isabella.

Es konnte aber auch das Gegenteil passieren. Der Mann konnte sich als gewalttätig entpuppen, als Säufer, wie so oft der Fall in jener Zeit. Was dann? Was konnte die Frau dann tun? An wen konnte sie sich wenden? Welche Hilfe fand sie in jener Gesellschaft, ihren Institutionen wie z. B. der Kirche?

Betrachten wir, was eine moralische Autorität des Jahrhunderts dazu zu sagen hat: Luis Ponce de León.

Mag der Ehemann noch so rau und noch so wüst sein, die Frau muss ihn ertragen, niemals darf sie Unfrieden stiften.

Der große Dichter begnügt sich in seinem berühmten Werk *La perfecta casada* («Die vollkommene Ehefrau») nicht mit diesen allgemeinen Betrachtungen. Er führt sogar extreme Fälle an, von denen er nur zu genau wusste, dass sie in der Realität vorkommen konnten und tatsächlich auch vorkamen. Er schreibt:

> Oh, er ist ein Peiniger! Aber er ist dein Ehemann. Er ist ein Säufer! Aber der Ehebund hat dich mit ihm vereint. Ein Grobian, ein Taugenichts! Aber er ist ein Glied von dir, dein wichtigstes.

In einem solchen familiären Umfeld, in der die Frau ins zweite Glied gedrängt war, führte die zügellose Gewalt des Familienoberhauptes für gewöhnlich dazu, dass nun die Ehefrau ihrerseits zu einer Furie wurde, die von den anderen nur schwer zu ertragen war. Auch hiervon gibt der Augustinermönch Zeugnis:

> Ich traf einmal eine Frau, die schimpfte, wenn sie aß, und wenn die Nacht hereinbrach, schimpfte sie auch, und wenn die Sonne aufging, schimpfte sie immer noch, und Gleiches geschah an allen Tagen, ob Feiertag oder nicht Feiertag, Woche für Woche, Monat für Monat, Jahr für Jahr hatte sie nichts anderes zu tun, als zu schimpfen; immer und überall erklang ihr Geschrei, ihre barsche Stimme, ihre beleidigenden Worte, ihr maßloses Gezeter, schon knallte die Peitsche, schon flog der Handschuh … Und so bot ihr Heim ein Bild der Hölle …

In diesem konkreten Fall sah Luis de León den Grund für das Übel in der Gefräßigkeit jener Dame. Doch er führt weitere Gründe an, die im Fall Johannas von Kastilien einleuchtender sind:

> Wenn man nun der Ursache für diese zügellose und ständige Wut erforscht, finden sich gute Gründe für diesen Jähzorn: Die eine meint, sie wäre nur eine Frau, wenn sie schimpft; die andere ist bei ihrem Mann in Ungnade gefallen und lässt es nun die Tochter oder die Dienerin spüren; wieder einer anderen hat der Ehemann nicht genug geschmeichelt, hat sich nicht so lieblich gezeigt wie am Vortag, also zettelt sie einen Streit an. Die eine lässt der Wein zur Furie werden, die andere ein unerfüllter Wunsch und wieder eine andere ihr Unglück.

Ihr Unglück. Dieser Befund trifft auf Johanna von Kastilien zu, wie wir noch sehen werden. Mehrmals war ich versucht, dieses Werk nicht «Johanna die Wahnsinnige» zu nennen, sondern «Johanna die Unglückliche».

Wir haben es hier also mit einer Staatshochzeit zu tun, die wie bei allen königlichen Familien abgehalten wurde, ohne dass sich die Brautleute auch nur vom Sehen kannten; und es wurden – soweit mir bekannt ist – im Vorfeld auch keine von den Hofmalern angefertigten Gemälde ausgetauscht, ein Brauch, der erst später allgemeiner Usus wurde. Maria Tudor z. B. schickte eines an ihren Verlobten Philipp – die verblühte Frau mit einer Rose in der Hand, gemalt von Antonio Moro, ein Juwel des Prado.

Das waren die Bedingungen, unter denen Johanna von Kastilien ihr familiäres Umfeld aufgeben musste, um in die fernen Gefilde Flanderns aufzubrechen.

Und was war mit dem spielerischen Aspekt, den wir ansprachen? Wir wissen, dass das Königtum seine Zeichen besitzt, seine Symbole, es hat, wenn man so will, seine Pflichten gegenüber dem Volk; und zu diesen Pflichten gehört eben auch, die Größe der Dynastie zu beweisen, und eine Hochzeit ist dafür der beste Anlass, diese in ihrer vollen Pracht zu entfalten, um den Nationalstolz zu befriedigen, besonders dann, wenn sich dieses Volk im Zenit seiner Größe befindet – so konnte die Dynastie gefestigt und die Liebe zum Monarchen verstärkt werden.

In allen Details beschreiben uns Chronisten wie Andrés Bernáldez die Festlichkeiten, die der Hof der Katholischen Könige aufbot, um die Hochzeit der ältesten Tochter Isabella mit dem Prinzen Alfons von Portugal zu feiern:

> Wer vermag sie zu schildern, die Triumphe, die Galas, die Zweikämpfe, die Musik …![28]

Wer vermag sie zu schildern, die Triumphe, die Galas, die Musik? Es gab Lyriker, die es verstanden, so z. B. Jorge Manrique, der aber auch besang, wie schnell alles zu Rauch wurde, zu einem vergangenen Traum, zu nichts.

1490 war es so weit, mitten im Kriege gegen das Nasridenreich von Granada. Sechs Jahre waren vergangen, die Katholischen Könige befanden sich auf dem Gipfel ihrer Macht und bereiteten die Hochzeit zweier weiterer Kinder vor: von Johann und Johanna.

Aber als hätten sie die Konflikte, Missverständnisse, Sterbefälle, Katastrophen, die diese doppelte Hochzeit nach sich ziehen würde, geahnt, hielten die Könige keine triumphale Zeremonie ab, feierten keine glänzenden Feste. Da Spanien sich damals im Krieg mit Frankreich befand und nicht daran zu denken war, dass Johanna den Landweg nahm, stellten die Könige für die Reise über das Meer eine riesigen Kriegsflotte zusammen – man musste gegen einen möglichen Angriff der Franzosen gewappnet sein –, die eine doppelte Mission zu erfüllen hatte: Johanna in die Niederlande zu bringen und mit Prinzessin Margarethe zurückzukommen, der Verlobten von Prinz Johann.

Andererseits wollten die Katholischen Könige aller Welt ihre Macht demonstrieren, und die Aussteuer und der Hofstaat, nicht nur die Soldaten, sondern auch das Palastpersonal war zahlreich und erlesen.

Die Königin selbst bemühte sich, ihren zukünftigen Schwiegersohn für sich einzunehmen, und schrieb ihm einen Brief, der neben den rein protokollarischen Formulierungen einen gefühlvollen Ton anzuschlagen versuchte. Nachdem sie diesen Brief ihrem Sekretär diktiert und ihn persönlich korrigiert hatte, fügte sie ein eigenhändig geschriebenes, langes Postscriptum hinzu, das äußerst herzlich gehalten war, wie jeder Leser selbst nachprüfen kann:

> Ich bitte Unseren Herrn, es möge Ihnen viele Jahre lang und zu guten Diensten sein und Ihnen hier und dort nur Gutes widerfahren. Und Ihr, lieber Herr Sohn, sollt über mich und alles, was ich habe, verfügen, freier und vertrauensvoller als über Ihre eigene Mutter.[29]

Ein besonderes Abschiedsfest für die Infantin Johanna hingegen gab es nicht. Der Hof versammelte sich nicht einmal vollständig in Laredo, wo die Armada vor Anker lag. Der Vater, König Ferdinand, war weit weg, kümmerte sich um irgendwelche Staatsangelegenheiten, obwohl man doch denken sollte, dass es in diesem Augenblick nichts Wichtigeres gab als jenes Abenteuer, auf das er seine Tochter, die Infantin Johanna, schickte.

Sicher hätte Ferdinand mit seiner Anwesenheit dazu beitragen können, das Gemüt seiner Tochter zu beruhigen, ihr Selbstvertrauen zu stärken, ihr Sicherheit zu vermitteln. Doch der König war wenig einfühlsam, ließ sich zu sehr von der reinen Staatsräson leiten. Diese Einstellung war es auch, die ihn zu Beginn des folgenden Jahrhunderts dazu veranlasste, seine jüngste Tochter Katharina hilflos und elend am englischen Hof leben zu lassen, nur um den zweiten Ehebund herbeizuzwingen, der so lange auf sich warten ließ (acht Jahre, um genau zu sein, denn Katharina brach 1501 als Verlobte von Prinz Arthur nach England auf, wurde rasch Witwe und heiratete Heinrich VIII. erst 1509). Es ist also nicht verwunderlich, dass Ferdinand seinen väterlichen Pflichten auch gegenüber seiner Tochter Johanna nicht nachkam.

Ganz anders Isabella.

Am Vorabend der Reise, als sich Johanna samt Hof und Tross bereits im Hafen von Laredo aufhielt, wollte die Königin die letzte Nacht mit ihrer Tochter verbringen, auf dem Schiff, das sie an ihren fernen Bestimmungsort bringen würde. Zweifellos war sich Isabella bewusst, wie gefährlich diese Überfahrt war, wie sehr das Leben ihrer Tochter an einem seidenen Faden hing, ausgesetzt den Stürmen des «westlichen Meers», wie es in den Dokumenten jener Zeit heißt; und dann war da auch noch die Ungewissheit, was ihre Tochter am Hof der Niederlande erwartete.

Ein Autor unserer Zeit bringt es auf den Punkt:

> Isabella die Katholische verabschiedete den Menschen, der ihr im Leben am meisten am Herzen lag; nie wieder würde sie Johanna als das nervöse und fröhliche Mädchen sehen, das zitternd darauf wartete, in See zu stechen. Aus Flandern würde eine veränderte Frau zurückkehren, in deren aufgewühlter Seele Nebelfetzen hingen.[30]

Isabellas Unruhe kam nicht von ungefähr. Damals war Johanna erst sechzehn Jahre alt, zu jung für ein solches Abenteuer.

20. August 1496. Am folgenden Tag würde die Flotte ihre Anker lichten. Niemand ahnte damals, welche Bedeutung dieses Ereignis haben würde: Die Dynastie der Trastámaras stand vor der Ablösung, die Zeit des Hauses Habsburg sollte beginnen und damit der endgültige Aufstieg der Katholischen Monarchie. In der Geschichte Spaniens, ja ganz Europas, bahnte sich ein grundlegender Wandel an.

Johanna befand sich nun also auf der Überfahrt in die Niederlande. Wie war dieses Land? Welche Sitten herrschten dort? Und schließlich die entscheidende und wichtigste Frage: Wie war der burgundische Prinz, mit dem Johanna sich verheiraten würde? Fragen sollten wir uns jedoch auch, wie Johanna selbst war, wie diese Infantin aussah, die in so ferne Gefilde geschickt wurde.

Von Johanna der Unglücklichen – wenn ich sie so nennen darf – besitzen wir ein Bild aus ebenjener Zeit. Betrachten wir nun das Gemälde, das sich im Besitz der Sammlung von Mme. Tudor Wilkinson in Paris befindet, ein Werk des Meisters der Magdalenenlegende, das um das Jahr 1496 entstand. Wir sehen eine Frau, die ihre Hände über dem Schoß verschränkt, eine Frau mit verträumtem Blick, und doch ist es dem Künstler nicht gelungen, die Schönheit der Infantin zu zeigen, der schönsten Tochter der Katholischen Könige, wie ihre Zeitgenossen bestätigten, vielleicht wegen des Schmucks, der ihren Kopf ziert. Viel attraktiver erscheint sie uns in dem Porträt von Johann von Flandern, das sich im Kunsthistorischen Museum von Wien befindet. Darauf erstrahlt Johanna in ihrer ganzen jugendlichen Anmut: Der Kopf ist unbedeckt, das Haar zu zwei Seiten gekämmt, die Augen sind groß und bergen wer weiß welches Geheimnis, der weit geschnittene Ausschnitt lässt eine wohlgeformte Brust erahnen, der feingliedrige Finger der linken Hand ist erhoben und zeigt eine Richtung an, der man folgen soll, vielleicht auch ein Lebensprojekt; als würde die Prinzessin ihr Schicksal bereits kennen, als wüsste sie schon, dass sie dazu berufen war, das Erbe der spanischen Königreiche anzutreten. Meiner Kenntnis nach ist dies das erste Bild, das wir

Philipp der Schöne, in den sich Johanna so leidenschaftlich verliebte, wirkt hier distanziert, hält aber ein Schwert in der rechten Hand, um deutlich zu machen, wer der neue Herr über Kastilien sein würde, dessen Schild er auf seinem Wams zeigt. Werk des Meisters der Abtei von Afflunghem. Musée d'Art Ancien, Brüssel.

von Johanna von Kastilien haben, und vielleicht wurde es angefertigt, um an den Hof von Flandern geschickt zu werden, während die von den Katholischen Königen angebahnten Heiratsverhandlungen im Gange waren.[31]

Die Porträts, die wir von Philipp dem Schönen besitzen – sie hängen im Louvre –, sowohl das des Meisters der Magdalenenlegende als auch das des Brüsseler Meisters, zeigen uns einen prächtig herausgeputzten jungen Mann mit langen Haaren, die ihm wie in der Jugendmode der damaligen Zeit üblich bis über die Schultern fallen, um den Hals das Band des Ordens vom Goldenen Vlies; einen jungen Mann mit eindringlichem Blick und sinnlichen Lippen. Es ist zweifellos das Abbild eines Prinzen, der seiner selbst gewiss ist, vielleicht sogar ein wenig selbstgefällig, bei dem die körperliche Haltung mit seiner sozialen Stellung im Einklag zu stehen scheint, der also etwas verächtlich auf die Welt blickt, die ihn umgibt. Geboren 1478, also nur ein Jahr älter als Johanna, haben beide, was den rein körperlichen Aspekt angeht, die besten Voraussetzungen für eine gute Partnerschaft.

Doch es kam anders, wie wir wissen.

Nun haben wir die Hauptfiguren des Dramas vorgestellt, das nun seinen Lauf nimmt. Und wie war das Land, das der Gräfin von Flandern eine neue Heimstatt bot?

Die Niederlande waren das Kernland jener Gemeinschaft von Völkern, denen die Energie Karls des Kühnen eine Hauptrolle in der Geschichte der zweiten Hälfte des 15. Jahrhunderts verschafft hatte.

Obwohl der Herrscher im Kampf gegen Ludwig XI. eine schwere Niederlage erlitten hatte, überdauerte die Erinnerung an ihn wie eine Legende: als einer, der versucht hatte, zwischen Frankreich und dem Kaiserreich einen mächtigen Staat zu etablieren. Es war ihm gelungen, neben der Grafschaft Flandern auch die Herzogtümer Brabant, Luxemburg und Limburg unter seine Herrschaft zu bringen, dazu die Grafschaften Artois, Hainaut, Namur, Holland und Seeland und schließlich noch die Rittergüter Malinas und Maastricht. Ludwig XI. hatte ihm das Herzogtum Burgund entrissen, ein schwerer Verlust, um den noch Karl V. mit Franz I. kämpfen würde; doch blieb er im Besitz seiner eigentlichen Grafschaft, der reichen Länder im Nordosten Frankreichs.

Dieses Territorium ließ sich nur schwer regieren, weil es an staatlicher Einheit fehlte und weil die Untertanen unterschiedliche Sprachen sprachen, einerseits die germanischen wie Flämisch und Holländisch, andererseits das wallonische Französisch; aber sie wurden durch starke wirtschaftliche Bande zusammengehalten und durch einen ähnlichen *modus vivendi*, in dem das Bürgertum mit seinem hohen Lebensstandard der Gesellschaft seinen Stempel aufdrückte. Industrie und Handel, dazu die Position als Drehkreuz Europas, hatten diese Länder zu den reichsten Europas gemacht.

Auch die Wissenschaften und Künste bewegten sich auf diesem hohen Niveau. Die flämischen Maler waren die Einzigen, die im 15. Jahrhundert mit denen der italienischen Renaissance Schritt halten oder sie sogar übertreffen konnten. Den Brüdern van Eyck, die Mitte des Jahrhunderts starben, waren andere gefolgt vom Rang eines Thierry Bouts (gest. 1475), vor allem aber der große Maler Roger van der Weyden (gest. 1464), um dessen religiöse Werke sich die wichtigsten Höfe Europas rissen. Die kastilische Krone konnte einige Meisterwerke erwerben wie die dramatische *Abnahme vom Kreuz*, ein Gemälde, das sich im Besitz des Prado befindet (eine ausgezeichnete Kopie von Coxie kann man auch im Kloster San Lorenzo de El Escorial bewundern). Zu verdanken haben wir es Maria von Ungarn, die es ein Jahrhundert später kaufte und nach Spanien schickte.

Doch es gab noch mehr herausragende Künstler. Erwähnt seien nur Hugo van der Goes, Hans Memling, Gerard David und Quintin Metsys. Das Bild *Die Geburt Jesu* von Hugo van der Goes, gemalt um 1470, erregte in Florenz großes Aufsehen und wurde von der reichen Familie der Medici erworben (heute kann man es in den Uffizien bewundern). Und die Porträts von Memling standen in ähnlich hoher Gunst wie ein halbes Jahrhundert zuvor die Bilder der Gebrüder van Eyck oder Antonello Messinas in Italien.

Die Kunst erlebte also eine glanzvolle Epoche, wurde aber von der Literatur noch übertroffen. Eine Gestalt überragt alle anderen: Eras-

Brüssel im 16. Jahrhundert: Die neue Umgebung, in der Johanna lebte, nachdem sie nach Flandern aufgebrochen war. Dort würde sie die mütterliche Geborgenheit und Spanien sehnlich vermissen. Radierung in der Königlichen Bibliothek von Brüssel.

mus von Rotterdam (1466 [oder 1469]–1536), dessen Lehrtätigkeit in ganz Europa großen Einfluss hatte. Vergleichbar mit ihm ist nur Voltaire, der zwei Jahrhunderte später eine ähnliche herausragende Stellung in Europa innehatte. Prinzen und Päpste suchten Erasmus' Freundschaft, eine ganze geistige Strömung verband sich mit seinem Namen. Erasmus hatte versucht, zu den Wurzeln christlichen Denkens zurückzukehren, hatte sich bemüht, religiöse Läuterung und Ehrlichkeit mit Toleranz zu verbinden, damit jeder ein christliches Leben führen konnte, ohne Gefahr zu laufen, für seine Ideen verfolgt zu werden.

Es waren Zeiten, in denen man noch an ein geistig vereintes Europa glaubte, bevor religiöser Hass sich in einer Unzahl von Kriegen Bahn brach.

Wenn ein Spanier damals in die Niederlande kam, sprang ihm sofort ins Auge, wie dicht besiedelt dieses Land war, wie viele blühende Städte es dort gab: Gent, Brügge, Lüttich, Antwerpen, Brüssel. Überall wurde Landwirtschaft betrieben. Das ganze Land war wie ein gut gepflegter Garten, in dem es allerdings kaum duftete. Er war nicht zu vergleichen mit den Gebirgen der kastilischen Hochebene mit ihrem funkelnden Licht, wo Rosmarin und Thymian blühen. Bäume hingegen gab es im Übermaß, Grün in allen Schattierungen, von Smaragdgrün bis Flaschengrün. Orangen- oder Zitronenbäume aber gab es nicht und natürlich auch keine Olivenbäume. Diese Tatsache hatte ihre Folgen im täglichen Leben: Es wurde nicht mit Öl gekocht, sondern mit Butter- oder Schweineschmalz.

Und es gab noch einen weiteren Unterschied, vielleicht den entscheidenden: das Licht. Im Gegensatz zu dem blauen Himmel des Mittelmeerraums oder der kastilischen Hochebene war der Himmel dort oft von Wolken verdunkelt; es war ein Land, in dem es häufig regnete, selbst im Sommer.

Und darüber sollte sich Johanna von Kastilien bitterlich beklagen.

Dazu kamen noch die unterschiedlichen Sitten eines Volkes, das aus dem Vollen schöpfen konnte, gern und gut aß und seine Freiheit in Liebesdingen genoss, ohne sich viel um die Familienehre zu scheren. Geschildert wird dieses Umfeld von Schriftstellern wie dem bereits erwähnten Erasmus von Rotterdam, der uns eine Ankunft in einem niederländischen Gasthof beschreibt:

> Am Tisch saß immer eine Frau, um die Gäste mit Witzen und Scherzen zu unterhalten, es herrschte eine bewundernswerte Liberalität ... Entsprechend wurde aufgetragen, denn vom heiteren Geplauder wird kein Magen voll.[32]

Vielleicht hat kein Maler diese überschäumende Lebensfreude besser festgehalten als Pieter Brueghel der Ältere. Zwar gehört er einer späteren Generation an (gest. 1569), doch wie man weiß, änderte sich das Leben in der damaligen Zeit nur wenig. Ich spreche von dem Gemälde *Bauerntanz*, das im Kunsthistorischen Museum in Wien hängt.

Pieter Brueghel d. Ä., Bauerntanz, um 1568, signiert. Kunsthistorisches Museum Wien.

Wir haben es hier mit einem der Meisterwerke des 16. Jahrhunderts zu tun. Links sehen wir ein Paar, das sich vergnügt zum Tanzen aufmacht: einen Galan mit Kochmütze (an dem, Achtung, ein Löffel steckt, denn jeden Moment kann das Festgelage losgehen), der, die linke Hand in die Hüfte gestemmt, vorweg läuft, während er mit seiner rechten Hand seine bäuerliche Tanzpartnerin hinter sich herzieht, die ebenfalls unerschrocken vorwärts drängt, mit erhobenem rechten Bein, das anzeigt, mit welcher Begeisterung sie bei der Sache ist. In der linken Ecke bläst ein Musiker mit aufgeblähten Backen in seinen Dudelsack, die ganze Luft scheint von seiner fröhlichen Musik erfüllt. Alles ist in Bewegung. Die einen tanzen, die anderen singen, und die, die singen, trinken dazu Bier aus Krügen. Die erotische Note verleiht dem Bild ein Paar, das sich in aller Öffentlichkeit küsst, während eine andere Frau sich abmüht, ihren Begleiter an den Tisch zu setzen, der vielleicht schon etwas zu sehr angeheitert ist, um das zu geben, was von ihm erwartet wird.

Wenn es so auf dem Dorf zuging, wie ging es dann erst am Hofe zu?

Der burgundische Hof war berühmt für seinen Luxus und sein aufwändiges Zeremoniell; nicht umsonst hatte Philipp der Gute 1492 den Orden vom Goldenen Vlies gegründet, der bestimmte Formen des höfischen und ritterlichen Lebens beförderte. Wir besitzen eine genaue Beschreibung von dem Chronisten Olivier de La Marche, dem Hauslehrer Philipps des Schönen; ein höfisches Ritual, das von ständigen Festen und Banketten begleitet war und sich grundlegend von den strengen Sitten am Hof der Katholischen Könige unterschied. Kein Wunder, dass sich diese Feierlust auf alle Teile der Bevölkerung übertrug. «So steigerte sie sich», schreibt der angesehene holländische Historiker Johan Huizinga, «von den Rittern zu den großen Herren, von den großen Herren zu den Prinzen, diese ostentative Pracht, und erreichte schließlich im Umfeld des Herzogs ihren Höhepunkt.»[33]

An diesen vielseitigen, überschäumenden, ganz gewiss glänzenden, aber vielleicht auch verstörenden Hof kam also die junge Prinzessin Johanna von Kastilien, der alles merkwürdig erschienen sein muss und deren einziger Halt bald ihr Gatte war.

Und deshalb wollen wir ihre erste Begegnung näher betrachten.

Wir hatten Johanna im Hafen von Laredo zurückgelassen, an dem sich zur Verabschiedung ihre Mutter, die Königin Isabella, und ihre Geschwister, Prinz Johann und die Infantinnen Maria und Katharina, eingefunden hatten, nicht aber die ältere Schwester Isabella, die sich bereits am portugiesischen Königshof aufhielt. Es ist Mitte August im Jahre 1496. Die Flotte wartet auf günstigen Wind, um in See zu stechen. Schließlich setzt die Armada die Segel und bricht auf zu der ungewissen und langen Fahrt. Zurück bleibt die schöne Bucht von Laredo. Zurück bleiben auch das Familienleben, die Spiele mit den Geschwistern, das vertraute Umfeld ihres kastilischen Dorfs und das Licht, vielleicht vor allem das Licht, das Licht des spanischen Himmels.

Um nicht französischen Schiffen zu begegnen, nimmt die spanische Armada Kurs nach Norden, wo starke Winde und Strömungen herrschen, die die Flotte auf die englische Küste zutreiben und zwingen, für einige Tage in Portland Schutz zu suchen.

Wir schreiben den 31. August 1496.

Johanna von Kastilien reist mit einem prachtvollen Hofstaat. Durch den Chronisten der Reise, Lorenzo de Padilla,[34] wissen wir, wer sie auf ihrer Fahrt begleitete: Diego Ramírez de Villaescusa, der Hauskaplan Johannas, «Meister der heiligen Theologie», der später Erzbischof von Cuenca werden würde und Begründer des Colegio Mayor in Salamanca; Rodrigo Manrique, ihr Hausmeier; Rodrigo Manrique «el Mozo», ihr Mundschenk; Francisco Luján, Stallmeister; Martín de Mújica, ihr Schatzmeister; Francisco de Alcaraz, Buchhalter; Francisco Godoy, der zweite Stallmeister; und die Truchsesse Martín de Tábara und Hernando de Quesada.

Als Ehrendamen mit dabei waren Beatriz de Tábara, Ana de Beamonte, María de Villegas, María de Aragón, Blanca Manrique, Francisca de Ayala, Aldara von Portugal, die Enkelin von Dionis von Portugal, und Beatriz de Bobadilla, die Nichte der berühmten Marquise von Moya, einer engen Freundin von Königin Isabella.

Während ihres dreitägigen Aufenthalts in England ist der Adel der Insel zugegen und veranstaltet ihr zu Ehren Feierlichkeiten. Am 2. September sticht die Armada erneut in See. Am 8. September erreicht die Flotte schließlich die niederländische Küste. Die zukünftige Erzherzogin von Österreich und Gräfin von Flandern betritt erleichtert holländischen Boden, entronnen dem Meer und seinen Wellen, die häufig die Schiffe in eine gefährliche Querlage gebracht haben.

Dort erwartet sie die erste Enttäuschung: Ihr zukünftiger Ehemann ist nicht da, um sie zu begrüßen. Über einen Monat lang reist Johanna von Kastilien durch die Niederlande: Bergen, Antwerpen … In Antwerpen macht sie Margarethe von York die Aufwartung, der Witwe des legendären Karl des Kühnen. Johanna fühlt sich krank und muss das Bett hüten. Fieber? Albträume wegen der Kaltherzigkeit ihres zukünftigen Ehemanns? Schließlich kommt es am 12. Oktober in Lille zur ersten Begegnung.

Da geschieht etwas Unerwartetes: Die beiden jungen Leute ent-
brennen leidenschaftlich füreinander. «Auf den ersten Blick», schreibt
der deutsche Hispanist Ludwig Pfandl, «entflammten die beiden jungen Leute (sie war sechzehn, er achtzehn) so sehr füreinander, dass sie
die zwei Tage bis zur geplanten Hochzeit nicht abwarten wollten,
sondern nach dem ersten Priester schickten, der zur Hand war, damit
er ihnen den Segen gab und sie die Ehe noch am selben Nachmittag
vollziehen konnten.»[35]

Die Anziehungskraft zwischen den Geschlechtern: Bis dahin war
dies für Johanna eine Welt, die sie nur erahnt hatte, und nun brach
sie sich Bahn, ergriff Besitz von ihr und zeigte ihr, wie verwundbar
sie sein konnte. Würde es ihrem Bruder Johann nicht ganz ähnlich
ergehen? Mit aller Kraft stürzte sich Johanna auf die Liebe, sie war
der Halt, an den sie sich klammerte, um ihre Ängste zu vergessen,
ihre Einsamkeit. So sehr warf sie sich darauf, mit einer solchen Un-
bedingtheit, dass Philipp, ihr junger Ehemann, es mit der Angst zu
tun bekam und diesem wahren Geschlechterkrieg Grenzen zu setzen
versuchte. Johanna verwandelte sich in seinen Augen in eine *schreckliche* Frau.

An seinem Hof nahm man es nicht so genau mit der Moral, und
daher verbarg Philipp seine Liebesabenteuer mit anderen schönen
Frauen nicht. Johanna wurde von heftiger Eifersucht erfasst.

Und so wurde aus Johanna von Kastilien, Johanna die Schreckliche für Philipp, bald Johanna die Wahnsinnige; und für mich, vor
allem zu Beginn, Johanna die Unglückliche.

Oktober. Johanna lebt als neue Gräfin von Flandern am Hof von Brüssel.

Oktober in Brüssel.

Um mir ein Bild davon zu machen, wie die Infantin von Kastilien sich dort gefühlt haben mag, reiste ich zu dieser Jahreszeit in die belgische Hauptstadt. Tag für Tag war der Regen mein Begleiter. Ein dichter Regen, der Himmel wolkenverhangen, kein Spalt, durch den man einen Blick auf das Blau des Himmels erhaschen konnte.

Wie ich gestehen muss, bemächtigte sich meiner ein Gefühl von Traurigkeit.

Vielleicht deshalb, weil ich allein unterwegs war. So, dachte ich, muss sich auch Johanna gefühlt haben, voller Sehnsucht nach dem spanischen Himmel.

Nach Spanien gelangten bald alarmierende Nachrichten. Die Infantin verhalte sich immer merkwürdiger. Sie vernachlässige die Körperpflege, meide Menschen, komme sogar ihren religiösen Pflichten nicht mehr nach. Dazu kam noch, dass sowohl die Hofdamen als auch die Edelmänner, die sich um die Dinge des Palastes kümmern sollten, ihre Zuwendungen nicht pünktlich erhielten und – wie Johanna selbst – vom flämischen Hof mit Feindseligkeit behandelt wurden. Die Katholischen Könige waren beunruhigt.

Was ging da in Brüssel vor? Die räumliche Distanz, die Langsamkeit der Post, die ständige Anspannung wegen der internationalen Unternehmungen führten dazu, dass viel Zeit verging, bevor Isabella und Ferdinand sich der Sache annahmen. Ein ganzes Jahr verstrich. Erst im Sommer 1498 beschlossen die Katholischen Könige, einen Mann ihres Vertrauens nach Brüssel zu schicken, um verlässliche In-

formationen einzuholen: den Dominikanermönch Tomás de Matienzo, Prior von Santa Cruz.

Am 31. Juli 1498 kam der Dominikaner am Hof an. Zwei Tage
später wurde er von Philipp dem Schönen empfangen und erreichte,
was anfangs schwierig erschien: mit Johanna reden zu können. Wie
verlief diese Unterredung? Wir wissen nur das, was uns der Mönch
überliefert hat.

Die Erzherzöge empfingen ihn heiteren Gemüts, zumindest
scheinbar.

> Sie nahmen uns heiter in Empfang, so schien es uns wenigstens.

Und es gab auch eine gute Nachricht: Die Infantin war schwanger.

> Sie ist so anmutig und schön und mollig und schwanger, dass Eure Hohei-
> ten, würdet Ihr sie sehen, getröstet wärt.[36]

Aus der Unterredung, die sie führten, lässt sich entnehmen, dass Johanna darüber verärgert war, dass man sie am Hof ihrer Eltern für
ihr Benehmen kritisiert hatte. Der Prior beruhigte sie, sie sei entschuldigt durch

> … ihr zartes Alter und ihren Mangel an Erfahrung …

Die Infantin war erst achtzehn Jahre alt!

Trotzdem blieb eines höchst verwunderlich: Der Brüsseler Hof
überging die spanischen Gesandten vollkommen. Sie wurden nicht
als Gäste empfangen und mussten sich selbst versorgen:

> Eines sollten Eure Hoheiten wissen, nämlich dass man hier dem Weltmann
> nichts zu essen gibt, so dass, wenn Eure Hoheiten wünschen, dass ich hier
> verweile, bei all den Ausgaben hier, es nötig wäre, mir eilends Geld zukom-
> men zu lassen …[37]

Was aber war die wirkliche Mission des Mönchs? Wollte er nur Informationen einholen? Am Brüsseler Hof vermutete man etwas
anderes, und dies verursachte besonders der Infantin Albträume, was
sich in der Art widerspiegelte, mit der sie den Mönch Tomás de
Matienzo empfing. Er schildert es beschönigend:

Auf diesem Bild sehen
wir eine Johanna von
Kastilien, die ganz in ihre
Schwangerschaft versun-
ken ist (wir können es
auf das Jahr 1498 datie-
ren, falls der Künstler die
erste Schwangerschaft
festgehalten hat). Bewun-
dernswert sind vor allem
die feinen Finger und der
betrübte Blick einer Frau,
die ihr ungewisses
Schicksal bedrückt.
Ölgemälde mit dem Titel
Johanna von Kastilien
von Jacques van Laethem,
Musée d'Art Ancien,
Brüssel.

> Ich trug der Erzherzogin den Grund für mein Kommen vor: Sie freute sich
> sehr …

Schnell wird jedoch klar, dass es nicht so war. Johanna verdächtigte
den Mönch, ihr spirituelles Leben unter die Lupe nehmen zu wollen.
Der Dominikaner fühlte sich gezwungen, es abzustreiten:

> Und ich antwortete ihr, dass ich nicht gekommen sei, um sie nach ihrem
> Leben auszufragen …

Dass Königin Isabella wegen des Verhaltens ihrer Tochter besorgt
war, darüber besteht kein Zweifel. Beim zweiten Gespräch zwischen
dem Mönch und Johanna tritt dies zum Vorschein, wenn auch un-
deutlich. Die Infantin zeigt sich verstört:

> … zeigte sich bestürzt …

Warum ist Johanna bestürzt? In Spanien sprach man über sie, und
nicht vorteilhaft …

> … erfuhr sie einiges von dem, was man dort über sie redete …

Dinge, die ihren guten Namen in den Schmutz zogen, Dinge, die ihr
religiöses Leben betrafen, was besonders in Spanien, das gerade eine
neue Inquisition eingesetzt hatte, schwere Folgen haben konnte.
Aber Tomás de Matienzo will sie nicht allzu sehr bedrängen:

> … sagte ich ihr, dass Ihre Hoheit in Kastilien einen solch guten Namen
> habe, dass nichts, was dort gesagt werde, diesen in den Schmutz ziehen
> könne …

Außerdem sei alles durch ihr junges Alter entschuldigt, was ebenfalls
für ihren Gatten, den Erzherzog, gelte. Denn Johanna setzte sich
auch für ihn ein:

> … diese Entschuldigung führte sie für sich und auch ihren Mann an …

Tomás de Matienzo beklagt sich darüber, wie die Infantin ihn auf-
nahm, wenn auch eher versteckt. Im Nachhinein gesteht er den Königen:

> Nun war es so, Eure Hoheiten, dass sie über mein Kommen keine große
> Freude zeigte …

Und schließlich enthüllt er den wahren Grund für seine Mission. Er hatte im Palast ein Gerücht aufgeschnappt: Er sei, munkelt man, als Beichtvater der Infantin gekommen, auf Geheiß der Könige. Der Dominikaner bestreitet es, aber es wirft ein Licht auf das religiöse Verhalten Johannas:

> ... einen Mangel an Frömmigkeit ...

Denn obwohl Tomás de Matienzo in Brüssel war, hatte die Infantin nicht beichten wollen, nicht einmal am Vorabend des Mariä Himmelfahrtfests, also am 14. August. Und hier nun fährt der Mönch seine Geschütze auf:

> Ich sagte ihr unter anderem, dass sie ein kaltes und grausames Herz habe, dass es ihr wahrlich an Pietät mangele ...

Natürlich wagte der Mönch dies nur, weil die Königin ihn ausdrücklich dazu aufgefordert hatte:

> ... ich sagte alles, was Eure Hoheit mir aufgetragen hat ...

Am 15. Februar 1499 schrieb der Dominikaner: Er habe endlich erreicht, dass die Infantin Reue zeige. Alles komme daher, dass sie von ihrer Mutter, der Königin, getrennt sei, darunter leide sie so sehr, dass sie stets in Tränen ausbreche, wenn sie nur daran denke:

> Sie sagte mir, sie sei so schwermütig und niedergeschlagen gewesen, weil sie immer habe daran genken müssen, wie weit weg Ihre Hoheit sei, dass sie immer nur geweint habe, weil sie sich auf immer von Euch getrennt sehe ...[38]

Hier endlich erfahren wir, was in Johannas Herz vor sich ging. Sie litt darunter, dass sie so weit entfernt von ihrer Heimat lebte, so fern der Ihren, sie fühlte sich verlassen und niedergeschlagen. So depressiv war sie, dass sie den ganzen Tag nur weinte.

Ihre Eltern hatten ihr aus Gründen kalter Staatsräson ein trauriges Schicksal bereitet. Die Katholischen Könige hatten 1496 beschlossen, Frankreich die Stirn zu bieten, und es daher für notwendig befunden, von zwei Seiten aus vorzugehen. Dafür war die Allianz mit dem Hause Habsburg unerlässlich. Zur Verfügung standen Prinz Johann und die Infantin Johanna, und Maximilian I. hatte Kinder im gleichen Alter: Margarethe und Philipp. War das nicht ein glücklicher Zufall? Durfte man sich eine solche Gelegenheit entgehen lassen?

Johann war erst sechzehn. Zwar würde er Kastilien nicht verlassen, würde das Trauma der Einsamkeit nicht erleiden, doch würde ihn das Unheil auf anderen Wegen einholen.

Kein Zweifel: Das eigentliche Opfer war Johanna, der man eine Mission aufgebürdet hatte, die ihre Kräfte überstieg.

Man hatte zu viel verlangt von der jungen Frau. Daher ist es auch nicht verwunderlich, dass sie nach zwei Jahren der Abgeschiedenheit und Einsamkeit den Mönch, den ihre Eltern geschickt hatten, um ihr Leben zu ordnen, mit solcher Ablehnung empfing. Der Dominikaner selbst spricht davon:

> Sie hegt solchen Argwohn gegen mich ...

Der Mönch ist ihr lästig, er bedrängt sie, er wirft ihr vor, dass sie nicht schreibe, ihre Mutter, die Königin, wolle wissen, wie sie denke, was sie tue,

> das Gute und das weniger Gute ...

Aber Johanna tut ihm den Gefallen nicht. Sie schweigt. Nur eines verspricht sie: Sie werde persönlich an den spanischen Königshof schreiben.

Johannas Abgleiten, vielleicht sogar in den Wahnsinn, nahm seinen Lauf.

6. PRINZESSIN VON ASTURIEN

Johanna mag psychisch labil gewesen sein, war dafür aber physisch umso robuster, was sich an ihrem hohen Alter und der Leichtigkeit zeigte, mit der sie ihre Kinder gebar — Eleonore im Jahr 1498 und mehr noch bei der zweiten Geburt, als Johanna sich auf einem Fest im Schloss von Gent befand und plötzlich die Wehen einsetzten.[39] Trotz der ungünstigen Umstände gebar sie ohne Mühe ihr zweites Kind, das erste männliche: den zukünftigen Karl V., der nicht nur in der spanischen, sondern auch in der Weltgeschichte eine herausragende Rolle spielen sollte.

Es geschah am 24. Februar 1500 am Fest des heiligen Matthias.

Keiner jedoch konnte ahnen, welch vielversprechende Zukunft diesem Neugeborenen beschieden sein würde. Damit er das Erbe so vieler mächtiger Reiche antreten konnte, musste der Tod erst seine Sense schwingen und ihm den Weg freischlagen.

Zu viele Kandidaten konnten ältere Rechte beanspruchen als Johanna und ihr erster Sohn, zumal der Tod auch ihn treffen konnte.

Ihr Bruder, Prinz Johann, war bereits gestorben, und Prinzessin Margarethe hatte eine Totgeburt erlitten. Und auch Isabella, der Erstgeborenen der Katholischen Könige, war ein ähnliches Schicksal beschieden. Noch aber lebte Prinz Michael, der bereits zum Erben der drei großen spanischen Kronen ausgerufen worden war: der Portugals, als Sohn von Manuel dem Glücklichen, der Kastiliens und Aragoniens, als Enkel der Katholischen Könige.

Auf dem Weg zur Macht blieb also abzuwarten, welches der beiden Kinder es schaffen würde, den Tausenden von Fallstricken zu entgehen, die in jenen Zeiten ständig lauerten, will sagen, dem frühen Kindstod.

Die Chance hatte sich, wie gesagt, nur deshalb aufgetan, weil derjenige, der unbestritten den größten Anspruch auf den Thron der Katholischen Monarchie hatte, sich in seinem Liebeskrieg mit Prinzessin Margarethe von Österreich sinnlos verausgabt hatte. Und es darf nicht verschwiegen werden, dass dieses traurige Ereignis von den Hofärzten befürchtet worden war, denn Prinz Johann war von schwacher Gesundheit. Königin Isabella traf eine gewisse Mitschuld, denn sie hatte nicht auf die warnenden Stimmen derer hören wollen, die gefordert hatten, man möge den Prinzen von seiner jungen Frau trennen, um übermäßigen Geschlechtsverkehr zu vermeiden.

Dazu ist ein aufschlussreicher Kommentar von Petrus Martyr von Anglería überliefert, der sich sogar zu einer Kritik an seiner Königin hinreißen ließ:

> Ich habe sie immer gewarnt, bedauerlicherweise muss ich ihr Halsstarrigkeit und allzu große Vertrauensseligkeit vorwerfen.[40]

Der Tod von Prinz Johann im Oktober 1497 genügte, um den Ehrgeiz Philipps des Schönen zu wecken, der nun für seine Frau Johanna den Titel der Prinzessin von Asturien beanspruchte, womit er sich über die Rechte der Erstgeborenen, Prinzessin Isabellas, hinwegsetzte. Die Katholischen Könige jedoch wiesen diesen Anspruch zurück und riefen Isabella und ihren Mann, König Manuel den Glücklichen von Portugal, als Thronfolger aus. Gleiches taten die Cortes von Kastilien, die 1498 in Toledo zusammentraten.

Als es ihnen auch noch die Aragonesen nachtun wollten, die sich in Saragossa zusammengefunden hatten, starb am 25. August 1498, als läge ein Fluch über allem, in jener Stadt Prinzessin Isabella, die bereits Königin von Portugal war, an den Folgen der Geburt ihres Sohnes Michael.

Noch verblieb eine letzte Hoffnung darauf, dass ein hispanischer Prinz Spanien erben würde, denn Isabellas Sohn Michael lebte. Sowohl die portugiesischen als auch die kastilischen und aragonesischen Cortes riefen ihn sofort zum Thronfolger aus. Die aragonesischen im September 1498, als seit dem Tod der Mutter noch nicht einmal ein

Monat vergangen war; die kastilischen, die in Ocaña zusammentraten, 1499 und im gleichen Jahr auch die Cortes von Portugal. Wer sollte es wagen, sich einer solchen massiven Unterstützung durch so viele Institutionen, Völker, Kronen entgegenzustellen?

Der Tod.

Dem Ehrgeiz Philipps des Schönen, der sich nun auf seine Frau Johanna stützte, stand als Hindernis nur noch ein kleines Kind im Weg.

Das war zu wenig.

Ein Kind, das seine Großeltern mütterlicherseits überallhin mitnahmen – was vielleicht nicht so ratsam war angesichts seines zarten Alters und der Strapazen, die eine Reise damals mit sich brachte – und verwöhnten. Dass die Katholischen Könige ihn in ihre Obhut nahmen, ist sehr verwunderlich, denn schließlich lebte sein Vater, der König von Portugal, noch.

Doch es war alles vergeblich. Während der Hof sich in Granada aufhielt, starb Prinz Michael im Jahr 1500. Die Triumphe und Ruhmestaten der Katholischen Könige verwandelten sich nun in Leid und Schmerz. Ein gutes Bild davon gibt der Chronist Andrés Bernáldez:

> Das erste Messer, das Königin Isabella ins Herz fuhr, war der Tod des Prinzen. Das zweite war der Tod Isabellas, ihrer ersten Tochter, der Königin von Portugal. Und das dritte Messer des Schmerzes war der Tod Michaels, ihres Enkels, denn er war ihr letzter Trost gewesen.[41]

Das geschah am 20. Juli 1500.

Der Tod kam, wie der des Dichters, in Granada.

Von da an war für Königin Isabella nichts mehr wie vorher.

Von da an lebte Königin Isabella, die in Kastilien so sehr gebraucht wurde, ein freudloses Leben. Ihre Gesundheit war angeschlagen, und sie starb wenige Jahre später.[42]

Nun war also der Weg zum Thron der spanischen Reiche frei für Johanna. Der Tod hatte sein Werk verrichtet.

Was an dem einen Hof Schmerz und Tränen bedeutete, wurde am anderen Hof, dem Philipps des Schönen, mit Jubel aufgenommen. Lorenzo de Padilla berichtet:

Es war im August, der Erzherzog hielt sich gerade in Gent auf, als ihn in nur elf Tagen die von Juan Vélez de Guevara, dem Truchsess der Erzherzogin, aufgegebene Nachricht vom Tod des Prinzen Michael, des Thronfolgers, erreichte.

Und er fügt mit unglaublichem Pragmatismus hinzu:

Die Erzherzöge jubelten über die Neuigkeit, wozu sie auch allen Grund hatten.[43]

Und noch eine weitere Information, die unseren Verdacht weckt:

Die Post brachte keine Briefe des Königs oder der Königin, denn davon ist bei Juan Vélez de Guevara nicht die Rede …[44]

Bei Juan Vélez de Guevara handelt es sich um einen Diener der Erzherzöge Philipp und Johanna, der sich am Hof der Katholischen Könige mit dem speziellen Auftrag aufhielt, von allem zu berichten, was mit und um Michael geschah. Und dieser übermittelte nun heimlich seinem Herrn «die frohe Botschaft» jenes Todes, die für Philipp den Schönen so bedeutend war. Es war, als hätte er sehnlich auf sie gewartet, was uns einmal mehr zeigt, dass die menschliche Natur im Streben um die Macht ihre dunkle Seite zeigt.

Wie dem auch sei: Die Erzherzöge Philipp der Schöne und Johanna von Kastilien durften sich nun mit Fug und Recht Prinz und Prinzessin von Asturien nennen.

Trotz ihres Kummers erfüllten die Katholischen Könige ihre Pflicht und setzten die Erzherzöge in Kenntnis: Prinz Michael war gestorben, also sollten sie sich so schnell wie möglich auf den Weg nach Spanien machen, um nun auch offiziell als die Erben der Krone anerkannt zu werden.

Die Erzherzöge bildeten bereits eine neue politische Kraft. Die ersten Reaktionen ließen nicht lange auf sich warten: Papst Alexander VI. sandte ihnen eine hoch geschätzte Auszeichnung: die Goldene Rose. Und auch in Kastilien bewegte sich einiges: Der Hochadel, der den autoritären Stil der Katholischen Könige längst leid war, sah durch den neuen Erbprinzen die Chance, seine Position zu verbessern, und wollte die Erzherzöge so schnell wie möglich im Land sehen.

Die Katholischen Könige wiederum baten Philipp und Johanna, den Prinzen Karl mitzubringen, denn es war ihnen daran gelegen, den Prinz und die Prinzessin von Asturien und ihren Nachfolger enger an Spanien zu binden. Je schneller diese zu der Reise aufbrachen, desto besser.

Doch Philipp der Schönen zögerte: Die Reise müsse verschoben werden. Es sei kein Geld da, man müsse erst mit den reicheren Provinzen verhandeln, insbesondere Holland und Seeland. Und das daure seine Zeit. Und außerdem sei es unmöglich, Prinz Karl mitzunehmen, dafür sei er noch zu klein.

Zweifellos gab es noch andere Gründe. Philipp der Schöne war ein großer Bewunderer Frankreichs und hegte andere Pläne. Er verfolgte eine Heiratsallianz mit Frankreich, und dabei spielte das Kind, das noch nicht einmal ein Jahr alt war, eine wichtige Rolle, denn

Ludwig XII. hatte eine Tochter namens Claude, damals zwei Jahre alt.

Daraus erwuchs zwischen Philipp und Johanna einer der schwersten Konflikte, von dem wir Kenntnis besitzen. Als der Erzherzog Johanna um ihre Unterschrift bat, um die Heiratsvereinbarung zu besiegeln, weigerte sie sich. Sie war aufgewachsen mit der Vorstellung, dass Frankreich ein Land war, das ihren Eltern feindlich gesinnt war, und daher wollte sie erst deren Zustimmung einholen.

Darüber verging viel Zeit. Die Reisevorbereitungen kamen erst im Herbst 1501 in Gang, unter anderem deshalb, weil Johanna wieder schwanger war und erst ihre Niederkunft abwarten musste. Am 27. Juli jenes Jahres gebar sie mit der besagten Leichtigkeit ein Mädchen, das sie Isabella taufte, zweifellos eine Geste, die ihrer Mutter galt, deren Ferne sie so viele Tränen gekostet hatte.

Im Oktober ließen die Erzherzöge die kleine Kinderschar am Hof von Spinoy zurück (Eleonore war drei, Karl 18 Monate und Isabella drei Monate alt) und machten sich auf den Weg.

In einem hatte Philipp der Schöne seinen Schwiegereltern die Wahrheit gesagt: Die lange Reise mit dem beeindruckenden Hofstaat und dem vielen Gepäck, das auf hundert Lastkarren transportiert werden musste, denn man hatte sich für den Landweg durch Frankreich entschieden, kostete eine Unmenge Geld.

So lernte Johanna von Kastilien jedenfalls Paris kennen, wo das Volk, wie der Chronist Lorenzo de Padilla berichtet, zusammenströmte, um den Prinzen und die Prinzessin von Asturien zu sehen:

> Am Tag ihres Einzugs in die Stadt strömten so viele Leute zusammen, dass mehrere Menschen auf den Straßen erstickten ...[45]

Nach einem dreitägigen Aufenthalt in Paris, bei dem Johanna wahrscheinlich Notre-Dame und die Sainte Chapelle bestaunte, setzten die Erzherzöge ihre Reise nach Spanien fort. In Blois wurden sie von Ludwig XII. empfangen, der ihnen zu Ehren acht Tage lang Feste und Jagdgesellschaften veranstaltete. Natürlich kam es auch zu diplomatischen Verhandlungen, bei denen Philipp der Schöne unterwürfig den

Vasallen spielte. Was in gewisser Weise auch den Tatsachen entsprach, denn schließlich waren die Herzöge von Flandern tatsächlich
Vasallen der französischen Krone, aber darüber hinaus war, wie bereits erwähnt, Philipp der Schöne vom französischen Königshof faszi-
niert. Er war geblendet von dessen Prunk.

Und Ludwig XII. wusste seine Karten gut auszuspielen.

Selten hatte Europa einen solchen höfischen Pomp erlebt. Die be-
eindruckten Chronisten schildern ihn in all seiner Pracht. Als sich
die Erzherzöge Blois näherten, wo Ludwig XII. sie erwartete, eilten
Kirchenfürsten und Landesfürsten herbei, um ihnen die Ehre zu erweisen: Bischöfe und Erzbischöfe, aber auch die Kardinäle von Luxemburg, dazu die Herzöge von Bourbon und Alençon. Beim Einzug
in das Schloss von Blois präsentierten vierhundert Bogenschützen
und hundert Lanzenträger ihre Waffen. Als der Erzherzog und seine
Frau, bereits im Thronsaal, auf die Könige trafen, folgte, dem Protokoll gemäß, eine Begrüßung, eine Ehrerbietung auf die andere, bis es
schließlich zu der Umarmung kam, die das gute Einvernehmen zwischen den beiden Männern versinnbildlichte.

Und dann begannen die Feste: Zweikämpfe zu Pferd und Turnie-
re, Bälle verschiedenster Art, insbesondere aber deutsche Tänze,
denn schließlich wollte man der Verbindung zwischen Erzherzog
Philipp und dem Heiligen Römischen Reich Rechnung tragen. Und
natürlich Jagden, für die sich die hohen Herren, damals wie heute,
begeisterten. Und auch Ballspiele fehlten nicht, denn Ludwig XII.
hatte sich gut informiert und kannte die Vorlieben seiner Gäste.

Auf diese Weise vergingen die Tage vom 7. bis zum 17. Dezember
wie im Flug. Franzosen und Burgunder überboten sich in Kleidung
und Schmuck.

An einem dieser Tage schien Johanna plötzlich aus einem Traum
zu erwachen und zeigte voller Stolz, wer sie war und vom wem sie
abstammte. Es geschah bei einer religiösen Zeremonie. Ludwig XII.
befahl, Philipp dem Schönen einige Goldmünzen zu überreichen. Es
war eine symbolische Geste, wie sie dem Feudalwesen entsprach:
Auf diese Weise zeigte der Herr, in diesem Fall der König von Frank-

reich, dass er seinem Vasallen, dem Herzog von Flandern, seinen Schutz gewährte. Philipp nahm die Münzen an und spielte damit das Spiel des gallischen Monarchen mit.

Auch die Königin wollte dieses Spiel mit Johanna von Kastilien spielen. Wie Lorenzo de Padilla berichtet, ging

> eine Dame auf die Prinzessin zu und wollte ihr einige Münzen überreichen ...

Dies war der Moment, auf den der französische Königshof gewartet hatte. Mit der Unterwerfung des Herzogs von Flandern hatte man gerechnet. Würde die Tochter der Katholischen Könige seinem Beispiel folgen? Nein! Gómez de Fuensalida, der Botschafter ihrer Eltern, hatte ihr genaue Anweisungen erteilt, und so ließ sie sich nicht überrumpeln:

> Die Prinzessin wusste nur zu gut, was hier verhandelt wurde, und sie wollte die Münzen nicht annehmen ..., und auch die Königin von Frankreich wusste es ...[46]

Lässt die Reaktion der Prinzessin nicht einen gewissen Hochmut erkennen? Sie ist Johanna von Kastilien, die spanische Thronfolgerin, sie schuldet einer Vertreterin der französischen Krone keine Ehrerbietung! Das wäre ein unverzeihlicher Affront für ihre glorreichen Eltern, die Katholischen Könige, ja für das spanische Volk. Man hätte es ihr in der Heimat niemals verziehen.

Der Einzug der Erzherzöge in Spanien war atemberaubend. So etwas hatte man noch nicht gesehen, ein doppelter Hofstaat, denn einerseits waren da die flämischen Adligen, die mit Philipp dem Schönen reisten, und andererseits die kastilischen, die Johanna seit ihrem Aufbruch 1496 begleiteten. Auf der gesamten Strecke mussten die Wege verbreitert, die Brücken verstärkt werden, damit die über hundert schweren Karren, auf denen das Gepäck transportiert wurde, die Flüsse überqueren konnten. Und aus einem Umkreis von hundert Meilen strömten die Einheimischen herbei, um dieses nie dagewesene Schauspiel mitzuerleben.

Den ersten Halt legte der Tross in Fuenterrabía ein, am 26. Januar 1502. Es war über fünf Jahre her, dass Johanna Spanien verlassen hatte, zu lange für die junge Prinzessin. Von dannen gezogen war sie als Mädchen, das zwischen Angst und Hoffnung schwankte, zurück kehrte sie als Frau und Mutter von drei Kindern. Und doch hatte das lange Getrenntsein von ihrer Familie an ihr gezehrt, all der Druck, der auf ihr gelastet hatte, das Leiden an ihrem Mann, der allen Frauen nachstieg und ihr wenig Zuneigung entgegenbrachte. Die Sprache des flämischen Königshofs hatte sie, die ein gutes Ohr besaß, gelernt; an die Sitten jedoch hatte sie sich nie gewöhnen können, sie war in den Niederlanden immer eine Fremde geblieben.

Doch nun war sie zurück in Spanien, und das allein zählte in diesem Augenblick.

In Fuenterrabía nächtigten die Erzherzöge in der dortigen Burg, die einen Blick aufs Meer bot, gastfreundlich aufgenommen von zwei spanischen Granden: Gutierre de Cárdenas, oberster Komtur von Leon, Mitglied des Ordens von Santiago, und Francisco de Zúñiga, Graf von Miranda. Am 4. Februar hielten sie Einzug in Vitoria. Acht Tage später in Burgos. Sie legten nur kurze Wegstrecken zurück, um die fünfzehn Kilometer täglich, denn es war mitten im Winter, und die Wege ließen einiges zu wünschen übrig. Außerdem gestattete das langsame Tempo, sich dem Volk zu zeigen, das begierig darauf war, die neuen Herrscher aus der Nähe zu sehen. Viele Mitglieder des Trosses nutzten daher die Gelegenheit, um wie Touristen durchs Land zu reisen: Die einen zog es nach Santiago de Compostela, wo sie das Grab des Heiligen besuchten; die anderen ritten gen Süden, um das geheimnisumwitterte Andalusien in Augenschein zu nehmen, von dem man solche Wunderdinge erzählte, um Städte wie Córdoba, Sevilla und Granada aufzusuchen.

So hielten es auch einige flämische Adlige, darunter Anton von Lalaing, der Chronist Philipps des Schönen.

Unterdessen näherten sich Johanna und Philipp dem Herzen Spaniens. Am 28. Februar machten sie Halt in Valladolid. Dort konnten sie San Gregorio bewundern, «das schönste Dominikanerkloster der Welt», und das Colegio Mayor von Santa Cruz, die von Kardinal

Mendoza kürzlich gegründete Universität mit ihrer Renaissancefassade, ein Werk von Lorenzo Vázquez. Es kam aber auch zu Zwischenfällen: Dreiste Diebe raubten den Tross aus und stahlen die Truhe, in der Philipp der Schöne sein privates Goldgeschirr verwahrte.

Zehn Tage hielten sich die Erzherzöge in Valladolid auf, wo Ringelstechen und Stierkämpfe auf dem Programm standen. Am 25. März, mitten in der Karwoche, zogen sie in Madrid ein, nachdem sie zuvor Medina del Campo, Olmedo und Segovia passiert hatten.

Dort erwartete die Flamen ein verblüffendes Schauspiel: Büßer, die ihren nackten Oberkörper geißelten, wie Lalaing berichtet:

> Und in der ganzen Stadt wimmelte es von nackten Menschen, die sich selbst auspeitschten ...[47]

Es war, das dürfen wir nicht vergessen, Karfreitag.

Für den 30. April war in Toledo das Zusammentreffen mit den Katholischen Königen geplant, aber Philipp der Schöne wurde krank, und so musste man das Treffen verschieben. Ferdinand der Katholische setzte sich über das Protokoll hinweg und eilte zu seinem Schwiegersohn.

Für Johanna bot sich dadurch die Gelegenheit, nach all der Zeit in der Fremde ihren Vater zu umarmen. Sechs Jahre waren vergangen! Noch in der trockenen Prosa des Chronisten sind die Emotionen spürbar:

> Da traf sie auf den König, stieg vom Pferd, die Erzherzogin, seine Tochter, ... und sie umarmte ihn und küsste ihn und bereitete ihm einen Empfang, der so herzlich war, wie sie eben konnte, und dann führte sie ihn an der Hand ins Zimmer des Erzherzogs ...[48]

Ferdinand der Katholische lernte also nun endlich seinen Schwiegersohn kennen und führte mit ihm ein langes Gespräch. Weil aber der eine die Sprache des anderen nicht beherrschte, bedurfte es eines Dolmetschers, der seine Sache gut verstand und absolut vertrauenswürdig war. Wer wäre dafür besser geeignet gewesen als Johanna von Kastilien?

> Und sie sprachen miteinander lange Zeit, die Erzherzogin diente ihnen als Dolmetscherin ...[49]

Erstaunlich an dieser Tatsache ist, dass Johanna von Kastilien, die bei ihrem Aufbruch aus Spanien im Jahre 1496 kein Französisch gekonnt hatte, sechs Jahre später diese Sprache offensichtlich perfekt beherrschte.

Am 7. Mai verließ der wieder genesene Philipp der Schöne sein vorübergehendes Refugium in Olías und brach nach Toledo auf. Eine halbe Legua (spanische Meile: 5,5727 km) vor der Stadt trafen sie auf den König, der ihnen entgegengeeilt war, um sie zu begrüßen. Zwischen Philipp und Johanna ritt Ferdinand in Toledo ein.

Dort fand endlich die Begegnung statt, nach der sich Johanna am meisten gesehnt hatte: das Wiedersehen mit ihrer Mutter. Königin Isabella war damals sehr einsam, weil keines ihrer Kinder bei ihr war. Nicht nur dass Johann, Isabella und ihr Enkel Michael gestorben waren, sondern auch ihre beiden anderen Töchter hatten das Elternhaus verlassen. Maria lebte seit 1500 am portugiesischen Königshof in Lissabon, sie hatte ihren Schwager Manuel geheiratet, Katharina seit 1501 am englischen Hof in London. Jetzt also, nach so vielen Jahren, konnte Isabella ihre Tochter endlich wieder in die Arme schließen.

Genießen wollten beide diesen Moment in Abgeschiedenheit, geschützt vor den Blicken des Hofs, und so nahm, wie der Chronist berichtet:

> ... die Königin sie an der Hand und führte die Prinzessin, ihre Tochter, in ihre Gemächer ...[50]

Der ersehnte Moment war gekommen. Endlich konnte sie wieder in ihrer Muttersprache reden, endlich war sie dem fremden Umfeld entronnen, in dem sie so gelitten hatte.

Schnell aber wurde ihr sehr weh ums Herz. Jener Hof war nicht mehr der ihre, war nicht mehr der, den sie 1496 zurückgelassen hatte. Fort waren ihre Geschwister, mit denen sie so viel gespielt hatte. Es war ein Ort, der kalt und traurig geworden war, ein Ort, an dem die Königin von Spanien, ihre Mutter, ganz augenscheinlich gealtert war.

Wir dürfen uns gewiss sein, dass die beiden Frauen auch über die Kinder sprachen, die Johanna in den Niederlanden zurückgelassen hatte: Eleonore, die noch keine vier Jahre alt war, und Karl, den zukünftigen Kaiser, der noch nicht zwei war, und Isabella, die bald zehn Monate alt werden würde. Und sicherlich hätte Johanna in diesem Moment gern ein Gemälde ihrer Kinder gehabt, damit die Mutter sich wenigstens eine Vorstellung von ihren Enkeln hätte machen können.

Vermutlich entstand in diesem Augenblick die Idee, die drei Kleinen auf einem Tryptichon festzuhalten. Dieses Tryptichon hängt heute im Kunsthistorischen Museum von Wien. Das von einem anonymen Meister angefertigte Bild misst 24 mal 13 Zentimeter, war also ideal, um auf Reisen mitgenommen zu werden.

Wie oft habe ich mir dieses kleine Meisterwerk angesehen, das so viel aussagt. Das mittlere Bild zeigt Karl, das linke seine Schwester Eleonore, das rechte Isabella. Der Künstler macht genaue Altersangaben: Karl «en l'aige de deux ans et demi», Eleonore ist vier und Isabella ein Jahr und drei Monate alt.

Diese Angaben gestatten uns, genau zu bestimmen, wann dieses Gemälde entstand. Eleonore wurde am 15. November 1498 geboren, Karl am 24. Februar 1500 und Isabella am 27. Juli 1501. Wir kennen sogar die Reihenfolge, in der die Porträts gemalt wurden: Das von Karl war das erste und wurde im August 1502 fertiggestellt; dann kam das von Isabella, das im Oktober des gleichen Jahres vollendet war; und schließlich das von Eleonore, das auf den November datiert ist. Wir dürfen annehmen, dass dieses Tryptichon umgehend nach Spanien geschickt wurde, um der Prinzessin das Fernsein von ihren Kindern erträglicher zu machen und um es der Königin zu überreichen, damit sie ihre Enkel kennen lernte.

Die drei Kinderporträts sind bezaubernd, wenngleich nur das von

Triptychon, Kunsthistorisches Museum Wien. Wir sehen Karl inmitten seiner beiden Schwestern Eleonore und Isabella. Nur die kleine Isabella, die erst anderthalb Jahre alt ist, hält ein Zeichen der Kindheit in den Händen: die Puppe, die fast so viel Raum einnimmt wie sie selbst.

Isabella wirklich ein Kind zeigt – sie hält eine Puppe in Händen –, während die anderen dargestellt werden, als wären sie Erwachsene: Karl macht eine ernste Miene, zeigt stolz das Halsband mit dem Orden vom Goldenen Vlies; Eleonore ist gekleidet wie eine Hofdame, hält in der linken Hand eine rote Rose und stellt einen tiefen Ausschnitt zur Schau (der Künstler geht sogar so weit, dem Körper der Vierjährigen den Ansatz eines Busens anzudichten). Der Grund dafür liegt darin, dass es damals so etwas wie eine Kindheit nicht gab. Wenn der Tod die Kinder verschonte, setzte die Gesellschaft den kindlichen Spielen früh ein Ende.[51]

Wir haben geschildert, wie sich Johanna mit ihrer Mutter in die Privatgemächer zurückzog, wir haben von der ersten Begegnung zwischen Philipp und seinen Schwiegereltern erzählt. Nun wollen wir uns dem Moment zuwenden, der Philipp den Schönen dazu bewegt hatte, sein Heimatland zu verlassen: der Einsetzung der Erzherzöge als Prinz und Prinzessin von Asturien und damit als Thronfolger Spaniens.

Gelehrte können sich heute ein gutes Bild jener Tage machen dank der ausgezeichneten Publikation von Carretero Zamora: *Corpus documental de las Cortes de Castilla (1475–1517)*.[52]

Die Cortes waren von den Katholischen Königen am 8. März 1502 von Llerena aus einberufen worden, als sie sich sicher sein konnten, dass Johanna und Philipp in Kürze eintreffen würden. Innerhalb weniger Jahre hatten die schmerzlichen Ereignisse sie gezwungen, die Cortes mehrmals zu dem gleichen Zweck einzuberufen: um die Thronfolger zu bestimmen. Zuerst Prinz Johann, dann Isabella, die Erstgeborene, und schließlich den kleinen Prinzen Michael.

Für die Könige war es nach wie vor ein Leidensweg, denn es hatte den Anschein, dass der Tod keine Ruhe gab, dass er sich stets über die Pläne der Könige hinwegsetzte. Wann und vor wem würde er Halt machen? Nun war jene Tochter an der Reihe, die schon seit so langer Zeit in der Ferne lebte und von der beunruhigende Kunde nach Spanien gedrungen war: ihr merkwürdiges Verhalten am Hof, ihr Eheleben, ihre Gleichgültigkeit in religiösen Dingen. Vieles sprach gegen ihren Mann, Erzherzog Philipp, der eher einer Allianz mit Frankreich zuneigte und der Politik Spaniens distanziert, wenn nicht feindselig gegenüberstand. Aber gab es eine Lösung? Sollte Johanna übergangen werden? Sollte statt ihrer Maria zum Zuge kommen, die Königin von Portugal? Nichts weist darauf hin, dass die Katholischen Könige daran dachten, wenigstens vorläufig nicht. Noch gab es keine Indizien dafür, dass Johanna nicht in der Lage sein würde, Spaniens Reiche zu regieren.

Also riefen im Jahr 1502 die Könige die neuen Cortes von Toledo zusammen. In dem offiziellen Schreiben erwähnen sie die bitteren Momente, die ihnen der Tod des kleinen Michael bereitet hatte:

> Denn ihr wisst nur zu gut,

teilen sie den Städten und Gemeinden mit, die in den Cortes Stimmrecht besaßen, dass es Unserem Herrn gefiel, unseren erlauchten Prinzen Michael zu sich zu nehmen, unseren Enkel, der einmal unsere Reiche und Besitztümer hätte erben sollen, den legitimen Sohn der erhabenen Königin und Prinzessin Isabella, unserer Erstgeborenen und Erbin ...[53]

Die Königliche Akademie für Geschichte befindet sich im Besitz eines bemerkenswerten Dokuments, dass uns detailliert jene Tage schildert, als handle es sich um eine Serie von Gemälden.

Der Schauplatz ist die majestätische Kathedrale von Toledo. Wir schreiben den 27. Mai 1502. Die Könige sitzen auf ihren Ehrenstühlen auf den hohen Rängen um den Hochaltar. In dem Gotteshaus sind der gesamte Hochadel und der Hochklerus versammelt. Die wichtigsten Vertreter des Hochadels sind: der Konnetabel von Kastilien, Bernardino Fernández de Velasco, die Herzöge von Alba, Infantado, Béjar und Alburquerque. Unter den Prälaten, die den Kardinal begleiten, sind die Bischöfe von Salamanca, Ciudad Rodrigo, Córdoba, Málaga und Oviedo. Und natürlich sind pflichtgemäß ebenfalls anwesend die Abgeordneten der achtzehn Städte und Gemeinden, die in den Cortes Stimmrecht besaßen: Burgos, Valladolid, Ávila, Segovia, Soria, León, Toro, Zamora, Salamanca für Altkastilien und León; für Neukastilien Toledo, Madrid, Guadalajara und Cuenca; und aus den Hauptstädten der fünf südlichen Reiche: Murcia, Jaén, Córdoba, Sevilla und Granada.

Nach der Messe, die von Cisneros, dem Erzbischof von Toledo, abgehalten wurde, verlas der Universitätsgelehrte Zapata als Vertreter der Cortes öffentlich,

mit lauter und gut hörbarer Stimme,

das Dokument, in dem die anwesenden Granden, Prälaten und Abgeordneten Johanna als Prinzessin von Asturien und Thronerbin der kastilischen Reiche anerkannten. Es folgte die Zeremonie, in der sie sich zur Lehnspflicht bekannten, indem sie, einer nach dem anderen, die rechte Hand auf das Kreuz und die Heiligen Evangelien legten:

... und dann knieten die Prälaten und Granden und Ritter und Vertreter der Cortes einer nach dem anderen nieder, zum Zeichen ihres Gehorsams und Willens, den Inhalt besagter Schrift erfüllen zu wollen, und jeder von ihnen küsste die rechte Hand des Prinzen und der Prinzessin, unserer Herrscher ...

Danach erwiesen der Prinz und die Prinzessin dem Königspaar ihre Huld:

> ... und sie knieten nieder vor dem König und der Königin, unseren Herren, und küssten Ihrer Hoheit und Ihrer Hoheit die Hände, umarmten sie liebevoll und gaben ihnen ein Zeichen des Friedens und ihren Segen ...[54]

Nicht alles verlief einfach und glatt, denn die Abgeordneten von Toledo, die sich zurückgesetzt fühlten, weil sie nicht als Erste aufgerufen worden waren, protestierten beim Verlassen des Gotteshauses lautstark und forderten, dass ihr Protest ins Protokoll aufgenommen werde, worauf König Ferdinand mit einem wohlbekannten Satz antwortete, der zweifellos einen gewissen Ärger verrät:

> Die Herren aus Toledo werden tun, was Wir ihnen befehlen, und sie werden schwören, was Wir ihnen befehlen ...

Jedenfalls war Johanna von Kastilien jetzt mehr als einfach nur die Gräfin von Flandern. Nun hatte sie in ihre Ehe viel mehr eingebracht als bloß einige goldene Schilde. Jetzt war sie die Thronfolgerin der spanischen Reiche und konnte ihren Gatten zu einem der mächtigsten Männer seiner Zeit machen.

Es stellt sich daher die Frage, ob sich durch diese Veränderung auch das Verhalten des Erzherzogs wandelte. Ob er ihre Bedeutung so hoch einschätzte, dass er seinen Widerwillen gegen Johanna, und sei es auch nur für einige Tage, aufgab.

Und tatsächlich, neun Monate nach dem feierlichen Akt in Toledo gebar Johanna am 10. März 1503 einen weiteren Sohn: Ferdinand.

Das gute Einvernehmen zwischen den Eheleute hielt allerdings nicht lange an. Bereits im Herbst zeigte sich Philipp entschlossen, in die Niederlande zurückzukehren, ohne die Niederkunft seiner Frau abzuwarten. Er ließ sich nicht einmal dazu überreden, wenigstens

Weihnachten in Spanien zu verbringen. Nichts half: Isabella beschwor ihn, er möge Rücksicht auf Johannas Zustand nehmen, und außerdem habe bereits der Winter Einzug gehalten, er solle doch vernünftig sein und bis zum Frühjahr warten. Doch Philipp ließ sich nicht von seinen Plänen abbringen: Er habe seinen Untertanen versprochen, noch in diesem Jahr zurückzukehren, und dies werde er auch tun.

Dies bedeutete, dass er Johanna in Spanien zurücklassen musste, was ihm allerdings wenig ausmachte. Vielmehr liegt der Gedanke nahe, dass ihm dies eher ein Anreiz war, weil er sich so von seinen ehelichen Pflichten befreit sah. Wie es in den Texten aus jener Zeit hieß, war Johanna «äußerst feurig».

Man muss allerdings auch berücksichtigen, dass sich die politische Landschaft erneut verändert hatte, denn wieder einmal bekriegten sich die spanische und die französische Krone wegen ihres Anspruchs auf Neapel. Anfangs schien es, als hätten die Dinge für Spanien nicht schlechter verlaufen können: Ein mächtiges französisches Heer hatte fast das gesamte Königreich Neapel besetzt. Der «Große Kapitän» saß im Hafen von Barletta fest und dachte bereits an Aufgabe. Die endgültige Niederlage Spaniens schien eine Frage von Tagen. Aber die Dinge sollten noch nicht entschieden sein. Philipp jedenfalls verließ Spanien und trat zudem seine Heimreise auch noch über Frankreich an.

Johanna sah sich nun zum ersten Mal in ihrer Ehe für eine lange Zeit von ihrem Gatten getrennt. Sie ertrug es — mehr schlecht als recht — bis zur Geburt ihres Sohnes Ferdinand am 10. März 1503. Danach drängte sie mit Nachdruck darauf, in die Niederlande zurückkehren zu dürfen, vor allem auch weil sie ihre drei Kinder wiedersehen wollte. Da sie jedoch bei ihren Eltern kein Gehör fand, die ein Interesse daran hatten, sie bei sich in Spanien zu behalten, verfiel sie in schlimme Depressionen.

Petrus Martyr von Anglería, der Mailänder Humanist in Diensten der Könige, der kurz zuvor von einer diplomatischen Reise zum Sultan von Ägypten zurückgekehrt war, zeichnet uns ein Bild vom

Zustand am spanischen Königshof: Die Königin war erschöpft, und Johanna litt. Während die Königin allen Grund zur Sorge hatte, war die Situation für Johanna noch viel schlimmer:

> … viel schlimmer für die feurige Gattin, die eine einfache Frau ist, obwohl sie die Tochter einer großen Mutter ist …

Johanna steckte in einer tiefen Depression:

> … sie seufzt und weint ununterbrochen …[55]

Noch ernster sahen die Doktoren Soto und Gutiérrez aus Toledo die Lage:

> Die Prinzessin ist einem solchen Zustand, dass sie nicht nur Mitleid bei denen hervorruft, die sie lieben, sondern bei jedem, selbst bei Fremden.

Alle Zeichen deuteten auf die kommende Katastrophe hin:

> … sie schläft schlecht, isst wenig, manchmal nichts, sie ist sehr traurig und eher mager. Manchmal will sie nicht reden; diese und andere Zeichen deuten darauf hin, dass ihre Krankheit bereits weit fortgeschritten ist …[56]

> Sie verlangt nach ihrem Mann, ist zutiefst verzweifelt, runzelt die Stirn, grübelt Tag und Nacht, ohne ein Wort von sich zu geben, und wenn sie es, bedrängt von Fragen, dennoch tut, dann voller Verärgerung …[57]

Das Bild könnte düsterer nicht sein. Es ist nur verständlich, dass die Könige ernüchtert waren, besonders Isabella die Katholische. Und dabei stand das Schlimmste noch bevor, die schreckliche Auseinandersetzung zwischen Mutter und Tochter.

Und dann passierte es: Johanna, die in der Burg La Mota in Medina del Campo untergebracht war, während Isabella sich im Akazar von Segovia aufhielt, entschlüpfte ihren Bewachern, um in die Niederlande auszureißen. Da sie jedoch auf den Widerstand derer stieß, die auf sie aufpassen sollten, und schließlich vor verschlossenen Türen stand, begehrte sie auf, verbrachte die Nacht im Freien, im Außenring der Burg. Und das im November, als der Winter vor der Tür stand, der in der Meseta gnadenlos sein kann.

Eilbotschaften erreichten die Königin und informierten sie über den traurigen Zustand ihrer Tochter. Sie sah sich gezwungen, ihre

Ruhestätte zu verlassen und trotz ihres heiklen Gesundheitszustands nach Medina zu eilen.

Und als sie, dort angekommen, ihrer Tochter Vorhaltungen wegen ihrer rebellischen Haltung machte, musste sie die entfesselte Wut einer außer Kontrolle geratenen Tochter über sich ergehen lassen, einer Tochter, die offenbar den Verstand verloren hatte.

Die Königin selbst schildert den Vorfall in einem Brief:

> Und dann sprach sie zu mir mit einer solchen Heftigkeit, unter Missachtung dessen, was eine Tochter zu ihrer Mutter sagen darf, dass ich mir dies, hätte ich nicht bemerkt, in welchem Zustand sie sich befand, unter keinen Umständen hätte gefallen lassen ...[58]

Bitternis befiel Isabella, als Mutter wie als Königin, als sie sich darüber klar werden musste, welch ernstes Problem sich hier für den Staat stellte. Aber sie beherrschte sich, versuchte ihre Tochter zu beruhigen und versprach ihr, dass sie, sobald die Witterung es zulasse, alle Vorkehrungen treffen werde, damit sie nach Brüssel zurückkehren könne.

Und Isabella hielt ihr Versprechen.

Im Frühjahr 1504 stach Johanna erneut in Laredo in See, um zu Philipp und ihren Kindern zu fahren, die sie in den Niederlanden zurückgelassen hatte. In Spanien verblieben die Großeltern mütterlicherseits und ihr jüngster Sohn Ferdinand.

Zwei Jahre später würde sie als Königin von Kastilien zurückkehren. Ihr Unglück jedoch nahm weiter seinen Lauf.

8. KÖNIGIN VON KASTILIEN

Im März 1504 ist Johanna bereits in Laredo. Hinter ihr liegt die Auseinandersetzung mit ihrer Mutter, die so schwerwiegend verlief, dass sie vermutlich einer der Gründe für den frühen Tod der Königin war.

Wir müssen aber auch Johanna verstehen. Sie war verzweifelt, denn sie sah sich einem ungeheueren Druck ausgesetzt. Sie glaubte, vermutlich weil sie bereits unter Verfolgungswahn litt, dass am Königshof ihrer Eltern eine Verschwörung im Gange war, um ihre Rückkehr in die Niederlande zu verhindern.

Ein Brief ihres Sohns Karl, den Erzherzog Philipp ihr zukommen ließ, trug nicht gerade zu ihrer Beruhigung bei; ein Kind, das noch keine vier Jahr alt war, bat seine Mutter darum, sie möge doch bald zurückkommen. Können wir uns die tiefe Verzweiflung Johannas ausmalen? Und wie sehr musste es sie treffen, als sie feststellte, dass sie in der Burg von Medina del Campo eingeschlossen war, auf Geheiß des Bischofs von Córdoba, der die Verantwortung für ihre Bewachung übernommen hatte. Als er Kunde davon erhielt, dass die Prinzessin entschlossen war, sich auf den Weg zu machen, «zu Fuß und allein, durch die Straßen und den Schlamm» von Medina del Campo, um zu den Reittieren zu gelangen, die sie für die Reise benötigte, traf er die entsprechenden Gegenmaßnahmen. Er ließ die Gatter der Burg La Mota herunter, um zu verhindern,

> … dass sie unvernünftige Dinge tut, die ihrer Würde nicht entsprechen, vor all den Leuten und Fremden, die dort auf dem Markt waren, einem solch öffentlichen Ort …[59]

Das war das erste Mal, dass Johanna eingesperrt wurde. Und nun verstehen wir auch ihre Verzweiflung und ihre heftige Reaktion, mit der sie sich weigerte, in ihr Zimmer zurückzukehren, und lieber Tag und Nacht im Freien verbringen wollte, obwohl die Novembertage kalt waren; sie suchte schließlich Zuflucht «in einer Küche in der Nähe der Zugbrücke», wo sie fünf Tage blieb.

Das waren alarmierende Nachrichten für Königin Isabella, die sich gezwungen sah, umgehend aus Segovia aufzubrechen und zu ihrer Tochter zu eilen.

Am Ende erreichte Johanna ihr Ziel und gelangte nach Laredo, wo sie im März 1504 ihrer Abreise harrte. Aber sie hatte Pech. Die Winde standen nicht günstig, und sie musste zwei Monate warten, bis sie in Richtung Flandern in See stechen konnte.

Aber nachdem sie an den Hof von Brüssel zurückgekehrt war und obwohl sie nun bestimmter auftrat, hochmütiger, denn immerhin war sie die Prinzessin von Asturien und die Thronfolgerin der spanischen Reiche, lösten sich ihre Probleme nicht. Ihre Hochmütigkeit kostete sie im Gegenteil am Hof viele Sympathien, wenn sie je welche besessen hatte. Die Hofdamen beklagten sich über ihr despotisches Verhalten und rächten sich mit Verleumdungen: Man wisse ja, es gebe in ihrer Heimat Sklaven, und daher sei sie es eben gewohnt, andere wie solche zu behandeln.

Die Sklavenfrage bedarf einer kurzen Erläuterung. Es war keinesfalls so, dass die Sklaverei in den Niederlanden verboten war, denn der Kampf gegen die Sklaverei begann in Europa, ausgehend von England, erst am Ende des 18. Jahrhunderts. Sie war allerdings im Europa des 15. Jahrhunderts kein produktiver Faktor, außer eben in jenen Ländern, die sich auf Entdeckerfahrt begeben hatten. In den Hafenstädten Lissabon und Sevilla hatte sich ein reger Sklavenhandel entwickelt, in Sevilla war der Umschlagplatz für Sklaven, die für die lateinamerikanischen Kolonien bestimmt waren, aber natürlich breitete sich die Sklavenhaltung auch in Andalusien und am Königshof aus, wie die notariellen Register der Zeit, aber auch die Literatur belegen: Die Sklavenhaltung war damals in der Gesellschaft weit verbreitet, zumindest in den oberen Schichten;[60] und dazu zählte natürlich auch das Königshaus. Bekannt ist, dass Karl V. in seinem

Testament auch zwei seiner Sklaven bedacht hat. Weniger bekannt, aber vielleicht noch aufschlussreicher ist, dass Maria, die Tochter Karls V., als sie von Spanien nach Wien aufbrach, um Maximilian von Österreich zu heiraten, etwas mitnehmen wollte, was dort nur schwer zu bekommen war: eine Sklavin. Und sie befahl, auf dem Markt von Las Palmas auf Gran Canaria eine Sklavin zu kaufen – zu einem guten Preis.[61]

Auch Johanna führte eine Sklavin mit sich, und die Vorwürfe, denen sich Johanna in Brüssel ausgesetzt sah, waren daher nicht ganz unbegründet.

Aber Johanna sah sich überdies vor ganz andere Probleme gestellt, die immer wieder ihr emotionales Gleichgewicht beeinträchtigten: die Untreue ihre Mannes, die heftige Eifersuchtsattacken zur Folge hatten. War sie dafür aus Spanien zurückgekehrt? Hatte sie dafür ihre Eltern, vor allem ihre Mutter, zurückgelassen? War das der Lohn dafür: Dass ihr Mann, der sie bedrängt hatte, nach Hause zurückzukehren, sie nun betrog?

Aber die Strafe für seine Untreue zahlte nicht Philipp, sondern seine Favoritin. Johanna verlor die Kontrolle über sich und griff sie vehement an. Sie beleidigte sie, schlug sie, ging sogar mit einer Schere auf sie los und entstellte ihr Gesicht. Johanna ihrerseits bekam die volle Wut Philipps zu spüren, der das Verhalten seiner Gattin mit Misshandlungen rächte.

Der Mailänder Humanist Petrus Martyr von Anglería gibt uns eine gute Beschreibung der Situation:

> … kaum war sie in Flandern angekommen, musste sie feststellen, dass ihr Gatte sich von ihr entfernt hatte, wohinter sie eine Geliebte vermutete, wie es alle Frauen instinktiv tun, vor allem die Frauen, die keusch lieben. Jene Feuerschlange der Eifersucht trieb sie dazu, in wüste Beschimpfungen auszubrechen, es heißt, sie habe mit wutentbranntem Herz Feuer gespuckt, mit den Zähnen gefletscht, auf eine der Damen eingeschlagen, von der sie glaubte, sie sei die Geliebte, und befahl schließlich, das blonde Haar, das Philipp so gefiel, rappelkurz schneiden zu lassen. Als dieser davon erfuhr, geriet er außer sich und wandte sich gegen seine Frau und überzog sie mit Beschimpfungen und Beleidigungen und – zum größten Schmerz der Un-

glücklichen – schlief ihr nicht mehr bei. Johanna, wohlbehütet aufgewachsen mit allen Annehmlichkeiten eines prächtigen Königshofs und daher zu Dickköpfigkeit neigend, das Herz versehrt durch dieses Übermaß an Angst, ist, wie es heißt, bei schlechter Gesundheit. Nicht gering war der Verdruss der Eltern, als sie durch Briefe und treue Bedienstete ihrer Tochter von dem Vorgefallenen erfuhren. Am meisten empörte sich die Königin, die sie im Leib getragen hat. Überrascht von der heftigen Reaktion des Mannes aus dem Norden, leidet sie sehr ...[62]

Ein Skandal, ein Skandal, wie er schlimmer nicht hätte sein können. Überall lästerte man darüber, am flämischen Hof, aber auch außerhalb und auch in Spanien, wo die Gerüchte über die bedauerlichen Vorfälle schon bald die Runde machten.

Ein Ereignis, das zwar erwartet, aber deshalb nicht weniger bedeutend war, veränderte das Panorama schlagartig: Am 26. November 1504 starb Königin Isabella. Die Nachricht erreichte die Niederlande am Ende des Monats. Johanna war nun Königin von Kastilien. Philipp der Schöne war damit ebenfalls König, nicht mehr nur Graf von Flandern oder Erzherzog von Österreich. Offiziell war er nur Mitregent, aber Johannas psychische Labilität und die daraus folgende Frage, ob sie das Reich regieren können würde, wiesen ihm von Anfang an eine wichtige Rolle zu. Tatsächlich war er der eigentliche Monarch Spaniens, war er derjenige, der vom kastilischen Hochadel umworben wurde, wie wir später noch sehen werden.

Dieses Ereignis fand – wie schon damals, als Johanna Prinzessin von Asturien wurde – seinen Widerhall im Liebesleben dieses ungewöhnlichen Paars. Darüber braucht man nicht zu spekulieren, die Tatsachen sprechen für sich. Ende November war man in Brüssel über die neue politische Situation im Bilde: Johanna war nun Königin von Kastilien. Anfang Dezember kamen sich Johanna und Philipp wieder näher. Die Gerüchte bei Hof erhielten einen unwiderlegbaren Beweis: Neun Monate später gebar Johanna am 15. September 1505 ein Mädchen: Maria.

Nachdem sich die durch die «frohe Botschaft» neu entfachte Liebesglut gelegt hatte, entzog sich Philipp wieder den ehelichen Pflichten, die die «schreckliche» Johanna so vehement einforderte. Außerdem versuchte Philipp, die maurischen Sklavinnen Johannas vom Hof zu entfernen. Der häusliche Krieg brach wieder aus. Philipp ging sogar so weit, Johanna in ihrem Zimmer einzusperren, wodurch Johanna erneut die Erfahrung machte, eine Gefangene zu sein, eine Erfahrung, die ihr ganzes weiteres Leben bestimmen würde. Johanna wehrte sich dagegen mit der einzigen Waffe, die ihr zur Verfügung stand und die sie schon einmal in Spanien bei der Auseinandersetzung mit ihren Eltern angewendet hatte: Sie trat in einen Hungerstreik. Gleichzeitig aber protestierte sie, schlug mit dem Stock gegen die Tür ihres improvisierten Gefängnisses und sorgte wiederum für einen Skandal. Und sie schrieb Briefe an ihren Liebhaber-Gefängniswärter-Ehemann, die voller Liebessehnsucht waren, leidenschaftliche Briefe, mit denen sie manchmal auch erreichte, was sie beabsichtigte: dass Philipp ins eheliche Bett zurückkehrte.[63]

So konnte es nicht lange weitergehen. Tatsächlich zog sich Philipp immer mehr zurück, kümmerte sich vermehrt um die Staatsangelegenheiten, suchte Zerstreuung bei der Jagd oder stürzte sich in neue Liebesabenteuer. Johanna hingegen versank immer mehr in Trübsinnigkeit, verbrachte Stunden, ja ganze Tage in ihrem dunklen Zimmer und wollte niemanden sehen. Einsam lag sie regungslos da und zeigte alle Anzeichen einer tiefen Depression. Von diesem Übel sollte sie nie wieder ganz frei werden.

Königin Isabella hatte es immer befürchtet – mit gutem Grund, denn sie hatte selbst einmal miterlebt, wie dieses Übel von Johanna Besitz ergriffen hatte. Ängste erfüllten Isabella in ihren letzten Stunden, Sorgen um den Fortbestand ihres Reiches. Ihr Testament spiegelt ihre Überlegungen wider.

Offensichtlich war die Ehe ihrer Tochter mit Philipp nicht glücklich. Sie konnte nichts dagegen tun, und dennoch verlieh sie ihrem lebhaften Wunsch Ausdruck, sie mögen in Frieden miteinander leben:

Außerdem bitte ich den Prinz und die Prinzessin, meine Kinder, dass sie, wie der König, mein Herr, und ich immer in Liebe und Eintracht verbunden waren, ebenfalls in Liebe und gegenseitigem Verständnis verbunden sein mögen, die ich von ihnen erwarte ...[64]

Man beachte den feinen Unterschied: Königin Isabella führt ihre Ehe mit Ferdinand als Beispiel an und spricht von Liebe und Eintracht, wohingegen sie von ihren Kindern, wohlwissend, dass die Eintracht bereits unmöglich ist, zumindest gegenseitiges Verständnis fordert. Es handelt sich hier also nicht um eine reine Testamentsformel, wie über Generationen hinweg immer wieder behauptet wurde; es handelt sich nicht um ein Loblied auf die häuslichen Tugenden, sondern ganz im Gegenteil um das Eingeständnis einer schwierigen Situation, um den Ausdruck eines sehnlichen Wunschs, um die dringliche Bitte, dass beide sich gegenseitig respektieren und den jeweiligen Groll in ein gegenseitiges Verständnis ummünzen mögen, damit er sie nicht beide in den Abgrund führte.

Isabellas eigentliches Testament enthält hingegen noch eine weitere bedeutende Bestimmung. Da die Königin sich bewusst war, dass ihre Tochter nicht in der Lage sein könnte, Spanien zu regieren, wurde vermutlich am Hof der Katholischen Könige darüber debattiert, ob man Johanna nicht für unzurechnungsfähig erklären sollte, wie es die Gesetze des Reiches in einem solchen Fall erlaubten.

Diese Überlegungen finden Ausdruck in der Passage des Testaments, in der Isabella davon spricht, was geschehen solle, falls Johanna, sei es wegen Abwesenheit, sei es wegen Unfähigkeit, nicht regieren könne:

> … wenn sich die Prinzessin, meine Tochter, nicht in meinen Reichen aufhält oder sich irgendwann daraus fortbegeben muss oder nicht darin leben will *oder sie nicht zu regieren vermag* …[65]

Isabella wollte mit diesem Zusatz im Testament erreichen, dass nicht Philipp, ihr Schwiegersohn (dessen Loyalität mehr als fraglich war), sondern Ferdinand, ihr Mann, regieren sollte,

> damit bei allen Dingen, die ihre [Johannas] Herrschaft betrifft, es so ist, als wäre ich noch am Leben …[66]

Isabella hatte vorausschauend einen klaren Plan entworfen. Ferdinand der Katholische, ihr Mann, sollte im Namen Johannas das Reich regieren, bis Karl, ihr Enkel, das zwanzigste Lebensjahr erreicht haben würde. Mit anderen Worten: für den Rest seines Lebens.

> ... so lange, bis der Infant Karl, mein Enkel, der Erstgeborene und Erbe des Prinzen und der Prinzessin, das Alter von wenigstens zwanzig Jahren erreicht hat ...[67]

Isabellas Wunsch, ihr Gatte Ferdinand solle regieren, war rein persönlicher Natur. Sie wollte ihm die Regentschaft über Kastilien sichern, sie in seine Hände legen, solange er lebte, denn Karl war ja noch nicht einmal fünf Jahre alt. Doch dieser Wunsch hatte einen entscheidenden Haken: Er setzte voraus, dass Philipp der Schöne freiwillig die Macht an seinen Schwiegervater abtrat.

Umso erstaunlicher erscheint es uns heute, dass Isabellas Wunsch letztlich doch in Erfüllung ging, sieht man einmal von einer Übergangszeit von einigen Monaten ab. Ferdinand wird tatsächlich bis zu seinem Tod Kastilien regieren, und Karl V. wird schließlich sein Erbe antreten.

Die erwähnte Übergangszeit im Jahre 1506, in der Philipp der Schöne die Hauptrolle spielte, dauerte nur einige Monate.

Zunächst jedoch ließ Philipp ein ganzes Jahr verstreichen, bevor er sich auf den Weg machte, um sich als König von Kastilien feiern zu lassen. Und er reiste diesmal nicht durch Frankreich, sondern übers Meer, trotz all seiner Tücken. Vielleicht hatte ihn die unerwartete Allianz zwischen Ludwig XII. und Ferdinand dem Katholischen abgeschreckt, die in der überraschenden Hochzeit des aragonesischen Königs mit Germaine de Foix gipfelte.

So geschehen im Oktober 1505.

Nun also auf dem Seeweg nach Spanien.

Die flämische Flotte mit den neuen Katholischen Königen lief am 7. Januar 1506 in Vlissingen aus. Zurück blieb die Kinderschar, die einmal in ganz Europa ausschwärmen und verschiedene Throne besteigen sollte: Eleonore, Karl, Isabella und Maria. In Spanien sollten sie den Infanten Ferdinand wiedersehen, der ein halbes Jahrhundert später Kaiser des Heiligen Römischen Reiches Deutscher Nation werden würde, als Nachfolger Karls V.

Es war eine lange und gefährliche Überfahrt mitten im Winter, die das Königspaar erwartete, nicht nur lang und gefährlich, sondern auch höchst abenteuerlich. Auf einen Tag mit absoluter Windstille folgte plötzlich ein schrecklicher Sturm, Wellen türmten sich auf und schlugen gegen die Bordwände, mehrere Schiffe sanken, Panik kam auf. Man gelobte mit Inbrunst, begangene Fehler wieder gutzumachen und sich auf Pilgerschaft nach Santiago de Compostela zu begeben, wenn der Apostel ihnen nur aus der Not half. Wie so oft in extremen Situationen ertrug Johanna die Leiden am besten, als ob ihr der Tod nichts ausmachte, solange sie ihn an der Seite ihres Gatten erlitt, jenes Mannes, für den sie eine solche Hassliebe hegte. Sie trug ihre beste Garderobe, legte ihren schönsten Schmuck an und strahlte in der bedrückenden Lage größte Gelassenheit aus.

Glücklich erreichten die meisten Schiffe, auch das mit den neuen Königen von Kastilien, die englische Küste, wo sie von Heinrich VII. freundlich aufgenommen wurden.

Für Johanna war dies die Gelegenheit, endlich ihre Schwester Katharina wiederzusehen, die Spielgefährtin ihrer Kindheit. Ein rührender Moment.

Katharina war gerade einmal einundzwanzig Jahre alt und nach dem Tod Prinz Arthurs bereits Witwe. Sie hielt sich weiterhin am Hof ihres Schwiegervaters Heinrich VII. auf, da ihr Vater Ferdinand keine Anstalten machte, sie nach Spanien zurückzuholen. Sie heiratete schließlich ihren Schwager, den zukünftigen König Heinrich VIII., und erlitt ein ähnlich trauriges und dramatisches Schicksal wie ihre Schwester Johanna.

Trotz des Wiedersehens mit Katharina zeigte Johanna am englischen Königshof erneut Symptome ihrer emotionalen Labilität. In Brüssel war sie eingesperrt gewesen, in England sperrte sie sich selbst ein im Schloss des Grafen Arundel in Exeter, fernab vom Treiben des englischen Königshofs, wo auf Schloss Windsor jeden Tag ein Fest für die Gäste gegeben wurde. Aus purer Eifersucht ertrug Johanna keine Hofdamen an ihrer Seite, vernachlässigte wieder ihr Äußeres und aß nichts.

Hier betrachten wir eine der großen Persönlichkeiten des 16. Jahrhunderts: die sanfte, aber energische Katharina von Aragonien, die erste Frau von Heinrich VIII. Ölgemälde von Miguel Sitow. Kunsthistorisches Museum Wien.

Erst am 22. April konnte die flämische Flotte wieder in See stechen. Drei lange Monate hatte man in England verweilen müssen. Für Johanna waren es, trotz ihrer depressiven Verstimmungen, die letzten halbwegs glücklichen Tage.[68]

Am 26. April legte die Flotte nach kurzer Überfahrt im Hafen von La Coruña an. König Ferdinand hatte sie erwartet. Dass die Flotte nicht in Laredo, sondern in La Coruña eintraf, war kein Navigationsfehler, vielmehr hatte Philipp selbst dazu Befehl gegeben, wollte er doch Zeit gewinnen, bevor er seinen Schwiegervater Ferdinand traf. Und er wusste, dass die Karten für ihn günstig standen.

Ferdinand hatte die kastilischen Cortes dazu gebracht, ihn unter Berufung auf Isabellas Testament auf einer Versammlung in Toro im

Jahr 1505 als neuen Großkanzler von Kastilien anzuerkennen. Philipp seinerseits hatte einer Schlichtungsvereinbarung zugestimmt, der so genannten Concordia von Salamanca. Nachdem Ferdinand mit seinen Truppen die Franzosen bei Neapel vernichtend geschlagen hatte – in Cerignola und in Garigliano –, hielt Ferdinand alle politischen Trümpfe in seiner Hand. In ganz Europa war sein Prestige gewachsen, die Herrschaft über das Königreich Neapel war gesichert. Der französische Monarch hatte sich seinem diplomatischen Geschick nicht entziehen können, hatte die erwähnte Vereinbarung unterschrieben und sogar gestattet, dass Ferdinand seine Nichte Germaine de Foix heiratete und damit eine Eheallianz herstellte.

Gestärkt durch all diese Ereignisse, suchte Ferdinand das Gespräch mit Philipp dem Schönen. Er war sich sicher, dass er dessen Argwohn besänftigen konnte, und hoffte, seinen Einfluss auf seine Tochter Johanna geltend machen zu können, der legitimen Königin von Kastilien.

Aus den gleichen, aber umgekehrten Gründen zögerte Philipp das Treffen mit seinem Schwiegervater hinaus. Philipp ging bereits davon aus, dass Johanna nicht das Reich regieren konnte. Also suchte er Verbündete, um sich der wachsenden Macht Ferdinands entgegenstellen zu können. Als Verbündete kamen nur die spanischen Adligen in Frage.

Philipp konnte dabei auf einen guten Ratgeber zählen, ein Mitglied des spanischen Hochadels und ergebenen Günstling: Juan Manuel, Herr von Belmonte, der durchblicken ließ, dass Philipp sich der Unterstützung der Mehrheit des kastilischen Hochadels gewiss sein könne, sogar der des hohen Klerus, dem vielleicht ausschlaggebenden Gegengewicht gegen die Städte, die sich mehrheitlich auf Ferdinands Seite schlugen.

Die vermutete Regierungsunfähigkeit Johannas oder der Machtkampf von Vater und Ehemann riefen also eine regelrechte Staatskrise hervor, die Vorboten sahen wir in dem Testament Isabellas, aber es ist auch aus anderen Quellen ersichtlich.

Die kastilischen Cortes selbst, die sich seit 1502 in Toledo versammelten – die gleichen Cortes, die Johanna als Prinzessin von Asturien und Thronerbin ihre Treue geschworen hatten und die ihre Versammlungen in Madrid und in Alcalá ein Jahr später, 1503, beendeten –, baten die Königin Isabella, sie möge die entsprechenden Maßnahmen ergreifen, um das ernste Problem zu lösen: Johanna war die legitime Erbin, und die Rechte ihrer Kinder – besonders die Karls – waren allgemein anerkannt, aber bis zu dessen Volljährigkeit waren die Verhältnisse nicht geklärt, zumal Johannas Mann ein Ausländer war, der sich in den Gebräuchen, in Sitten und Rechten des kastilischen Volkes nicht auskannte. Die Königin erinnerte sich an diese Bitten, für den Fall, dass Johanna abwesend oder in Kastilien war,

> ... oder sie nicht zu regieren vermag ...

und vermerkte:

> ... die Abgeordneten meiner Reiche, in den Cortes von Toledo des Jahres 1502, die ein Jahr später, 1503, in Madrid und Alcalá de Henares fortgesetzt und beendet wurden, *bitten mich inständig, ich möge Vorkehrungen treffen* ...

Die Angelegenheit war so staatstragend und ernst, dass sich die Königin gezwungen sah, die Meinung der führenden Persönlichkeiten Kastiliens einzuholen, sowohl der Kirche als auch des Hochadels:

> so dass ich danach mit einigen Prälaten und Granden meiner Reiche gesprochen habe ... Alle waren sich einig, dass in jedem Fall der König, mein Herr, meine Reiche und Besitztümer regieren und verwalten solle im Name der Prinzessin, meiner Tochter ...[69]

Isabella hatte auch ausgesprochen, was es bedeuten würde, wenn ein ausländischer Prinz wie Philipp der Schöne Kastilien regieren würde:

> Wenn der Prinz, mein Sohn, weil er einer anderen Nation angehört und eine andere Sprache spricht, nicht die Gesetze und Rechte und Sitten meiner Reiche achtet und er und die Prinzessin, meine Tochter, nicht nach diesen Gesetzen und Rechten und Sitten regieren, würde ihnen nicht gehorcht und gedient werden, wie es sein soll, und dann könnte es zum Aufruhr

kommen, dann würde ihnen die Liebe verweigert, die ihnen entgegenge-
bracht werden sollte …

Das gravierende Nachfolgeproblem, das sich durch Königin Isabellas
Tod, die geistige und seelische Labilität Johannas und die Tatsache,
dass ihr Gatte Ausländer war, stellte, führte dazu, dass sich nach dem
Tod der Königin unverzüglich ein harter Kampf um die Macht in
Kastilien entfesselte.

Zwischen den Protagonisten dieses Kampfes, Ferdinand dem Katholischen, dem Vater der neuen Königin, und Philipp dem Schönen,
ihrem Mann, stand die unglückliche Thronfolgerin.

Zweifellos war der Schmerz, den Ferdinand der Katholische über
den Tod seiner Gattin empfand, echt. Er selbst tut ihn in einem Brief
an sein Reich öffentlich kund:

> … ihr Tod ist die größte Herausforderung, der ich mich in meinem Leben
> stellen muss, der Schmerz, den ich darüber empfinde, und der Verlust der
> Reiche, die ich durch ihren Tod verlor, zerreißen mir das Herz …

Der Schmerz des verwitweten Königs scheint echt. Und dennoch
können wir nicht die Augen vor der Tatsache verschließen, dass er
alle Hebel in Bewegung setzte, um an die Macht zu gelangen und tatsächlich zum Vertreter Isabellas gekürt zu werden.

Noch am 26. November 1504, an dem Tag, an dem Isabella gestorben war – alle Papiere waren bereits vorbereitet, es musste nur noch
das Datum eingesetzt werden –, berief Ferdinand die Cortes von Kastilien ein, die sich in Toro zusammenfanden, indem er sie glauben
machte, Johanna selbst habe es so angeordnet. Was er damit erreichen
wollte, liegt auf der Hand: Er, Ferdinand, sollte unverzüglich zum
neuen Regenten des Reiches ausgerufen werden. Die Cortes sollten
zusammentreten, angeblich auf Geheiß der Königin Johanna,

> … um mir als Königin dieser Reiche die Treue zu schwören *und eben-
> falls dem erlauchten König, meinem Vater, damit er diese Reiche regiere und
> verwalte …*[70]

Dieser angeblich von Johanna verfasste Brief datiert vom 26. November 1504. Seit dem Tod der Königin waren also erst wenige

Stunden vergangen, Johanna war zu diesem Zeitpunkt über tausend-
fünfhundert Kilometer weit entfernt und völlig ahnungslos.

Philipp der Schöne zeigte sich angesichts der Lage als äußerst geschickt. Den heftigen Streit, den er gerade mit Johanna ausfocht, versuchte er dadurch zu rechtfertigen, dass er ihr alle Schuld zuschob:
Sie habe den Verstand verloren und müsse entsprechend behandelt
werden. Weiter jedoch durfte er nicht gehen, denn um die kastilische
Krone zu erlangen, brauchte er sie; er musste verhindern, dass Ferdinand seine Tochter für unzurechnungsfähig erklärte, denn damit wäre
das Spiel für ihn verloren. Nach Isabellas Tod veränderte Philipp sein
Verhalten dreimal. Zunächst gab er sich als liebender Schwiegersohn
Ferdinands; dann, als ihm das Gerücht zu Ohren kam, dass Ferdinand
sein eheliches Zerwürfnis mit Johanna zu seinen Gunsten nutzen
wollte, um diese für unzurechnungsfähig zu erklären, versuchte er,
diese Auseinandersetzung so klein wie möglich zu halten; schließlich
aber trat er dem Katholischen König in offener Feindschaft entgegen
und eröffnete in Kastilien eine Propagandaschlacht gegen ihn und beschuldigte ihn, er wolle die Macht an sich reißen.

Für jede dieser Phasen lassen sich Beispiele anführen: Anfangs
versuchte Philipp, den Argwohn seines Schwiegervaters zu be-
schwichtigen, indem er ihm einen Brief schrieb, von dem sich eine
Abschrift im Archiv von Simancas befindet, die das Datum «Brüssel,
24. Dezember 1504» trägt:

> Sehr Katholischer etc. Wir lasen den Brief Ihrer Hoheit vom 26. Novem-
> ber und erfuhren, was uns der Bischof von Córdoba bereits mitgeteilt hat-
> te. Das Dahinscheiden unserer glorreichen Königin, der Herr möge ihr
> gnädig sein, hat großen und unvergleichlichen Schmerz hervorgerufen,
> nicht nur bei den Untertanen und Dienern, nicht nur bei denen, die Ihre
> Hoheit gesehen und gekannt haben, sondern auch bei denjenigen, die da-
> von Kunde erhielten. Und da sich diese überall verbreitete, lässt sich mit
> Fug und Recht behaupten, dass die ganze Christenheit diesen Verlust erlit-
> ten hat. Wenn dem so ist, wie groß muss dann erst die Betroffenheit Eurer
> Hoheit sein, an dessen Gefühlen wir gewiss keinen Zweifel hegen und um
> dessen Gesundheit wir uns große Sorgen machen. Der Herr möge Ihnen
> noch viele Lebensjahre gewähren. Das traurige Ereignis hat uns so nieder-

geschlagen zurückgelassen, dass wir auf das Anliegen, das uns der Bischof von Córdoba vortrug, noch nicht antworten konnten. Daher und weil die Angelegenheit von solcher Bedeutung ist, bitten wir Eure Hoheit, uns zu verzeihen, dass wir jetzt noch nicht antworten, wie wir wollten und wie es vernünftig wäre. Bald jedoch werden wir Mons. de Veyre entsenden, der allem Genüge tun wird. Wir hoffen, so es Gott gefällt, bald Eure Hoheit zu besuchen und Euch wie gute und gehorsame Kinder mit all unserer Kraft helfen zu können. Wir werden jetzt schon alles in die Wege leiten, um so bald wie möglich aufbrechen zu können. Brüssel, den 24. Dezember 1504.[71]

Philipp stellt sich in dieser Phase demonstrativ an die Seite Johannas, als «gehorsame Kinder» Ferdinands. In der zweiten Phase (Mai 1505) erwähnt er bereits die Auseinandersetzung mit Johanna und ihre Klage darüber, die man aber nicht überbewerten dürfe, so zumindest will er es Ferdinand glauben machen in einem Brief, den Johanna auf sein Geheiß an ihren Vater schreibt (wir werden später auf dieses wichtige Schreiben zurückkommen und es ausführlich kommentieren). Als Philipp jedoch erfährt, dass Ferdinand sich durch die Cortes von Toro zum Regenten über Kastilien hat ernennen lassen, ändert er sein Verhalten radikal und schreibt einen offenen Brief an den kastilischen Hochadel, den Rodríguez Villa veröffentlicht hat. Datiert vom 12. September 1505, heißt es in diesem Brief wörtlich, nach einem Hinweis darauf, dass Johanna und Philipp sich schließlich als gehorsame Kinder des Katholischen Königs erwiesen hätten:

> … und nun dankt Ihr es uns damit, wie wir erfahren haben, dass ihr Euch, kaum hatte der Herr die Königin zu sich genommen, zum Regenten habt ausrufen lassen, ohne es uns mitzuteilen, so dass diejenigen, denen der Treueschwur galt, gar nicht wussten, dass ihnen der Treueschwur geleistet wurde.

Und weiter heißt es:

> … und Ihr habt verbreiten lassen, dass ich, die Königin, nicht in der Lage wäre zu regieren …[72]

Philipp der Schöne greift also genau in dem Moment in den Kampf um die Macht ein, in dem er alle Informationen beisammen hat. Erst holt er sich bei seinem Günstling Juan Manuel Rat, dann schickt er de Veyre los mit Briefen an die bedeutendsten Vertreter des kastilischen Hochadels und des Klerus und ebenso an die wichtigsten Städte Kastiliens. De Veyre hat den Auftrag, die fünf Erzbischöfe von Toledo, Santiago, Sevilla, Saragossa und Granada zu besuchen, des Weiteren die meisten Bischöfe. Zu den Granden, mit denen er sich unterreden sollte, zählen der Almirante von Kastilien, Fadrique Enríquez, und der Konnetabel Bernardino Fernández de Velasco, ebenso die Herzöge von Alba, Infantado, Medina-Sidonia, Béjar, Nájera und Albuquerque und schließlich die Grafen von Aguilar, Feria, Tendilla und vor allem Benavente, der vielleicht wichtigste von allen.[73]

In den Briefen Philipps des Schönen tritt klar zutage, dass er eine neue Ära der Gunstbezeugungen im Stil Heinrichs einzuläuten gedachte. Deutlich zeigt sich dies in einem Brief, den er an den Markgraf von Villena schrieb, einen der führenden Vertreter von Ferdinands Widersachern:

> Ich habe davon erfahren, wie gut Ihr mir zu Diensten seid ... Ich vertraue auf Gott, dass ich Euch reichlich werde entlohnen können ...

Welch eine günstige Gelegenheit für die kastilischen Magnaten, die des strikten Reglements der Katholischen Könige längst überdrüssig waren. Eine Welle von Bittbriefen unglaublichen Ausmaßes überschwemmte den Königshof von Brüssel.

Damals schrieb Johanna denn auch den merkwürdigen Brief, in dem sie auf ihre durch Eifersucht hervorgerufene Krankheit hinweist und sie mit dem vergleicht, was Königin Isabella in ihrer Zeit erleiden musste. Veröffentlicht wurde dieser Brief seinerzeit von dem Gelehrten Rodríguez Villa und später verbreitet von Modesto Lafuente in seiner bekannten *Historia de España*, die heutzutage nicht mehr die Wertschätzung genießt, die sie verdient.

Die Authentizität dieses Briefes lässt sich nicht bezweifeln, sehr wohl aber seine Spontaneität, das heißt: Wir glauben, dass der Brief von Philipp dem Schönen diktiert wurde oder von einem seiner engsten kastilischen Ratgeber, wahrscheinlich von Juan Manuel de Belmonte. Als Datum trägt er «Brüssel, den 3. Mai 1505», und er ist an Herrn de Veyre gerichtet, was uns einen ersten Hinweis darauf gibt, dass dieser in die Machenschaften verstrickt war, mit Hilfe deren der Erzherzog in Kastilien an die Macht kommen wollte.

Der Inhalt ist wohldurchdacht. Zunächst erfolgt das Eingeständnis, dass es in der Ehe zwischen Johanna und Philipp zu Zerwürfnissen gekommen ist, was wiederum in Kastilien für Aufregung gesorgt hat. Dann wird Ferdinand heftig angegriffen: Er habe sich darüber gefreut, dass seine Tochter Anzeichen von Wahnsinn gezeigt habe, weil ihm dies Gelegenheit verschaffe, die Macht an sich zu reißen. Johanna protestiert gegen die Behauptung, sie wäre nicht fähig, das Land zu regieren, und weist am Ende darauf hin, dass ihr Mann, Philipp der Schöne, und kein anderer Kastilien regieren solle.

Da dieser Text so wichtig ist, soll er hier denn auch Abschnitt für Abschnitt angeführt und kommentiert werden:

> Die Königin.
>
> Mons. de Veyre: Bis jetzt habe ich Ihnen nicht geschrieben, und Sie wissen sehr gut, dass ich es auch jetzt nur ungern tue; da man aber dort der Meinung ist, ich wäre nicht ganz bei Verstand, bin ich gezwungen, mich dagegen zu verwehren; Sie können nicht wünschen, dass gegen mich falsches Zeugnis erhoben wird, dann gegen Unseren Herrn wurde solches erhoben; aber da die Sache so bedeutend und der Zeitpunkt, an dem die Vorwürfe erhoben werden, so heimtückisch ist, sprecht in meinem Namen mit dem König, meinem Herrn und Vater, denn diejenigen, die diese Vorwürfe öffentlich machen, wenden sich nicht nur gegen mich, sondern auch gegen Ihre Hoheit, und manche behaupten sogar, dass es Seiner Hoheit gefalle, weil er selbst unsere Reiche regieren wolle, was ich jedoch nicht glaube, da Seine Hoheit doch ein solch großer und katholischer König ist und ich seine gehorsame Tochter bin.
>
> Ich weiß sehr gut, dass der König, mein Herr [Philipp der Schöne], dorthin geschrieben und sich über mich beklagt hat, doch hätte dies unter Eltern und Kindern bleiben müssen, zumal die Leidenschaft mich dazu verleitet hat, meine Würde zu verletzen, eine Leidenschaft aus Eifersucht, und diese Leidenschaft ist nicht nur in mir, auch die Königin, meine Herrin, der Gott Ruhm verleihen möge und die eine solch ausgezeichnete und auserwählte Person war in dieser Welt, litt an dieser Eifersucht, aber die Zeit heilte Ihre Hoheit, so wie sie mich, wenn es Gott gefällt, auch heilen wird.

Ich bitte Euch, mit allen zu reden, die Ihr für nötig erachtet, denn diejenigen, die guten Willens sind, werden sich über die Wahrheit freuen, und diejenigen, die mir Schlechtes wünschen, sollen wissen, dass ich zweifellos auch dann, wenn ich mich so fühle, wie sie es wollen, dem König, meinem Herrn und Gatten, die Regierung dieser Reiche und aller Reiche auf der Welt, die mir gehören, nicht zu entziehen brauche, dass ich ihm trotzdem alle Macht übertragen kann, sowohl wegen der Liebe, die ich für ihn empfinde, als wegen dessen, was ich von Seiner Hoheit weiß, und es ist nur vernünftig, dass ich die Regierung nicht an seine und meine Kinder oder einen Nachfolger übertragen kann, ohne meine Pflicht zu verletzen. Und ich bete zu Gott, dass wir bald dort sein werden, wo meine lieben Untertanen und Diener meiner mit Wohlgefallen ansichtig werden können.

Verfasst in Brüssel, am dritten Tag des Mai Fünfzehnhundertfünf.

Ich, die Königin.

Übersandt im meinem Auftrag von Pero Ximénez.[74]

Ich bezweifele die Authentizität dieses Briefes, denn hätte Johanna ihn spontan geschrieben – man müsste sorgfältig prüfen, ob der ganze Brief und nicht nur die Unterschrift von ihrer Hand stammt –, wären Ort und Datum nicht in der protokollarischen Formel aufgetaucht, die wir hier vorfinden. Auf jeden Fall lässt sich mit gutem Grund vermuten, dass Philipp der Schöne seine Hand mit im Spiel hatte, der – darauf beharren wir – von einem kastilischen Ratgeber gut beraten war, sehr wahrscheinlich von Juan Manuel, der ja schließlich im Auftrag von de Veyre das ganze diplomatische Manöver inszeniert hat, um die Granden und die Mitglieder des hohen Klerus auf die Seite Philipps des Schönen zu ziehen.

Dieser Brief verrät uns, dass der Hof von Brüssel in großer Sorge war. Die ehelichen Zwistigkeiten zwischen Philipp und Johanna, die Anzeichen des Wahnsinns bei der Königin und Philipps Klagen darüber – all dies konnte Ferdinand für sich ausnützen, um an die Macht zu gelangen. Um dem zuvorzukommen, bedurfte es eines Briefes, der die Situation entschärfte, damit de Veyre etwas in der Hand hatte, um die wichtigen Persönlichkeiten Kastiliens davon zu überzeugen, dass Johanna nicht verrückt war und den festen Wunsch hegte, die Regierung des Reiches möge in die Hände Philipps des Schönen übergehen.

Analysieren wir also diesen Brief: Zunächst fällt auf, dass Johanna es für notwendig hält, sich vor dem Gesandten ihres Mannes dafür zu rechtfertigen, dass sie ihm nie geschrieben hat. Das hat keinen Sinn. Dazu fällt einem der Satz *explicatio non petita, accusatio manifesta* ein, was in diesem Fall gegen denjenigen sprechen würde, der diesen Brief der neuen Königin von Kastilien diktiert hat.

Sodann die Bemerkung, die Kernstück des Briefes ist: der Vorwurf an den Vater, er wolle die Anzeichen von Johannas Wahnsinn ausnutzen: daher das «nicht ganz bei Verstand», und dass das Urteil «so heimtückisch» sei, weil es genau in dem Augenblick ausgesprochen wird, in dem man beratschlagt, wer in Kastilien regieren soll.

Dem Vater wird vorgeworfen, er freue sich über die Krankheit seiner Tochter, weil diese ihm erlaube, die Macht an sich zu reißen («und manche behaupten sogar, dass es Seiner Hoheit gefalle, weil er selbst unsere Reiche regieren wolle»). Gab es denn Gründe für eine solche Behauptung? Wir haben es hier mit einem Manöver zu tun, das davon ablenken soll, wie Philipp der Schöne auf die Zerwürfnisse in der Ehe reagiert hat: Er selbst hatte sich bei Ferdinand über Johanna beschwert. Es ist ein indirekter Beweis dafür, dass der Erzherzog einen Brief an Ferdinand geschrieben haben muss, einen Brief, in dem er Johanna beschuldigt hatte, vollkommen von Sinnen zu sein. Und nun musste Philipp der Schöne befürchten, dass dieser Brief seinem Griff nach der Macht im Weg sein könnte. In den Händen Ferdinands war er eine Waffe, um Johanna für unzurechnungsfähig erklären zu lassen.

Eine Frage drängt sich jedoch auf. Philipp muss diesen Brief hinter dem Rücken seiner Frau geschrieben haben. Wie kommt es also, dass Johanna überhaupt von ihm weiß? Dieses «Ich weiß sehr gut, dass der König, mein Herr, dorthin geschrieben und sich über mich beklagt hat» ist ein weiterer Hinweis darauf, dass Johanna diesen Brief zwar unterschrieben, aber nicht entworfen hat. An dieser Stelle steht auch die Bemerkung, dass auch die große Königin Isabella an Eifersucht gelitten habe, diese manchmal extreme Formen angenommen, sie sie aber immer in den Griff bekommen habe. Wenn dem so war, dann konnte es bei Johanna doch genauso sein («litt an dieser Eifersucht, aber die Zeit heilte Ihre Hoheit, so wie sie mich, wenn es Gott gefällt, auch heilen wird»). Johannas Leiden wird also nicht vertuscht, denn es war offensichtlich; aber es wird als heilbar hingestellt, wodurch der Vorwurf entkräftet wird, sie sei nicht in der Lage zu regieren oder zu entscheiden, wem sie die Regierung übertragen wolle (wem, ist klar, natürlich Philipp dem Schönen). Jedenfalls lag die wirkliche Lösung auf der Hand: Beide mussten so schnell wie möglich nach Kastilien reisen.

Wenn es stimmt, dass dieser Brief Anfang Mai 1505 geschrieben wurde, dann ist es sehr verwunderlich, dass sich Philipp der Schöne erst ein halbes Jahr später auf den Weg machte. Und dass er mit Ferdinand Katz und Maus spielte: Ferdinand erwartete ihn in Laredo, er aber lief mit Johanna (einer Johanna, die er, heißt es, als Gefangene hielt) La Coruña an; der König Aragoniens begab sich nach Ponferrada, um ihn dort zu treffen, da das Bierzo von La Coruña aus den direktesten Zugang zur Meseta bot, und der Erzherzog machte einen Schlenker Richtung Süden, um über La Cabrera und Puebla de Sanabria zur Hochebene zu gelangen. Offensichtlich wollte er Zeit gewinnen, um all diejenigen um sich zu scharen, die unter dem autoritären Regime der Katholischen Könige zu leiden hatten.

Dieses Manöver zeitigte Erfolg. Der Hochadel, aufgeschreckt durch die Ankunft der neuen Könige, verlockt von dem Versprechen auf die Belohnung, die Philipp ihnen in Aussicht gestellt hatte, und begierig darauf, Ferdinands eisernem Griff zu entkommen, eilte zu großen Teilen nach Galizien, unter ihnen auch der Almirante von Kastilien und der Konnetabel. Ebenso hielt es der Hochklerus, einschließlich des Bischofs Deza, den die Katholischen Könige mit ihrer Gunst geradezu überhäuft hatten, indem sie ihm z. B. zum Präsidenten des Rats von Kastilien gemacht hatten, dem vielleicht angesehensten Amt innerhalb des Königreichs. Dieser Verrat traf Ferdinand tief, und er beklagte sich immer wieder:

> Jener Bischof, was trieb ihn an, wieso verließ er mich, was habe ich ihm getan?[75]

Germaine de Foix, die zweite Frau Ferdinands des Katholischen, noch weit entfernt von jener Fettleibigkeit, die sie in ihren letzten Jahren so entstellen würde. Johanna behielt sie in schlechter Erinnerung («jene, die den Platz meiner Mutter, meiner Herrin, einnahm ...»). Ölgemälde eines anonymen Meisters. Museo de San Carlos, Valencia.

Und nicht nur Bischof Deza wurde abtrünnig, auch Cisneros, den Ferdinand häufig zu Verhandlungen zu Philipp geschickt hatte. Man muss sich fragen, ob nicht mehr dahintersteckte, als sich der neuen Macht anzudienen und nicht die privilegierten Ämter zu verlieren, die er innehatte. Denn diese Interpretation trifft auf die meisten Bischöfe, nicht aber auf Cisneros zu.

Ein anderer Grund muss ausschlaggebend gewesen sein. Es ist die Allianz, die Ferdinand mit Ludwig XII. in Blois eingegangen war, und jene – überraschende und für viele skandalöse – Hochzeit mit Germaine de Foix, die auch Johanna sehr schmerzte, wie wir noch sehen werden. Denn wenn Ferdinand mit Germaine Nachkommen zeugte, würde die aragonesische Krone an diese Kinder fallen, was nichts anderes bedeutete, als dass die durch Ferdinand und Isabella mühsam erreichte Einheit Spaniens gefährdet war. Scharfsinnig wie immer bringt es der Humanist Petrus Martyr von Anglería auf den Punkt:

... abscheuliche und schändliche Friedensbedingungen ...[76]

Nachdem er die diplomatische Schlacht gegen Philipp verloren hatte, versuchte Ferdinand, sie gegen seine Tochter Johanna zu gewinnen. Der Inhalt von Isabellas Testament, in dem diese ihren Wunsch äußerte, dass Ferdinand die Regentschaft übernehmen solle, bis Karl volljährig sei, kam Johanna zu Ohren. Der Konflikt mit Philipp ließ nicht lang auf sich warten. Johanna weigerte sich, in Spanien, als Scheinkönigin aufzutreten, nur damit er regieren konnte: Kastilien durfte nicht von einem Flamen regiert werden, auch nicht von einer Frau, die mit einem Flamen verheiratet war. Die Macht sollte auf Ferdinand den Katholischen übergehen, bis ihr Sohn Karl zwanzig Jahre alt wurde. Genau so hatte es Isabella gewünscht.

Es wäre die Krönung von Ferdinands ehrgeizigen Plänen gewesen. Aber solange Johanna sich in den Händen Philipps des Schönen befand, war es unmöglich, sie durchzusetzen.

Die Situation wurde immer angespannter, die Vereinbarungen der 1500 unterzeichneten Concordia von Salamanca gerieten in Vergessenheit, die Auseinandersetzung zwischen Schwiegersohn und

Schwiegervater spitzte sich zu, ein Bürgerkrieg in Kastilien schien unvermeidlich. Es wäre ein schlechter Beginn für Johannas Regentschaft gewesen. Ferdinand beschuldigte Philipp, dass er seine Frau gefangen halte, und die Tatsachen schienen ihm Recht zu geben. Da er aber bemerkte, dass die Situation für ihn immer unhaltbarer wurde, akzeptierte Ferdinand die Bedingungen des Erzherzogs: Er zog sich zurück, erhielt als Gegenleistung Zahlungen aus der Staatskasse und behielt seinen Titel als Großmeister der kastilischen Militärorden von Santiago, Alcántara und Calatrava. Die Vereinbarung wurde vom Katholischen König am 27. Juni 1506 in Villafáfila (Zamora) unterzeichnet.

Es war also bereits Sommer. Nachdem Philipp der Schöne seinen Schwiegervater ausgeschaltet hatte, hielt er, allerdings gegen den Widerstand Johannas, in Valladolid triumphal Einzug.

Eine Frage gilt es jedoch noch zu klären: Wie reagierte Johanna auf die Nachricht vom Zwist zwischen ihrem Vater und ihrem Mann? Wie nahm sie es auf, dass ihr Vater gegen den in Isabellas Testament so explizit geäußerten Wunsch Kastilien verlassen musste? Zweifellos mit großen Bedenken, umso mehr, da ihr Mann sie in einer Burg einsperren wollte.

Lassen wir wieder Petrus Martyr von Anglería zu Wort kommen:

> In einem Dorf namens Cójeces hielt die Königin Johanna mitten auf dem Feld an und stieg vom Pferd, denn sie hatte den Verdacht, dass man sie in der Burg jenes kleinen Örtchens einsperren wollte, die sehr sicher war; sie war vollständig davon überzeugt, aufgrund ihres geistigen Zustandes und weil ein Verräter ihr zugetragen hatte, dass ihr Mann und seine Ratgeber, die sie zutiefst hasste, sie in einer Burg einsperren lassen wollten.[77]

Johanna reagierte. Sie weigerte sich, in den Ort hineinzureiten, und war daher gezwungen, die Nacht im Freien zu verbringen.

> Sie verbrachte

fügt der Chronist hinzu

> die ganze Nacht im Sattel, kein Bitten half, kein Drohen, nichts konnte sie dazu bewegen, in das Dorf hineinzureiten.[78]

Ein schönes Medaillon auf der Plaza Mayor von Salamanca, auf dem die Büste Philipps des Schönen und das Profil von Johanna der Wahnsinnigen dargestellt sind. Darunter steht die lateinische Inschrift: «PHILIPVS I ET JOANNA». Auffällig ist, dass Philipp sich den Titel «der Erste» verleiht, obwohl er nur kraft seiner Ehefrau König ist.

Es sollte nicht das letzte Mal sein.

Dieser Vorfall ereignete sich am 6. September. Am nächsten Tag hielten die Könige in Burgos Einzug, wo Philipp der Schöne den Thron Kastiliens besteigen sollte. Tage des Triumphs, höfischer Glanz, Feste, um den Sieg über Ferdinand zu feiern. Der neue König war jung, Johanna, die Königin, war ihm ausgeliefert, und er hatte die Mehrheit des kastilischen Adels und des Klerus auf seiner Seite.

Wer sollte ihn jetzt noch aufhalten? Eine lange Regentschaft schien vor ihm zu liegen, mit zweifelhaften Folgen für Kastilien.

Doch dann geschah das Unerwartete.

Drei Tage war er an der Macht, kostete den Ruhm aus, den Triumph. Da befiel ihn eine Krankheit, ein Fieber packte ihn, das nicht mehr zurückging, und wieder schlug der Tod zu.

Es geschah am 25. September. Seit Philipps Einzug in Burgos waren lediglich achtzehn Tage vergangen.

Noch nie hatte es eine solch kurze Regentschaft gegeben.

Und in dieser Situation, da ihr Mann unerwartet erkrankt war, angesichts des großen Unglücks, erwies sich Johanna als eine Frau von Charakter, hatte die Kraft, sich dem Unvermeidlichen zu stellen:

> Während Philipps Krankheit wich die Königin nicht von seiner Seite. Ergriffen von tiefem Schmerz oder um diesen Schmerz nicht zu spüren, vergoss sie nicht eine einzige Träne.[79]

Ihre Mutter, Königin Isabella die Katholische, und ihr Mann, der ehrgeizige Philipp der Schöne, waren tot, ihr Vater, Ferdinand der Katholische – der trotz der Nachricht vom Tod seines Rivalen seine Reise nach Neapel fortsetzte –, war abwesend, Johanna war auf sich selbst angewiesen, auf ihre eigenen Möglichkeiten. Fast ein Jahr lang, vom 25. September 1506, dem Tag, als Philipp der Schöne starb, bis zum 29. August 1507, dem Tag, an dem sie Ferdinand den Katholischen wiedertraf, sah sich Johanna von Kastilien in nichts, was sie tat, und in nichts, was sie sagte, einem äußeren Druck ausgesetzt. Umso deutlicher trat zu Tage, welches Ausmaß ihre Leiden bereits angenommen hatten.

Als Johanna von Kastilien Witwe wurde, war sie siebenundzwanzig Jahre alt. In diesem Alter herrschten die meisten Könige ihrer Zeit bereits mit absoluter Macht, so zum Beispiel ihre eigene Mutter Isabella, die vierundzwanzig war, als sie die Nachfolge ihres Bruders Heinrichs IV. antrat, und Ferdinand der Katholische war damals sogar noch ein Jahr jünger. Das Alter war also nicht das Problem, sehr wohl aber Johannas emotionale Labilität.

Eines jedoch steht fest: Johanna war keine einfältige Person. Sie war krank, das ja, sie hatte eine genetische Veranlagung zu schweren Depressionen, die zum Ausbruch gekommen waren, weil sie dem Druck nicht standzuhalten vermochte, dem sie zehn Jahre lang ausgesetzt war, und dies in der entscheidenden Lebensphase, dem Übergang von der Adoleszenz zum Erwachsenenalter. Sie wurde an einen fernen Hof geschickt, wo ihr alles fremd war; da sie die Sprache nicht beherrschte, fühlte sie sich isoliert, stieß auf Argwohn, wenn nicht gar Feindseligkeit. Ihrem familiären Umfeld entrissen, das ihr so teuer war, musste sie das Licht des Südens mit dem Nebel des Nordens eintauschen: All dies führte dazu, dass ihr Gefühl der Einsamkeit wuchs. Vielleicht stürzte sie sich deshalb so sehr auf die Liebe, hinein in die Hölle der Eifersucht, womit sie in Teilen dem folgte, was ihre Mutter, Königin Isabella, erlitten hatte.

Doch es waren nicht nur persönliche Probleme, die sie überwinden musste. Da sie die Anwärterin auf den mächtigsten Thron ihrer Zeit war, wurde Johanna zum Spielball der Machtinteressen, sowohl ihres Mannes als auch ihres Vaters, beide suchten sie für ihre Interessen zu missbrauchen. Einige warnten sie bei ihrer Rückkehr nach Spanien 1506, dass ihr Vater versuchen würde, sie «wegen geistiger Schwäche» für unzurechnungsfähig zu erklären. Andere erzählten ihr, dass ihr Mann Philipp plane, sie in einer Burg einzusperren. Vielleicht liegt hierin die Erklärung dafür, dass sie sich später so apathisch verhielt und stets davor zurückschreckte, politische Entscheidungen zu treffen.

Aber obwohl sie von der Intrige ihres Gatten wusste, verhielt sie sich während seiner Krankheit beispielhaft. Das Bild, das uns der anonyme flämische Chronist zeichnet, der in jenen Tagen Augenzeuge war, lässt keinen Zweifel: Johanna kümmerte sich hingebungsvoll um den Kranken und nahm ihr Schicksal tapfer an:

> Ihr Gesicht verriet kaum Schmerz, als er starb, und auch nicht, als er krank darniederlag; und doch war sie Tag und Nacht an seiner Seite, gab ihm selbst zu trinken und zu essen, obwohl sie schwanger war. Bei so viel Kummer, bei so viel Mühen fürchtete man, dass der Frucht, die sie im Leibe trug, etwas Schlimmes widerfahren könnte.

Gelassen, ohne zusammenzubrechen, kämpfte Johanna, so gut sie konnte, um das Leben ihres Mannes und akzeptierte seinen Tod:

> ... sie ist eine Frau, die Leiden erträgt, die alle Dinge der Welt, ob gute oder schlechte, hinnimmt, ohne dass ihr Herz bricht, ohne dass ihr Mut sinkt. Nicht einmal während der Krankheit und in der Todesstunde ihres Gatten, den sie bis an die Grenzen des Wahns liebte, zeigte sie irgendeine weibliche Schwäche, im Gegenteil, sie zeigte große Stärke, hielt ihren kranken Ehemann, als er bereits mit dem Tode rang, noch dazu an, die Arzneien

einzunehmen, die die Ärzte empfohlen hatten, und sie selbst, obwohl sie schwanger war, kostete davon, nahm große Schlucke, um ihm Mut zu machen, es ihr nachzutun ...[80]

Bewundernswert, wie Johanna sich in den Stunden verhielt, als ihr Gatte im Sterben lag. Ohne Rücksicht auf ihre eigene Gesundheit ließ sie keine Sekunde nach in ihrem Kampf um sein Leben. Sie übernahm die Verantwortung als Ehefrau und Pflegerin.

In dem Text des anonymen niederländischen Chronisten fällt eine Formulierung besonders ins Auge:

... sie ist eine Frau, die Leiden erträgt ...

Aber nachdem sie ihren Mann verloren hatte, nachdem er, um dessen Leben sie so tapfer gekämpft hatte, von ihr gegangen war, nahm die Depression, zu der sie zweifellos von Natur aus neigte, mit aller Macht von ihr Besitz. Nichts interessierte sie mehr, nicht ihre Familie – nicht einmal ihre Kinder, mit Ausnahme des Kindes, das sie im Leibe trug, der zukünftigen Infantin Katharina –, nicht die Probleme des Staates und auch nicht ihr eigener Körper. Ihr geistiger und seelischer Zustand verschlimmerte sich, sie vernachlässigte ihre Kleidung, aß kaum noch, verfiel immer mehr in Schweigen, zog sich zurück in Einsamkeit und Düsternis. Die einzige Freude, die ihr blieb, war die Musik.

Durch ein kleines Fenster hört sie, wie der Erzbischof von Toledo und die anderen Oberen sie um Hilfe bitten, aber sie schenkt ihnen keinerlei Aufmerksamkeit. Kein Dokument noch hat sie angerührt mit Ausnahme der Lohnliste für die Sänger aus Flandern, den Einzigen aus Philipps Gefolge, deren Dienste sie in Anspruch nahm, denn ihre Musik, eine Kunst, die sie bereits im zarten Kindesalter erlernt hatte, bereitete ihr großes Vergnügen ...[81]

Wir haben es hier mit einer Frau zu tun, die in völlige Apathie verfallen war, einer Frau, die von den Dingen der Welt nichts mehr wissen wollte, die ihrer Pflicht als Königin nicht nachkommen wollte, die allem gleichgültig gegenüberstand, außer der Musik, die ihre Rettung zu sein scheint, weil sie sie an ihre Kindheit am Hof ihrer Eltern erinnert, eine musikalische Welt, deren Unschuld sie die Bitternisse und die Intrigen derer, die ihre nahe standen, vergessen ließen. Eine unglückliche Frau:

> Sie quält sich durch ein unglückliches Leben,

berichtet uns der Humanist Anglería,

> zieht sich ganz in Dunkelheit und Einsamkeit zurück, die Hand am Kinn, der Mund geschlossen, als wäre sie stumm. Sie findet keinen Gefallen an Gesellschaft, am allerwenigsten an der von Frauen, die sie hasst und von denen sie sich fern hält wie zu der Zeit, in der ihr Gatte noch lebte. Nichts und niemand bringt sie dazu, eine Unterschrift zu leisten und einige Zeilen zu verfassen, um das Reich zu regieren.[82]

Doch es gab auch lichte Momente. Als man sie z. B. drängte, bestimmte Bischöfe für unbesetzte Diözesen zu bestimmen, mit dem Argument, sie dürfe die Schafe dort nicht ohne Hirten lassen, erwiderte sie alles andere als dumm und verrückt, sondern mit einer Logik, die ihre Gegenüber verblüffte:

> Viel schlimmer wäre es – sagt sie ihnen –, wenn ich Hirten auswählte, die zum Hüten ihrer Herde nicht taugten.[83]

Sie kannte sie nicht, diese Länder, in denen sie so viele Jahre nicht gelebt hatte, und wusste auch nicht, welche Männer sich für deren Regierung am besten eigneten. Also hielt sie es für das Beste, die Rückkehr ihres Vaters abzuwarten, damit er, der sich so viel besser auskannte als sie, das Heft in die Hand nahm.

Eine Frau voll des Schmerzes, die unser Mitleid erregt:

> ... eine gute, schöne und junge Frau, wert, dass man sie liebt ...

So sah sie der anonyme flämische Chronist, der in jenen leidvollen Tagen alles miterlebte.[84]

Was aber geschah in jenen Tagen in Kastilien? Philipp der Schöne war tot, Ferdinand der Katholische war abwesend, die junge Königin war niedergeschlagen: Das Land drohte in Anarchie zu versinken. Die ersten Anzeichen dafür machten sich bereits bemerkbar. Um zu vermeiden, dass alles aus den Fugen geriet, bildeten der Konnetabel von Kastilien, der Herzog von Nájera und Cisneros ein Triumvirat, um Kastilien zu regieren, bis Ferdinand der Katholische zurückkehren würde. Die herausragende Persönlichkeit war Cisneros, so dass diese Zeit als die erste Regentschaft Cisneros in die Geschichte einging.

Zu tun gab es genug. Die Partei Philipps versuchte des Infanten Ferdinand habhaft zu werden, der in Simancas unter der Obhut seines Erziehers Pedro Núñez de Guzmán lebte, des Schlüsselmeisters des Ordens von Calatrava. Dessen Burg stand unter dem Kuratel des wichtigsten Ministers, den Philipp der Schöne mit nach Spanien gebracht hatte: La Chaulx. Glücklicherweise bat der Schlüsselmeister beim nahe gelegenen Valladolid um Hilfe – Simancas lag nur zwei Meilen entfernt von der Hauptstadt der Pisuerga –, wo die Auditoren des Obergerichts in aller Eile ein bewaffnetes Heer aufstellten, um den Infanten zu befreien.

Die größte Gefahr ging jedoch von einigen Mitgliedern des Hochadels aus: Im Süden rückte der Herzog von Medina-Sidonio mit einem Heer gegen Gibraltar vor und reklamierte diesen wichtigen Landstrich für sich; im Norden nahm der Graf von Lemos Ponferrada ein; und in der Meseta eroberte die Marquise von Moya den Alkazar von Segovia.

Und als ob dies nicht genug wäre, wurde die politische Unruhe noch durch eine Wirtschaftskrise überlagert.

Das Jahrhundert hatte unter einem schlechten Stern begonnen: Auf die miserablen Ernten der Jahre 1502, 1503 und 1504 folgten 1505 schwere Unwetter, wie man sie in Kastilien noch nie erlebt hatte:

> ... so dass die Versorgung im ganzen Land zusammenbrach ...[85]

Und 1506, in dem Jahr, in dem der Erzherzog starb, wechselten heftige Regenfälle sich mit extremer Dürre ab. Und damit kam die Hungersnot, eine schreckliche Hungersnot, die dazu führte, dass ganze Dörfer verwaisten, dass Männer, Frauen und Kinder auf die Straßen getrieben wurden, um zu betteln.

Große Kerzen, deren Flammen im Wind flackern, ein bewölkter Himmel in der Abenddämmerung, und zwei Parteien: Handwerker, die verblüfft sind, und Wachen, die respektvoll Abstand halten. Alle halten den Blick auf Königin Johanna gerichtet, die wie zum letzten Mal den Sarg betrachtet, der die sterblichen Überreste ihres Mannes birgt ... Das Bild erinnert an jene Tage des Winters 1507, von dem uns die Chronisten berichten. *Johanna die Wahnsinnig begleitet den Sarg Philipps des Schönen* von Francisco Pradilla, Pradomuseum, Madrid.

Ganze Dörfer wurden entvölkert, Männer und Frauen zogen umher, um nach etwas zu essen zu suchen, mit kleinen Kindern auf dem Rücken, mit anderen an der Hand, die vor Hunger fast starben, und sie baten im Namen Gottes diejenigen, die zu essen hatten, um Hilfe, ein Anblick, der Seelenpein hervorrief. Viele Menschen verhungerten, es waren so viele, die im Namen Gottes um Brot flehten, dass an jeder Tür jeden Tag zwanzig oder dreißig Menschen anklopften, Männer, Frauen und Kinder ...[86]

Und auf den Hunger folgte im Jahr 1507 sein Begleiter: die Pest.

Eine grauenhafte Pest, die in den beiden Mesetas ausbrach und sich bis nach Andalusien ausbreitete, weil sich die verzweifelten Menschen in diese dünn besiedelte Gegend flüchteten:

Sie starben auf den Wegen und in den Bergen und auf den Feldern, und es gab keinen, der sie begraben wollte. Die einen flüchteten sich vor den anderen, die Lebenden vor den Toten und die Lebenden vor den Lebenden, damit sie bloß nicht angesteckt wurden ...[87]

Die Pest grassierte auch am Hof Johannas. Wie im Krieg – denn es war ein Krieg, nur dass die Zahl der Opfer noch höher war – mussten die Menschen bei Hof miterleben, wie die Pest in ihre Häuser kam und Lücken in ihren Reihen riss:

Wir sind belagert von der Pest,

grämt sich der Humanist Petrus Martyr von Anglería.

Sie ist bereits in den Vorhof der Königin eingedrungen ... Dem Bischof von Málaga hat die Pest bereits acht Bedienstete entrissen. Sie sehen, in welch gefährlicher Lage wir uns befinden ...[88]

Dies schrieb er an seinen Freund, den Grafen von Tendilla, den milanesischen Humanisten in Diensten des Hofes, und zwar aus dem Städtchen Torquemada am 12. März 1507. Wie kommt es, dass der Hof sich in einem solch kleinen Ort aufhält? Wir haben es hier mit der düstersten und augenscheinlichsten Auswirkung von Johannas Krankheit zu tun, die mit dem Leichnam ihres Mannes über die Felder von Kastilien zog.

Nach dem Tod Philipps machten sich seine flämischen Diener daran, die Leiche einzubalsamieren. Dies erklärt, warum er so lange nicht begraben wurde. Er wurde aber dann doch begraben, zunächst in der Kartause von Miraflores, mit dem Einverständnis Johannas. Dann aber erinnerte sich die Königin daran, dass ihr Mann den Wunsch geäußert hatte, in Granada begraben zu werden, und so befahl sie, ihn, mitten im Winter, auszugraben. Alle versuchten sie davon abzubringen, die Minister, der Erzbischof von Burgos, der sie darauf hinwies, dass die Gesetze des Reiches dies verböten, doch sie ließ sich nicht beirren und brach zu jener makabren Reise über die Felder von Altkastilien auf: von Burgos nach Torquemada, von Torquemada nach Hornillos, von Hornillos nach Tórtoles, von Tórtoles nach Arcos, von Arcos nach Tordesillas. Und immer mit dabei hatte sie den Leichnam des jungen Königs.

Hier nimmt die Legende von Johanna ihren Anfang, die Legende der Königin, die, wahnsinnig geworden durch den Tod ihres Mannes, nicht gestattete, dass sein Leichnam begraben wurde, die ihn von einem Dorf zum nächsten schleppte, die nachts durch den frostigen Winter über die Mesesta ritt, in einem düsteren Zug, den nur die Fackeln der Leibgarde beleuchteten, während Geistliche ihre traurigen Totengebete anstimmten.

Wir sprechen von einer Legende, aber dieses makabre Ereignis ist auch historisch verbürgt, und zwar durch die Erzählungen der Höflinge, die der Königin auf ihrer Irrfahrt folgten:

> Also ließ sie ihren Mann am 20. Dezember ausgraben. Da lag er vor unseren Augen, in einem Sarg aus Blei, umhüllt von einem weiteren Sarg aus Holz. Alle Gesandten waren anwesend, und als der Sarg geöffnet war, rief sie uns herbei, um den Toten zu identifizieren ...

Und dann setzte sich der Leichenzug, an den die Legende erinnert, in Bewegung:

> Auf einer Kutsche, gezogen von vier Pferden aus Friesland, lag er da. Wir eskortierten den Sarg, der mit königlichem Schmuck aus Seide und Gold verziert war. In Torquemada hielten wir an ... In der Pfarrkirche bewachten den Leichnam bewaffnete Soldaten, als drohten Feinde die Stadtmauern zu erstürmen. Frauen war der Eintritt streng verboten.
> Johannas Eifersucht war so groß, dass sie auch nach Philipps Tod nicht nachließ. Es gibt keinen anderen Grund, weshalb Frauen der Eintritt in die Kirche verboten sein sollte – so unglaublich es auch scheinen mag:
> Sie wird von der gleichen Eifersucht verzehrt, die sie schon quälte, als ihr Mann noch lebte ...[89]

So schrieb Petrus Martyr von Anglería.

In Torquemada musste Johanna nur deshalb Halt machen, weil ihre Schwangerschaft schon weit fortgeschritten war. Dort brachte sie am 14. Januar 1507 eine Tochter zur Welt, der sie den Namen Katharina gab, zweifellos im Angedenken an ihre kleinere Schwester, mit der sie als Kind immer gespielt und mit sie im Frühjahr 1506 einige Tage in England verlebt hatte. In dieser Zeit war das Kind gezeugt worden, vielleicht beim letzten Liebesakt mit ihrem angebete-

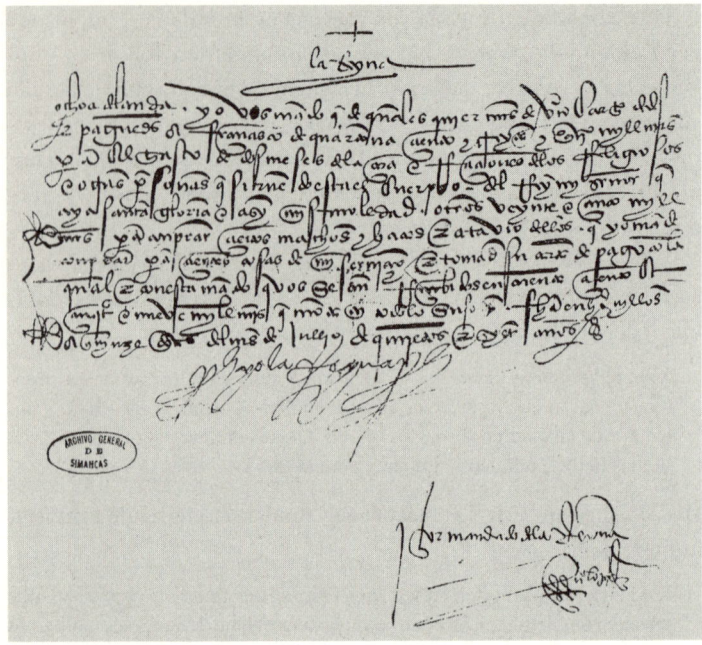

Diese Dokument ist ein Beweis für die geistige Verwirrtheit Johannas nach dem Tod ihres Mannes: Die Angelegenheiten des Staates könnten warten, aber kümmern müsse man sich um die religiösen Dinge «und andere Personen, die beim Leichnam des Königs, meines Herrn, dienen, den Gott selig habe …». Der Befehl datiert vom 15. Juli 1507 und wurde in Hornillos ausgestellt, einem der kleinen Orte Kastiliens, durch die der makabre Zug mit der Leiche Philipps des Schönen kam. Unterzeichnet: «Ich, die Königin». Allgemeines Archiv von Simancas.

ten Philipp, und dies beweist uns, dass Johanna nicht gefühlskalt war, sondern sich nach Zärtlichkeit sehnte und sich daher an Gefühle klammerte, die in ihrem Leben immer zu kurz gekommen waren.

Von Burgos nach Torquemada sind es acht Meilen, die der Tross in den letzten vier Tagen des Dezember 1506 zurücklegte. Aufbruch war immer erst bei Abenddämmerung, so dass man bis weit in die Nacht hinein ritt, was den Leichenzug noch unheimlicher machte.

So etwas hatte man noch nie gesehen:

> Soweit mir bekannt ist, hat noch kein Zeitalter einen Leichnam gesehen, der aus seinem Grab genommen, von vier Pferden gezogen wurde, begleitet von einem prunkvollen Bestattungszug und einer Priesterschar, die die Totenmesse hielt. Wie bei einem Triumphzug überführten wir den Leichnam des Nachts und hielten dann Totenwache ...[90]

Ende April setzte Johanna den Leichenzug erneut in Bewegung, diesmal in Richtung Hornillos. Vergeblich baten ihre Ratgeber sie darum, wichtige Orte wie Palencia anzusteuern. Johanna weigerte sich jedoch: Sie zog es vor, kleine, abgelegene Ort aufzusuchen.[91]

Als sie in Hornillos anlangten, zeigte sich, wie sehr der Wahnsinn von Johanna Besitz ergriffen hat. Kurz vor dem Ort waren sie auf ein Kloster gestoßen, und Johanna befahl, eine Rast einzulegen. Doch als sie erfuhr, dass es ein Nonnenkloster war, witterte sie eine Falle, fürchtete, man könne den Leichnam ihres Mannes rauben. Anglería schildert den Vorfall eindrucksvoll:

> Als sie erfuhr, dass es eine weibliche Gemeinschaft war, gab sie Befehl, den Sarg von dort wegzuschaffen, hinaus aufs Feld, unter freien Himmel, sie ordnete an, den Leichnam über Nacht herauszuholen, im trüben Licht der Fackeln, die der heftige Wind ständig zu löschen drohte. Handwerker eilten herbei und öffneten zuerst den Holzsarg und dann den Bleisarg. Nachdem sie die Leiche ihres Mannes in Augenschein genommen und die Adligen als Zeugen herbeigerufen hatte, befahl sie, den doppelten Sarg wieder zu schließen und auf den Schultern nach Hornillos zu tragen.

So geschah es in dieser Nacht:

> Nachdem der Hahn dreimal gekräht hatte, erreichten wir unser neues Lager.[92]

Angesichts dieses Verhaltens, angesichts eines solch makabren Spektakels schüttelten die Menschen der Zeit, die einfachen Menschen Altkastiliens, die Zeuge des Schauspiels wurden, den Kopf und sprachen schließlich das Urteil:

> Johanna, die Wahnsinnige!

Johanna, die Königin, ist als Johanna die Wahnsinnige in die Geschichte eingegangen. Ihr Verhalten nach dem Tod Philipps des Schönen konnte damals nicht anders bewertet werden. Obwohl Johanna durchaus scharfsinnig und logisch zu argumentieren vermochte. Als Luis Ferrer, der aragonesische Botschafter ihres Vaters Ferdinand, ihr mitteilte, dass der Katholische König im Begriff sei, sich in Neapel einzuschiffen, um nach Kastilien zurückzukehren, und es angeraten sei, Bittgebete zu sprechen, damit er die gefahrvolle lange Reise gut überstehe, antwortete sie ihm, dass es so geschehen werde, wobei ihr Vater seine Fähigkeiten unter Beweis gestellt habe, als er seine sicheren Reiche verlassen habe, um solch unsichere und ferne zu regieren, dass wohl wenige Gebete nötig seien für ihn, der ein solch lobenswertes Unterfangen auf sich genommen habe. Und Pedro Mártyr de Anglería bemerkt dazu voller Bewunderung:

> Welche Gaben und welch gutes Gedächtnis unsere Herrscherin besitzt. Scharfsinnig durchschaut sie nicht nur das, was einer Frau geziemt, sondern auch das, was einem großen Mann gebührt. Sie gibt keine Erklärungen ab, sie weigert sich, die Initiative zu ergreifen. Wie sie sich in die Reise nach Flandern gefügt hat, so fügt sie sich auch jetzt. Mal weckt sie in uns die Hoffnung auf baldige Heilung, mal macht sie sie zunichte. Wir müssen uns damit abfinden.[93]

Als Boten die baldige Ankunft von Ferdinand dem Katholischen verkündeten, ritt sie ihm von Hornillo nach Tórtoles entgegen, allerdings mit dem Leichenwagen, auf dem der Leichnam ihres Mannes gebettet war.

Am 29. August 1507 trafen sich Vater und Tochter in Tórtoles und schlossen sich in die Arme. Der Vater schien gerührter als die

Tochter — «er konnte seine Tränen nicht verbergen», berichtet ein Zeuge —, während Johanna so gleichmütig wie immer wirkte, gleichgültig gegen jegliche Neuigkeiten, ob gute oder schlechte. In dem langen Gespräch, das sie führten, sprach Ferdinand das entscheidende Thema an: An welchem Ort solle der Königshof sich niederlassen? Johanna müsse die Entscheidung treffen, denn schließlich sei sie die Königin.

Es war ein geschickter Schachzug des Vaters. Er hoffte, seine Tochter zu einer großzügigen Geste in seinem Sinne zu bewegen.

Anfangs dachte Ferdinand an Santa María del Campo, einen Ort in der Nähe von Burgos, an den seine Tochter ohne große Mühe mit ihrem Leichenzug ziehen konnte. Zweifellos glaubte er, dass er Johanna dazu bringen könnte, sich schließlich auf eine größere Stadt festzulegen. Indem er Burgos wählte, beging er einen Fehler.

Ausgerechnet Burgos, wo Johanna den Tod Philipps des Schönen hatte miterleben müssen! Sie ließ sich nicht dazu bewegen, weiter als bis nach Arcos zu ziehen. Also gingen Vater und Tochter getrennte Wege.

So geschehen am 29. Oktober 1507.

In Arcos blieb Johanna mehr als ein Jahr. Sie vernachlässigte sich immer mehr, ihr Gesundheitszustand wurde immer bedenklicher.

Sie weigerte sich auch, sich um ihren Körper zu kümmern. Der Bischof von Málaga, der sie in jenen Tagen besuchte, schrieb an Ferdinand den Katholischen:

Ihr Gesicht ist schmutzig, ganz zu schweigen von dem Rest.[94]

«Ganz zu schweigen von dem Rest.» Der Bischof von Málaga spricht es nicht offen aus, doch die Königin war offensichtlich verwahrlost.

Die Umtriebe des Marquis del Priego in Córdoba zwangen Ferdinand, sich nach Andalusien zu begeben. Dort erreichte ihn die Nachricht, dass Philipps Anhänger, wahrscheinlich mit der Zustimmung Kaiser Maximilians, eine Verschwörung planten. Es bestand die Gefahr, dass Johanna an dem ungesicherten Ort, an dem sie sich aufhielt, Opfer einer Entführung werden könnte.

In dieser Situation beschloss Ferdinand der Katholische, seine Tochter an einen sichereren Ort schaffen zu lassen, an dem sie zudem besser untergebracht sein würde. Tordesillas bot alle notwendigen Voraussetzungen. Dieser Ort lag in der Nähe von Valladolid, wo sich der Hof der Katholischen Könige schon häufig niedergelassen hatte.

Mitte Februar 1509 hielt Johanna Einzug in Tordesillas, und immer noch führte sie die sterblichen Reste ihres verstorbenen Mannes mit.

Tordesillas war ein Königssitz. Der Palast war von Alfons XI. und Peter I. errichtet worden. Er war zu einem Kloster umgebaut worden, aber Ende des 14. Jahrhunderts hatte Königin Johanna, die Frau von Heinrich II., unmittelbar anschließend einige königliche Gemächer bauen lassen, um möglichst nah bei den Nonnen leben zu können.[95] Dort fand Johanna zusammen mit ihrer zweijährigen Tochter Katharina ihre neue Heimstatt.

> Hier wird Johanna den Rest ihres Lebens verbringen, einsam, aber im Einklang mit ihrem getrübten Gemüt ...[96]

Petrus Martyr konnte nicht ahnen, dass Johanna hier ein halbes Jahrhundert verbringen würde, dass sie die Regentschaft Ferdinands und Cisneros', aber auch die ihres Sohns Karls V. erleben würde.

Johannas Schicksal hätte sich noch einmal radikal verändern können, da Heinrich VII. von England, kaum hatte er erfahren, dass Johanna Witwe geworden war, in Verhandlungen trat, um sie zu seiner Frau zu machen.

Heinrich VII. hatte Johanna persönlich kennen gelernt, als die flämische Flotte, die sie und Philipp den Schönen nach Spanien bringen sollte, 1506 die englische Küste angesteuert hatte.

Zweifellos war der englische Monarch von Johannas Schönheit nicht unbeeindruckt geblieben. Sicherlich wusste er von ihrer Neigung zu depressiven Zuständen, schließlich hatte er sich davon selbst ein Bild machen können. Aber ihr Liebeshunger, ihr Ruf, eine feurige Frau zu sein, übte vermutlich einen starken Reiz auf ihn aus.

Hier sehen wir Heinrich VII., der sich 1506 in Johanna verliebte und nach dem Tod Philipps des Schönen bei Ferdinand dem Katholischen um deren Hand anhält («die mir gefällt», schrieb er an Ferdinand). Ölgemälde in der National Portrait Gallery, London.

Und eines stand fest: Johanna brachte mit selbstverständlicher Mühelosigkeit gesunde und kräftige Kinder zur Welt, bislang immerhin schon fünf an der Zahl. Damit erfüllte sie die wichtigste Voraussetzung für einen König, dessen größte Sorge stets der Nachkommenschaft galt. Heinrich VII. selbst hatte bereits einen seiner zwei Söhne aus seiner vorherigen Ehe verloren, den Prinzen Arthur.

Mit anderen Worten: Obwohl die Krankheit, die Johanna quälte, bekannt war, obwohl ihre psychische Labilität unübersehbar war, dachte Heinrich VII. vermutlich so wie später Quevedo: Er brauchte keine Frau, mit der er sich angeregt über Aristoteles unterhalten konnte, sondern eine für Schlachten im Bett, und für diesen Liebeskrieg schien Johanna mit ihren siebenundzwanzig Jahren genau die Richtige.

Heinrich VII. war jedes Mittel recht, um sein Ziel zu erreichen. Als Vermittlerin benutzte er jene andere spanische Prinzessin, die bereits an seinem Hof lebte: die Infantin Katharina, die Witwe von Prinz Arthur. Und Katharina, die sich von ihrem Vater im Stich gelassen fühlte («Ich habe nicht einmal Geld für Kleidung», schrieb sie einmal an ihren Vater Ferdinand den Katholischen, der davon offenbar jedoch vollkommen unberührt blieb),[97] sah in dieser möglichen Hochzeit, durch die ihre Schwester zur englischen Königin würde, ihre Rettung. Und daher flehte sie ihren Vater an: Wenn jemand Johanna überreden könne, dann er. Ferdinand zeigte sich auch nicht abgeneigt:

> Ich habe gelesen, was der König von England dir vorgeschlagen hat,

antwortete Ferdinand am 15. März 1507 seiner Tochter

> dass er die Königin von Kastilien, meine Tochter und deine Schwester, heiraten will (...) Gib ihm von mir zur Antwort, dass ich nicht weiß, ob die Königin, meine Tochter, willens ist zu heiraten, aber wenn sie dazu willens ist, dann gerne jenen König, meinen Bruder ...[98]

Nicht nur die Infantin Katharina bedrängte Ferdinand, sondern auch sein Gesandter in London, Doktor Puebla, der offen, wenn auch nicht ohne einen gewissen Zynismus auf die Vorteile hinwies, die der Katholische König daraus ziehen könnte:

> Eure Hoheit könntet Euch der Herrschaft über Kastilien gewiss sein ...[99]

Eine Überlegung, der sich Ferdinand nicht abgeneigt zeigte:

> Das wäre gut für mich und die Königin, meine Tochter, und für unsere Staaten und meine Enkel, in meinem Leben und meinem Tod ...[100]

Ferdinand versuchte also zunächst, Johanna dazu zu bewegen, dass sie ihren Mann, Philipp den Schönen, beerdigte. Um dies zu erreichen, erbat er von Papst Julius II. ein Breve, in dem der Pontifex Johanna dazu auffordern sollte.[101] Aber auch das war vergeblich. Johanna hielt an ihrer fixen Idee fest. Ihre Antwort war immer die Gleiche:

> Nicht so eilig.[102]

Heinrich VII. war immerhin fünfzig Jahre alt, von angeschlagener
Gesundheit und heruntergekommenem Äußeren, nicht zuletzt mit
einem starken Mundgeruch – Johanna hatte sich während ihres Aufenthalts am englischen Königshof selbst davon überzeugen können –,
und daher nicht gerade der Galan, der sie das Angedenken an Philipp
den Schönen vergessen machen konnte.

Wie dem auch sei: Eine galoppierende Schwindsucht löste das
Problem. Heinrich VII. starb am 21. April 1509.

Bereits zwei Monate zuvor hatte Ferdinand der Katholische, als
ihm klar geworden war, dass sein Plan gescheitert war, beschlossen,
seine Tochter endgültig in Tordesillas einzusperren.

Damit war Johannas Schicksal besiegelt. Sie konnte von da an
nicht mehr über sich selbst bestimmen, obwohl sie die rechtmäßige
Königin von Kastilien war.

Eine entscheidende Frage drängt sich uns auf: Litt Johanna an einer unheilbaren Krankheit, oder war ihr Verhalten das Resultat einer
unsachgemäßen Behandlung einer Depression? Diese Frage lässt sich
nur schwer beantworten, aber es gab immerhin einen weiteren ähnlichen Fall in der Familie.

Wir wissen heute, dass ihre Tochter Maria – Maria von Ungarn –
einen ähnlichen Prozess durchlief. Wie Johanna wurde sie früh zur
Witwe (mit vierundzwanzig Jahren), und auch sie hatte ihren
Mann, Ludwig II. von Ungarn, sehr geliebt. 1531 ernannte ihr Bruder, Karl V., sie zur Regentin über die Niederlande. Zwei Jahre
später jedoch verfiel sie in eine tiefe Depression: Sie konnte den
Tod ihres Mannes nicht verwinden. 1532 steht Sultan Soliman der
Prächtige vor Wien. Der Kaiser brauchte Männer und Geld aus
Brüssel, um der Bedrohung zu begegnen, aber das Land wurde von
einer schlimmen Naturkatastrophe, wie sie in jenen Zeiten so oft
vorkam, heimgesucht: Ein Unwetter ging über den Niederlanden
herab. Bald standen Friesland, Holland und Seeland nahezu ganz
unter Wasser. Das anbrandende Meer durchbrach die Deiche, riss
Menschen, Tiere und Gerätschaften mit. Es herrschte eine all-
gemeine Untergangsstimmung. Und auch Maria zerbrach daran.

Tordesillas im 16. Jahrhundert, gemalt von Anton van den Wyngaerde wenige Jahre nach Johannas Tod. Es ist die Stadt, in der die Königin fast ein halbes Jahrhundert lang als Gefangene lebte.

Plötzlich fehlte ihr der Mann wieder, den sie so geliebt hat. Sie schreibt an ihren Bruder:

> Le desplaisirs que m'a fallu passer de la mort du Roi, mon mari …, m'ont comme lors vour dis tellement affaibli l'entendement …, que à la vérité, je ne sais supporter ce que pour ma charge dois faire …[103]

Maria war, ähnlich wie ihre Mutter, der Situation nervlich nicht gewachsen. Ein Vertrauensmann Karls V., Antoine de Croy, der in Brüssel Zeuge ihres traurigen Niedergangs wurde, wandte sich besorgt an den Kaiser:

> … de jour à autre on la voit décliner …

Die Königin trug nichts zu ihrer Genesung bei, zeigte sich gegen alle ärztlichen Ratschläge taub, nahm ihre Arzneien nicht, wodurch sich ihr Zustand immer weiter verschlimmerte. Es musste also gehandelt werden, und zwar schnell:

> Sir,

bat der Gesandte des Kaisers,

> il me semble que V. M. ferait fort bien de la consoler …

Und Karl nahm sich der Sache an. Er schickte aufmunternde Briefe nach Brüssel. Er nahm den Druck von Maria und sandte ihr einen seiner Vertrauten, Charles de Poupet, Herr von La Chaulx, um ihr zu verstehen zu geben, wie sehr ihm an ihrer Genesung gelegen war:

> ... une des choses de ce monde que singulierement je desire ...[104]

Und es half. Maria erholte sich, schüttelte ihre Niedergeschlagenheit ab und wurde zur tatkräftigsten und treuesten Gehilfin Karls V. in Nordeuropa. Nun stellt sich uns die Frage, ob ihre Mutter, Johanna von Kastilien, wäre sie richtig behandelt worden, sich aus ihrer Depression hätte lösen können und ihr das traurige Schicksal als Gefangene von Tordesillas hätte erspart bleiben können.

Wir können nur darüber spekulieren. Fest steht jedenfalls, dass König Ferdinand, ihr Vater, 1509 beschloss, dass die Stadt am Duero ihr Gefängnis sein würde.

Ab 1509 kommt also Tordesillas eine wichtige Rolle zu. Wenn wir uns dem Ort nähern, meinen wir zu sehen, wie Johanna hoch oben auf dem Balkon des Turms der Kirche St. Antolín steht und hinab auf den Duero blickt, wobei wir der gängigen Volksmeinung keinen Glauben schenken dürfen: Den Balkon oben am Turm der Kirche St. Antolín gab es nicht. Der verdiente Historiker Eleuterio Fernández Torres aus Tordesillas weist in seiner *Historia de Tordesillas*[105] nach (die erst kürzlich wiederaufgelegt wurde, mit einem ausgezeichneten Vorwort von Jonás Castro Toledo), dass dies reine Legende ist.

Wie war dieses Tordesillas im 16. Jahrhundert? Eine Volkszählung, die 1591 von der kastilischen Krone durchgeführt wurde, beweist, dass es sich durchaus um einen wichtigen Ort handelte, dem viertwichtigsten in der Provinz Valladolid, nach der Hauptstadt und den beiden Medinas, in denen die wichtigen Märkte stattfanden. Der Ort zählte knapp über tausend *vecinos* – man zählte damals nicht die Einwohner, sondern die Familien. Und tausend Nachbarn war für damalige Verhältnisse eine stattliche Zahl.[106]

Von diesen tausend *vecinos* waren 928 Steuerpflichtige, 35 Hidalgos und 40 Geistliche. Der Reichtum des Ortes gründete sich natürlich auf die Landwirtschaft. Die Tatsache aber, dass Alfons XI. und vor allem Peter I. – der dort mit seiner großen Liebe María de Padilla gelebt hatte – gerade diesen Ort gewählt hatten, verlieh Tordesillas etwas Besonderes, ja Königliches. Wir dürfen auch nicht vergessen, dass Tordesillas 1494 Sitz der Katholischen Könige gewesen war, die dort die portugiesischen und kastilischen Diplomaten versammelt hatten, um einen der wichtigsten Friedensverträge in der Geschichte der Iberischen Halbinsel auszuhandeln. Mit gutem Recht also durfte sich Tordesillas Stadt nennen.

Um sich ein lebendiges Bild von dem Tordesillas zu machen, in dem Johanna so viele Jahre verbrachte, hält man sich jedoch am besten an die höchst interessante Schilderung des flämischen Chronisten Laurent Vital, der Karl V. bei seinem Besuch bei Johanna 1517 begleitete.

> Tordesillas ist eine schöne Stadt, klein, umgeben von einer Mauer, in der sich Steine und Erde wie üblich in diesem Land mischen, es finden sich dort mehrere kleine und trutzige Kirchen, die in Zeiten großer Hitze Küh-

le und Feuchte bieten, damit es die Menschen besser gehe und sie nicht so
sehr unter dieser Hitze zu leiden haben …

Und er fügt hinzu:

> Überall in der Stadt gibt es gute Quartiere, denn den Leuten, die sie be-
> wohnen, geht es gut. Sie liegt in einer angenehmen Gegend, in einem
> fruchtbaren Tal, und ihr zu Füßen fließt ein breiter Fluss …[107]

Es ist natürlich vom Duero die Rede, der schon in dem Romancero
besungen wird und der auch den flämischen Chronisten beeindruck-
te, der uns darüber hinaus noch schildert, wie Johanna wohnte:

> Die Königin wohnt am Ende der Stadt, ganz nah beim Fluss … Von den
> Fenstern des Zimmers, in dem der König untergebracht war, sieht man vier
> oder fünf Meilen weit, bis nach Medina del Campo, wenn die Luft klar und
> rein ist …[108]

So erbaulich schildert Laurent Vital die Stadt, den hübschen Ausblick
auf den Duero und über die Felder, den auch Johanna genossen haben wird und der ihr, aber auch der kleinen Katharina, die an ihrer
Seite heranwuchs, Trost gewesen ist.

Auch ein Bild, das Tordesillas im 15. Jahrhundert zeigt, bestätigt
uns, dass es sich um eine schön gelegene Stadt handelte. König Philipp II. hatte um 1568, nur wenige Jahre nach dem Tod Johannas,
eine Zeichnung bei Anton van der Wyngaerde, einem flämischen
Maler, der im 16. Jahrhundert Panoramaansichten der wichtigsten
spanischen Städte und Dörfer festgehalten hat, in Auftrag gegeben.
Van der Wyngaerde zeigt uns ein Tordesillas, das auf einem Felsen
liegt, hoch über dem Duero, eine schöne Brücke im Vordergrund,
Stadtmauern, die es schützten, und die Türme mehrerer Kirchen
und einiger Paläste. Und der Künstler vergisst auch nicht, den Klos-
ter- und Palastbereich zu markieren, in dem die Königin so viele
Jahre gelebt hat: Santa Clara.[109]

Johanna die Wahnsinnige, wie sie von nun an heißt, lebt nun in Tordesillas. Bei ihr ist die kleine Infantin Katharina, die sie so sehr an ihren Mann erinnert.

Von ihrem Fenster aus hatte sie einen Blick auf das Kloster Santa Clara, wo der unbegrabene Leichnam ihres Mannes Philipps des Schönen ruhte.

Noch ist das Bild nicht vollständig. Wir wissen nicht, wie die Königin lebte, wer ihr Gesellschaft leistete, wer sich um sie kümmerte.

Oder besser gesagt: wer sie bewachte.

Ferdinand der Katholische hatte an die Spitze des kleinen Königshauses zunächst einen Mann gestellt, einen Aragoneser, der bei den Einwohnern Tordesillas in keinem guten Ansehen stand, einen Mann mit finsteren Gesichtszügen, den Pfarrer Ferrer.

Bald schon machte in dem Städtchen ein Gerücht die Runde: Pfarrer Ferrer sei gar kein Höfling in Diensten der Königin, sondern ein Gefängniswärter, dessen Aufgabe darin bestehe, Johanna stets im Auge zu behalten, sie von allen anderen zu isolieren, jeden Kontakt zur Außenwelt zu verhindern. Das bedeutete, dass Johanna tatsächlich wie in einem Gefängnis lebte, von Pfarrer Ferrer, der seine Macht missbrauchte, grausam behandelt, und obwohl der Katholische König davon wusste, sah er darüber hinweg; ihm war nur wichtig, dass Ferrer sich strikt an seinen Befehl hielt, Johanna von allem zu isolieren.

Johanna bliebt als Trost nur ihre kleine Tochter Katharina, die trotz aller misslichen Umstände gesund aufwuchs und ihrer Mutter, so dürfen wir vermuten, große Freude bereitete. Verbürgt ist, dass die Königin ihre Tochter aus Furcht, man könnte sie ihr entreißen, in einem Hinterzimmer schlafen ließ, in das man nur durch ihre eigenen Gemächer gelangte. Und in diesem Zimmer, das lediglich durch ein Öllämpchen beleuchtet war, brachte das Mädchen die meiste Zeit zu, bis sich ein Diener der Königin, wahrscheinlich Hernán Duque de Estrada, der Infantin erbarmte und ein Loch in die Mauer schlagen ließ, damit sie wenigstens die Leute des Städtchens betrachten konnte, die dort vorübergingen.

In der Welt überschlugen sich unterdessen die Ereignisse, bei denen Kastilien eine wichtige Rolle spielte. In Nordafrika rückten die spanischen Tercios so schnell vor, dass es ganz Europa in Bewunderung versetzte: 1508 wurde unter der Schirmherrschaft Cisneros Orán eingenommen. Es folgten weitere Eroberungen: Mers-el-Kebir (das Mazalquivir der alten Chroniken), Bejaija (Bougie) und sogar das weit entfernte Tripolis. Und selbst Algerien, das starke Algier, musste sich der spanischen Überlegenheit beugen.

Eine Reihe großer Triumphe wurde von einigen Niederlagen begleitet, so auf der Insel Djerba, wo zusammen mit dem erstgeborenen Sohn des Herzogs von Alba auch García de Toledo fiel, der nobelste Vertreter des salmantinischen Adels. Eine volkstümliche Romanze erinnert daran:

> Djerba zu erobern,
> Mutter, ist sehr schwer …

Anfang des Jahres 1512 jedoch fiel Afrika in die Hände der Italiener. Als der französische König ein schismatisches Konzil in Pisa unterstützte, wurden er und seine Verbündeten plötzlich zu Hauptfeinden der Kirche. Ferdinand kam diese Entwicklung sehr gelegen, denn dadurch konnte er dem Heiligen Stuhl einige Zugeständnisse abringen. Die Herrscher, die sich dem Schisma angeschlossen hatten, hatten sich außerhalb des Rechts gestellt, d. h., man konnte ihre Reiche und Besitztümer einnehmen – und das auch noch mit dem Segen der Kirche.

Ferdinand dachte natürlich nicht daran, Frankreich zu besetzen.

Damit hätte selbst er, der auf der politischen Bühne die Hauptrolle spielte, sich übernommen. Aber da war auch noch Navarra, deren Könige so unvorsichtig gewesen waren, sich zu Frankreichs Verbündeten zu erklären.

Und Navarra war für die Tercios eine durchaus lösbare Aufgabe, zumal diese Länder einst zur aragonesischen Krone gehört hatten.

Johann II., der Vater Ferdinands des Katholischen, hatte Navarra Mitte des 15. Jahrhunderts unter seine Herrschaft gebracht. Außerdem gab es in Navarra zwei Parteien, die sich feindlich gegenüberstanden, die Agramonteses und die Beamonteses; diese Schwachstelle kam Ferdinands Plänen, der ein Gespür dafür hatte, sehr entgegen. Diesem politischen Geschick Ferdinands zollte sogar der Meister in Fragen der Politik Anerkennung: Machiavelli.

Ferdinand beschloss also im Jahr 1512, Navarra zu erobern. Der erfolgreiche Feldzug sicherte nicht nur die endgültige Einigung Spaniens, sondern auch den Ruhm Ferdinands in der Geschichtsschreibung.

Es war eine spannungsreiche Zeit. In Tordesillas hingegen nahm das Leben seinen alltäglichen Lauf, das friedliche, fast bukolische Leben eines Bauern- und Viehzüchterdorfs, in dem auch einige Edelmänner wohnten, die dem Müßiggang frönten, sich über die Neuigkeiten am Hof oder das merkwürdige Verhalten jener Johanna von Kastilien unterhielten, die weiterhin unter der Aufsicht des Pfarrers Ferrer neben dem Kloster Santa Clara lebte. In höheren Kreisen schien man die arme «Wahnsinnige» vergessen zu haben.

Nur eine Frau besuchte die unglückliche, gefangene Königin gelegentlich. Eine Frau, die mächtig genug war, die Isolierung zu durchbrechen, weil sie sowohl Königin als auch die Frau eines mächtigen Herrschers war. Die Rede ist von Germaine de Foix.

Auch Ferdinand der Katholische stattete seiner Tochter mindestens drei Besuche ab: im Oktober 1509, im November 1510 und noch einmal 1513.

Im Jahre 1510 besuchte Ferdinand in Begleitung der Granden und Botschafter seine Tochter, um sich von ihr zu verabschieden, nachdem er beschlossen hatte, persönlich eine Strafexpedition nach Djerba zu unternehmen.

Es war ein deprimierendes Wiedersehen. Ein Zeuge schildert diesen Besuch:

> … ihr Leben und ihr Aufzug und ihre Kleider waren so armselig und ihrer Würde nicht gemäß, und sie führte ein solch bitteres Leben, dass kaum zu hoffen war, dass sie noch lange leben würde …[110]

Der Besuch des Königs erfolgte jedoch, wie auch Johanna bemerkte, aus reiner Berechnung; er galt in erster Linie dem Ziel, dem öffentlich ausgesprochenen Vorwurf zu begegnen, er halte die Königin in Gefangenschaft. Deshalb führte er ein großes Gefolge mit sich, nicht nur die Mitglieder des kastilischen Hochadels, sondern auch die am Hof anwesenden Botschafter. Zunächst besuchte er die Königin allein. Nachdem er gesehen hatte, in welch vernachlässigtem und bedauernswertem Zustand sie sich befand, stattete er ihr am nächsten Tag einen zweiten Besuch ab, diesmal mit dem ganzen Gefolge. Die Schilderung dieses Besuches ist höchst aufschlussreich:

> Zuerst besuchte der König sie allein, erst am nächsten Tag nahm er die Botschafter mit, die sich allesamt darüber wunderten, wie schlecht die Königin behandelt wurde, wie armselig ihre Kleidung war, dass sie manchmal sechzig Stunden lang nichts aß …

Doch Johanna war keineswegs wahnsinnig. Sie durchschaute das Manöver, dieses öffentliche Zurschaustellen ihrer Verwahrlosung. Auch dies fiel dem Augenzeugen auf:

> Die Königin empfand diesen Besuch als große Beleidigung …[111]

Und war es nicht schmerzlich? Der Vater besucht seine Tochter, die sich nach Trost sehnt, und dieser Besuch ist eine einzige Erniedrigung für sie.

Als Ferdinand sie drei Jahre später besuchte, fand er sie wie zuvor vor; körperlich gesund, aber apathisch. Sie hatte sich in ihr einsames «und trübsinniges» Leben geschickt – wie ein Zeuge des Besuchs es formulierte – und war so antriebslos, dass manchmal Tage vergingen, ohne dass sie einen Bissen anrührte, ohne dass sie sich auskleidete, nicht einmal, um ins Bett zu gehen. Damals blieb er jedoch einige Tage bei seiner Tochter und versuchte, sein schlechtes Benehmen wieder gutzumachen.[112]

Als Ferdinand starb, kam es auch auf dieser lokalen Ebene zu einer Krise: Die Einwohner von Tordesillas erhoben sich gegen Pfarrer Ferrer, den verhassten Bewacher, dem sie die schrecklichen Sicherheitsmaßnahmen zuschrieben, die aus Johanna eine gefangene Königin gemacht hatten.

Sie griffen den Palast an und vertrieben Ferrer in der Hoffnung, dass Johanna, wenn sie einmal frei wäre, sich erheben und sich für sie einsetzen werde.

Auf der einen Seite haben wir es mit denjenigen zu tun, die nach Veränderung strebten, auf der anderen Seite mit denjenigen, die alles beim Alten belassen wollten. Die königlichen Ratgeber, die 1516 bei Ferdinand in Madrigalejo gewesen waren und ihn hatten sterben sehen, schickten in Windeseile Boten nach Tordesillas mit der Weisung: Die Königin dürfe von Ferdinands Tod nichts erfahren.

Eine Palastdame, die verwitwete Gräfin Salinas, die oberste Hofdame der Königin, berichtet davon:

> Don Diego de Castilla hat von allen königlichen Kammerdienern und Frauen gefordert, nicht mit der Königin zu sprechen, ihr kein Wort zu sagen ...[113]

Doch der Tod des Königs war nicht geheim zu halten. Als das Gerücht der Königin zu Ohren kam, rief sie einen Mönch ihres Vertrauens, Juan de Ávila, zu sich und fragte, ob das, was sie gehört habe, stimme. Der Mönch gab es zu. Daraufhin wollte die Königin wissen, wer in der Stunde seines Todes bei ihm gewesen sei und wer nun an der Spitze der Regierung stehe. Als man ihr sagte, dass dieses Amt wieder dem Bischof Cisneros zugefallen sei, war sie beruhigt.

Cisneros wiederum führte am Hof von Tordesillas einige vernünftige Maßnahmen durch. Er schickte einen ihm ergebenen Mann, Rodrigo Sánchez de Mercado, Bischof von Mallorca, mit Vollmachten ausgestattet nach Tordesillas, wo er für einige Erleichterungen im Leben der Königin sorgte. Zuerst verbannte er Pfarrer Ferrer vom königlichen Hof. Dann beauftragte er einen erfahrenen Arzt, Doktor Soto, sich um Johannas Ernährung und Lebensführung zu kümmern. Und an die Spitze des Haushalts stellte er Hernán, Duque de Estrada, dem es vermutlich zu verdanken war, dass in die Mauer von Katharinas Zimmer ein Loch geschlagen wurde, was es ihr gestattete, die Felder, den Himmel, die Vögel und die Kinder zu betrachten. Die einfachen Leute des Ortes kamen tagtäglich zum Fuß des Turms, um der kleinen Infantin Gesellschaft zu leisten, um sie mit ihrer Freude und Freiheit ein wenig aufzumuntern.

Natürlich brachte Ferdinands Tod große Veränderungen in Spanien mit sich, Veränderungen, die auch vor der kleinen Welt in Tordesillas nicht Halt machten.

Plötzlich häuften sich die Schreiben, die aus Flandern eintrafen, von wo aus Prinz Karl die Situation in Kastilien mit großem Interesse beobachtete, schickte er sich doch an, die Macht zu übernehmen.

Veränderungen standen ins Haus, das war klar. Doch inwieweit würden sie die Königin betreffen? Würde Karl den gleichen Einfluss auf sie ausüben wie ihr Vater Ferdinand? Alle Welt fragte sich, ob sie die Rolle einnehmen würde, die ihr bestimmt war, ob sie in Tordesillas bleiben oder weggehen würde, ob sie aus dem Traum erwachen würde, in den sie versunken zu sein schien.

Fest steht jedenfalls, dass für Johanna von Kastilien eine neue Lebensphase anbrach.

Sie Johanna von Kastilien zu nennen, ist nun nicht mehr zutreffend, denn inzwischen war sie Johanna von Spanien. König Ferdinand hatte sie zur universalen Erbin all seiner Reiche gemacht, einschließlich des jüngst eroberten Navarra.

In seinem Testament hatte es der Katholische König ausdrücklich so bestimmt. Es gibt eine beglaubigte Kopie davon, die im Archiv von Simancas aufbewahrt wird. Der Text ist eindeutig. Was Navarra betrifft, tauchen in dem Schriftstück Johanna und Karl auf, sie mit ihrem rechtmäßigen Titel als Königin und er als Prinz, der er ja schließlich auch war.

> Wir überlassen, setzen ein und bestimmen zum Erben unseres Königreichs Navarra die erlauchte Königin Johanna, unsere teure und geliebte Tochter, und den Prinzen Karl, unseren Enkel und seine Erben und Nachfolger …[114]

Erstaunlich jedoch ist, dass für die Krone von Aragonien Johanna als Universalerbin eingesetzt wird und Karl in diesem Fall nicht explizit, sondern nur indirekt erwähnt wird, als einer in der Reihe der legitimen Erben der Königin:

> Wir machen und setzen ein zum Universalerben und Nachfolger unserer Reiche Aragonien, Sizilien (…) die erlauchte Königin Johanna, unsere teure und geliebte erstgeborene Tochter, und in dem Fürstentum und der Markgrafschaft, den Grafschaften, Ländern und Besitztümern, Königin und Herrscherin …[115]

Was ist der Grund für diese Unterscheidung? Es hat den Anschein, als handelte es sich hier um ein altes Testament, das noch in der Zeit verfasst wurde, als die Prinzessin Isabella lebte – daher auch der Hinweis auf die Erstgeborene –, in dem nur die Namen ausgetauscht wurden, nämlich Johanna für Isabella; ein Testament, in dem eine neue Klausel eingefügt werden musste, weil wider Erwarten das Reich Navarra hinzugekommen war. Und da dies im Jahre 1512 geschah, als Königin Johanna deutliche Anzeichen von geistiger Verwirrung hatte erkennen lassen, bestimmte Ferdinand seine Tochter und seinen Enkel Karl als gemeinsame Thronfolger, auch wenn er Karl nur den Titel des Prinzen verlieh. Dass Karl bald schon den Titel des Königs für sich in Anspruch nehmen würde, war eine Neuerung, die nicht bei allen Anklang fand.

Dieses Testament wirft eine Reihe von Fragen auf: Kommt darin eine späte Zuneigung Ferdinands für seine Tochter Johanna zum Ausdruck? Solange der König gelebt hatte, hatte er der Bitte seiner Tochter, er möge ihr bei der Regierung helfen, er möge ihr mit seinem Rat zur Seite stehen, statt sie im Palast von Tordesillas einzu-

Hier haben wir ein schönes Diptychon, das zweifellos Johanna in Auftrag gegeben hat. Angefertigt hat es ein flämischer Maler um 1509 in den Niederlanden,
denn dieser gibt das Geburtsdatum von Karl, Eleonore, Isabella und Maria an
(Gent und Brüssel), während er bei Ferdinand und Katharina nur festhält, dass
sie in Spanien geboren sind. Hervorzuheben ist die Tatsache, dass es sich hier
um ein Familienbild handelt, das der Erinnerung dienen soll, ein Gemälde für
eine Mutter, die sich an ihre Kinder erinnern möchte, die außer der kleinen
Katharina alle abwesend sind. Museo de Santa Cruz, Toledo.

sperren, kein Gehör geschenkt. Johanna hatte darauf gehofft, wie wir aus einem langen Bericht, den ihr Gefängniswärter Pfarrer Ferrer an Ferdinand den Katholischen sandte, erfahren. Der Brief datiert vom 10. August 1511, als der Befehl des Königs, Johanna einzusperren, noch nicht sehr lang ergangen war. Unter vielen Dingen, die alle größtes Interesse verdienen, berichtet Ferrer seinem Herrscher, wie sehr sich Johanna über die Behandlung, die ihr Vater ihr angedeihen ließ, beklagte, weil es nicht dem entsprach, was sie von ihm erwartet hatte. Sie erinnerte ihn daran, dass sie sich den Granden von Kastilien, als diese die Regierung hatten an sich reißen wollen, verweigert hatte, weil sie auf ihn, den König, gewartet hatte, der sich damals außerhalb von Kastilien aufgehalten hatte, damit bei seiner Rückkehr

> « … Eure Hoheit Kastilien und seinen Kindern und seinen Reichen beistehe …»

Sie hatte ihm also nicht alle Macht überlassen wollen, sondern ihn lediglich um seinen Rat gebeten, um selbst zu regieren. Ihre Klage ist äußerst aufschlussreich:

> … als Eure Hoheit aus Neapel zurückkam, dachte sie (Johanna), sie solle ganz Kastilien zum Vorteil Eurer Hoheit regieren …[116]

Johanna war zu der Zeit also keineswegs wahnsinnig; sie hatte sich noch nicht von der Welt abgekehrt. Zweifellos hätte sie als Königin von Kastilien, die sie war, das Land regiert unter der Voraussetzung, dass sie auf die wertvolle Hilfe ihres Vaters, Ferdinands des Katholischen, hätte zählen können, der sich in Staatsangelegenheiten stets so umsichtig gezeigt hatte. Ein zusätzlicher Anreiz war sicherlich gewesen, dass sie in diesem Fall alle ihre Kinder hätte zu sich holen können.

Doch Ferdinand hatte andere Pläne. Er wollte nicht im Schatten stehen, wollte kein uneigennütziger Ratgeber sein. Er wollte alle Macht auf sich vereinen, wie es sein Botschafter Puebla, der ihn nur zu gut kannte, längst vermutet hatte.

Johanna fiel diesem Machtstreben zum Opfer, wurde zur Gefangenen von Tordesillas. Als einziger Trost blieb ihr die jüngste Tochter Katharina, denn der Umgang mit ihren anderen Kindern war ihr verwehrt, ebenso wie die Teilhabe an der Regierung des Reiches.

Wieder einmal war eine Frau das Opfer.

12. KARL V. TRITT AUF DEN PLAN

Als Ferdinand der Katholische sein Testament schrieb, wusste er nicht recht, wem er die Krone von Aragonien vererben sollte. Karl V., der bereits als Thronfolger von Kastilien feststand? Oder dem anderen Enkel, der seinen Namen trug und der an seiner Seite aufgewachsen war? Dem in Gent oder dem in Alcalá de Henares Geborenen? Wäre er seinen Gefühlen gefolgt, wäre ihm die Wahl nicht schwer gefallen, wie man der ersten Version des Testaments entnehmen kann. Aber seine Ratgeber wiesen ihn auf die Gefahr einer solchen Entscheidung hin, mit der er einen Keil zwischen beide Brüder treiben würde, der leicht zu Streit, wenn nicht gar zu einem Bürgerkrieg führen konnte. Außerdem wäre auf diese Weise die Einheit Spaniens zerstört, die große Leistung der Katholischen Könige.

Ferdinand selbst hatte diese Einheit in Frage gestellt, indem er Germaine de Foix unter der Bedingung geheiratet hatte, dass die Kinder, die aus dieser Ehe hervorgehen würden, die aragonesische Krone erben würden. Am Ende jedoch beugte Ferdinand sich der Staatsräson und setzte Karl als Thronfolger ein.

Angesichts der Tatsache, dass Johanna, die rechtmäßige Königin beider Königreiche, sich aus politischen Dingen heraushielt, war es dringend geboten, dass Karl, der bereits sechzehn war, möglichst schnell an die Stelle Ferdinands des Katholischen trat. Und so sorgte Cisneros, der Übergangsregent, dafür, dass er zum neuen Großkanzler ernannt wurde.

In dieser Situation kam es zu dem, was für manche Autoren – besonders für Joseph Pérez – einen echten Staatsstreich bedeutete. Karl schickte auf Anraten seiner Ratgeber in Brüssel – des Flamen Chièvres, aber auch des Spaniers Juan Manuel – ein Schreiben an

Cisneros, in dem er ihm die strikte Anordnung gab, ihn nicht zum Großkanzler von Kastilien zu ernennen.

Karl wollte mehr. Er hatte den Thron im Auge und forderte, dass man ihn zum König ausrufe. Seine Mutter, die rechtmäßige Königin, wollte er nicht übergehen – zumindest dem Titel nach nicht –, sondern er wollte mit ihr zusammen regieren, auf allen offiziellen Dokumenten sollte beider Name stehen, Johanna und Karl, Mutter und Sohn.

So stand es in dem Schreiben, dass er am 21. März von Brüssel aus an Cisneros sandte.

Es war eine ungewöhnliche Formel. So etwas hatte es noch nie gegeben. Die Lösung, auf die sich die Katholischen Könige in der Concordia von Sevilla verständigt hatten, war bereits innovativ gewesen, aber immerhin waren sie Mann und Frau gewesen. Mit diesem Schachzug, sich bereits zu Lebzeiten seiner Mutter zum König ausrufen zu lassen, stellte Karl klar, dass er seine Macht ohne jegliche Einschränkungen ausüben wollte.

Cisneros weigerte sich anfangs, diesem Befehl Folge zu leisten. Für ihn war die Lösung zu innovativ und von zweifelhafter Legitimität. Schließlich jedoch beugte er sich Karls Hartnäckigkeit, vielleicht, weil er sich letztlich als loyaler Diener der Monarchie betrachtete, vielleicht, weil er es am Ende doch für die beste Formel hielt, um mögliche Verschwörungen zu Gunsten des Infanten Ferdinand im Keim zu ersticken – es war schließlich etwas anderes, ob man sich gegen einen Großkanzler oder gegen einen König verschwor –, vielleicht auch, weil damit das Problem, Königin Johanna «in gute Obhut zu nehmen», gelöst war.

Jedenfalls war Cisneros von diesem Zeitpunkt an der glühendste Verfechter dieser ungewöhnlichen Formel und setzte alles daran, den Königlichen Rat in seiner Palastresidenz in Madrid wie auch die bedeutendsten Mitglieder des Hochadels zu überzeugen. Wie er es nicht anders erwartet hatte, stieß er bei beiden auf heftigen Widerstand: Diese Regelung verstoße gegen das Gesetz des Reiches, so etwas habe es noch nie gegeben.

Cisneros hatte in weiser Voraussicht ein starkes bewaffnetes Kontingent auf dem Platz vor seinem Palast aufmarschieren lassen. Aus dieser starken Position heraus warnte er die Anwesenden, dass er sie nicht um Rat bitte und sie auch nicht deswegen herberufen habe, sondern dass er ihnen schlicht mitteile, was geschehen werde: Bald schon werde in Madrid Karl zusammen mit seiner Mutter Johanna zum König von Kastilien ausgerufen, und er befahl dem Vogt von Madrid, Pedro Correa, er solle

> Banner hissen lassen für König Karl, unseren Herrn ...[117]

Karl V. wollte in der öffentlichen Meinung nicht das Bild des Sohnes abgeben, der seine Mutter ihrer angestammten Rechte beraubt, vielleicht handelte er auch aus echtem Respekt des Sohnes gegenüber seiner Mutter, jedenfalls befahl er, dass vor seinem Titel stets auch der Johannas zu stehen habe.

Alle königlichen Dokumente sollten von da an mit folgender revolutionärer Formel beginnen:

> Johanna und Karl, ihr Sohn, Königin und König von Kastilien, Leon und Aragonien ...[118]

1519, als Karl zum Kaiser gewählt wurde, änderte sich diese Formel leicht, um der Würde dieses Titels Respekt zu zollen. Die Formel für Spanien jedoch behielt Karl bei:

> Karl, Kaiser von Gottes Gnaden, König von Deutschland, Johanna, seine Mutter, und Karl selbst, von gleicher Gnade Könige von Kastilien, Leon und Aragonien ...[119]

Es war ein Staatsstreich.[120] Der Befehl war von oben erteilt worden, die Cortes von Kastilien waren nicht befragt worden, was einen klaren Bruch mit der Tradition darstellte. Und doch war es die richtige Lösung, um mit der schwierigen Situation fertig zu werden.

Nachdem alles geregelt und abgesegnet war, erwartete man, dass Karl V. sofort nach Spanien aufbrechen würde, um die Herrschaft über seine neuen Reiche zu sichern, die er noch gar nicht kannte.

Doch es sollte noch einige Zeit vergehen, bis er sich schließlich zu diesem Schritt entschloss.

In meinen Augen war der Hauptgrund für diese Verzögerung, dass in Frankreich eine neue bedeutende Figur die politische Bühne betreten hatte: Franz I. Der neue französische König stürzte sich, kaum hatte er den Thron bestiegen, in ein politisches Abenteuer in Italien. Im Jahre 1515 drang er in die Lombardei ein und eroberte durch einen brillanten Sieg auf den Feldern von Marignano schnell das Herzogtum Mailand. Angesichts dieser Tatkraft mussten Karl V. und seine Ratgeber befürchten, dass auch die Eroberung der Niederlande auf dem Plan dieses ehrgeizigen Nachbarn standen. Es war also angeraten, mit dem neuen französischen König eine Einigung zu erzielen, bevor Karl nach Spanien aufbrach.

Besiegelt wurde diese Vereinbarung im Vertrag von Noyon, der 1516 unterzeichnet wurde. Darin machte der Hof von Brüssel Zugeständnisse an Paris: eine jährliche Tributzahlung von 100 000 Dukaten als Entschädigung für die Herrschaft über das Königreich Neapel, eine neue Regelung für Navarra, das von Dritten verwaltet werden sollte, und die Hochzeit mit einer französischen Prinzessin. Vielleicht waren es der Zugeständnisse zu viele, aber immerhin war damit auf diplomatischem Wege erreicht, dass Karl ungestört nach Spanien reisen konnte.

Die diplomatischen Verhandlungen 1516 und die Fährnisse einer langen Seereise, bei der man auf günstige Winde angewiesen war, führten dazu, dass Karl sich erst im September 1517 auf den Weg nach Spanien machte. Am 4. September stach in Vlissingen die Flotte in See. Mit auf die Reise gingen Karls Schwester Eleonore, die damals achtzehn Jahre alt war, die Crème de la Crème des flämischen Hofs und eine Gruppe von Spaniern, die sich unter den Schutz des neuen Herrschers begeben hatten. Am 5. September hisste die Flotte die Segel und sichtete nach zwölf Tagen, in denen keine nennenswerte Gefahr aufgetaucht war, die Küste Spaniens. Es war aber nicht die Küste bei Santander, um, wie ursprünglich geplant, in Laredo zu landen, sondern die schroffen und unbekannten Gestade Asturiens, wo man schließlich in Tazones, einem kleinen Fischerdorf in der Nähe von Villaviciosa, an Land ging. Karl V. hielt also in diesem schönen asturischen Örtchen Einzug, dem damit die Ehre zuteil wurde, der erste Flecken spanischen Bodens zu sein, den Karl betrat und wo er seine ersten Briefe an die Consellers von Barcelona schrieb:

> Der König:
> Unsere Lieben und Treuen: Zu Eurer Zufriedenheit lassen wir Euch wissen, dass wir heute, am Tag selbigen Datums, mit Hilfe Gottes, unseres Herrn, gut, gesund und munter mit unserer ganzen Flotte im asturischen Hafen von Villaviciosa gelandet sind. In allen Kirchen und Klöstern dieser Stadt soll Gott zum Dank die Ehre erwiesen werden.
> Villaviciosa in Asturien, den 18. September des Jahres 1517 ...[121]

Dies war also Karls erste Begegnung mit Spanien.

Wir wollen uns hier nicht damit aufhalten, den merkwürdigen Empfang zu schildern, der dem königlichen Tross in Asturien zuteil wurde, die langsame Reise nach Torrelavega auf der Suche nach einem Weg zur Meseta. All diese Geschichten über Karl V. habe ich ausführlich in meiner Biografie über Karl V. dargelegt.[122] Eines jedoch muss an dieser Stelle erwähnt werden: Karl hielt nicht zuerst in Valladolid seinen triumphalen Einzug, er traf sich auch nicht sofort mit dem Regenten Cisneros, nein, er eilte nach Tordesillas, um seiner Mutter einen Besuch abzustatten.

Natürlich hatte diese Geste auch etwas Berechnendes, Karl wollte die öffentliche Meinung für sich gewinnen, also suchte er auf Anraten von Chièvres das Einverständnis seiner Mutter, bevor er endgültig das Zepter in Spanien übernahm.

Gewiss war es so, das beweisen schon die Dokumente, die über diesen ersten Besuch in Tordesillas erhalten sind. Es gab aber noch einen anderen Grund: Karl und seine Schwester Eleonore wollten ihre Mutter wiedersehen, von der sie so lange Jahre getrennt gelebt hatten. Tatsächlich hatte Karl, wenn man einmal die ersten beiden Jahre abzieht, an die er keine Erinnerung haben kann, lediglich von Mai 1504, als Johanna nach der Ausrufung zur Prinzessin von Asturien aus Spanien zurückgekehrt war, bis Januar 1506, als Philipp und

Johanna die Niederlande als König und Königin von Kastilien endgültig verlassen hatten, mit seiner Mutter zusammengelebt.

Nur zwanzig Monate, und dies war auch schon fast elf Jahre her.

Zwanzig Monate hatte er mit der Mutter zusammengelebt, von
seinem vierten bis zu seinem fünften Lebensjahr.

Nicht viel für ein Kind.

Es gab für Karl und Eleonore aber noch weitere Herzensangele-
genheiten familiärer Natur: Sie wollten ihrem verstorbenen Vater die
Ehre erweisen, dessen Leichnam noch immer unbegraben im Kloster
von Santa Clara aufbewahrt wurde; und sie wollten ihre anderen Geschwister kennen lernen, Ferdinand und Katharina, die in Spanien
zur Welt gekommen waren, besonders jedoch Katharina, die in
Tordesillas bei ihrer Mutter lebte. Das Verhältnis zu den jeweiligen
Geschwistern unterschied sich deutlich: Ferdinand bedeutete eine
politische Gefahr, da es eine Fraktion gab, die ihn als spanischen
Thronfolger einsetzen wollte; Katharina hingegen war ein unschuldi-
ges Kind, das Opfer eines familiären Konflikts, ausgelöst von Johannas Leiden.

Wir können diese Begegnung auch aus einer anderen Perspektive
betrachten, nämlich aus der Sicht derjenigen, die in Tordesillas lebten. Die Anweisungen, die von Karl und Eleonore ergangen waren,
ließen keinen Zweifel offen: Beide wollten nicht nur einen Pflichtbe-
such abstatten, sondern mehrere Tage bei ihrer Mutter und ihrer
Schwester verbringen. Dafür musste der Palast herausgeputzt werden, die Zimmer ausgeschmückt, in denen die hohen Besucher näch-
tigen würden, des Weiteren alle Räume, die benutzt werden würden,
besonders der, der als Speisesaal dienen sollte. Bald schon wurden
Wandteppiche, Brokate und Möbel herbeigeschafft, um die Zimmer
gemütlicher zu gestalten, zumal es bereits November war und die
Kälte der kastilischen Hochebene allmählich spürbar wurde.

Am 4. November 1517 hielten Karl und Eleonore in Tordesillas
Einzug. Viele Jahre später, im Sommer 1550, verfasste Karl V. seine
Memoiren. Darin beschäftigte er sich vor allem mit seinem Solda-
tenleben, und doch hielt er auch jene Momente fest, wortkarg, wie

es sich für ein Soldatentagebuch geziemt. Sachlich schreibt der Kaiser in der dritten Person:

> Dann setzte er seine Reise nach Tordesillas fort, um die Hände seiner Mutter, der Königin, zu küssen ...[123]

Karl erinnert sich an diesen Besuch nicht als einen politischen Akt, sondern als ehrerbietige Geste eines Sohnes. Es wird nicht der einzige Besuch bleiben, den er seiner Mutter abstattet. Wir wissen von weiteren Besuchen, wie wir noch zeigen werden, aber dieser war der bewegendste.

Durch den flämischen Chronisten Laurent Vital wissen wir, was in den sieben Tagen geschah, in denen Karl und Eleonore bei ihrer Mutter Johanna und ihrer Schwester Katharina lebten. Und auch von der herausragenden Rolle, die Karls Günstling Chièvres dabei spielte.

Chièvres war der Erste, der der Königin seine Aufwartung machte. Er hatte den nicht zu unterschätzenden Vorteil, dass er in seiner Muttersprache sprechen konnte, weil Johanna das Französische perfekt beherrschte. Dadurch konnte er das Treffen leichter vorbereiten und musste sich nicht auf einen Dolmetscher stützen, zumal ein solcher in Tordesillas nur schwer zu finden gewesen sein dürfte.

Chièvres erzählte Johanna von ihren beiden älteren Kindern, die aus den Niederlanden gekommen waren, wie sehr diese wünschten, ihr ihre Aufwartung zu machen, und sie um ihre Erlaubnis dafür baten.

Damit stellte sich bereits das erste Problem: Würde sich die Königin an jene Kinder erinnern, die sie vor so vielen Jahren in Flandern zurückgelassen hatte? Außerdem hing viel davon ab, in welcher Gemütsverfassung sie sich befand.

Johanna zeigte sich von ihrer besten Seite, als hätten sich die schweren Depressionen, die sie so sehr quälten, in Luft aufgelöst. Sie ließ ihre Kinder hereinbitten, setzte sich über das königliche Protokoll hinweg und umarmte sie. Und Karl hielt seine erste Rede, seit er kastilischen Boden betreten hatte, gab seiner Freude Ausdruck, sie bei solch guter Gesundheit zu sehen, und beteuerte ihr, ein gehorsamer Sohn sein zu wollen.

Zwar gab es zu Beginn einen kurzen Augenblick der Verwirrung, denn Johanna konnte kaum glauben, dass ihre Kinder so groß geworden waren. Zweifelnd fragte sie:

Aber seid Ihr wirklich meine Kinder?

Doch nachdem sie sie einmal wiedererkannt hatte, sagte sie zu ihnen, sie sollten sich ausruhen, da sie von der Reise ermüdet sein müssten, so wie es jede Mutter in dieser Situation getan hätte.

Also blieb Chièvres allein mit der Königin zurück. Der geschickte Höfling nutzte die Gelegenheit, um Johanna die heikelste Frage zu stellen: Gott habe ihr so viele Reiche anvertraut, deren Regierung beschwerlich und schwierig sei, ob sie nicht ausruhen, alles in die Hände ihres Sohnes legen wolle, der dazu besser geeignet sei?

Die Königin – wenn wir dem Chronisten Glauben schenken dürfen – willigte gern ein, zumal sie gegen alle Dinge des Staates einen Widerwillen hegte.[124]

Dass sich die rechtmäßige Königin in das fügte, was bereits feststand, war für Karl äußerst wichtig, denn so konnte er mit gutem Gewissen den Thron besteigen, um das Land zu Lebzeiten seiner Mutter zu regieren.

Bald schon stellte sich ein weiteres Problem. Man konnte Katharina unmöglich in dieser Situation weiterleben lassen. Der Unterschied zwischen den beiden Geschwistern, die aus Flandern gekommen waren, und diesem zwölf Jahre alten Mädchen, das von allen vergessen in Tordesillas lebte, war herzzerreißend.

Wie der flämische Chronist berichtet, trug Katharina einen einfachen Wams und eine Lederjacke, die aussah wie eine Hirtenjacke, dazu hatte sie wie eine Bäuerin ein Kopftuch umgebunden. Zwei alte Hofdamen dienten ihr, denn die Königin wollte weiterhin keine jungen Frauen um sich haben. Und sie wohnte weiterhin in jenem kleinen Hinterzimmer, zu dem man nur durch das Schlafzimmer der Mutter gelangte. Auch sie war also eher eine arme Gefangene als

eine entzückende Prinzessin, die sich die Zeit damit vertrieb, durch
einen Mauerdurchbruch in ihrem Zimmer die Leute des Dorfes, besonders die Kinder, die draußen spielten, zu betrachten.

> Häufig spielten die Kinder auf ihre Bitte hin vor ihrem Fenster, denn Kin-
> der sehen anderen Kindern gern beim Spielen zu ... Und diese folgten ih-
> rer Bitte gern, denn die Infantin warf ihnen dann eine Silbermünze zu.[125]

Was für ein Szenario! Die Kinder von Tordesillas, wie sie vor dem
Fenster Katharinas spielen, um der Infantin von Kastilien etwas Zerstreuung zu bieten.

Noch eine Aufgabe musste Karl V. in Angriff nehmen: Er musste
für seinen Vater, Philipp den Schönen, einen Trauergottesdienst ab-
halten. Er fand am 10. November in der Kirche Santa Clara statt, am
Vorabend der Abreise aus Tordesillas.

Ritter des Ordens vom Goldenen Vlies umringten den Katafalk,
der in der Mitte des Gotteshauses aufgestellt war. Nicht nur das Gefolge Karls V. und der kastilische Adel waren anwesend, sondern
auch die einfachen Leute von Tordesillas.

Am nächsten Tag verabschiedeten sich Karl und Eleonore von ihrer Mutter. Sie wollten sich mit ihrem Bruder Ferdinand auf halbem
Weg nach Mojados treffen, um dann gemeinsam in Valladolid Einzug
zu halten. Unzählige Chroniken erzählen von diesem Großereignis.

Aber Karl V. ging seine kleine Schwester, die das Leben so
schlecht behandelt hatte, nicht mehr aus dem Kopf.

Er musste etwas tun, und zwar bald.

Die Art, wie er das Problem löste, hat etwas Romanhaftes: Er ließ
die kleine Katharina entführen — zumindest aus Sicht der Mutter muss
man von einer Entführung sprechen. Von außen wurde ein Loch in
die Mauer geschlagen, durch das man die Infantin nachts herausholen
konnte, ohne dass es die Mutter bemerkte, um sie an den Königshof
Karls zu schaffen, der sich zu der Zeit in Valladolid aufhielt.

Die Infantin stimmte zu, allerdings unter einer Bedingung: Wenn
die Verzweiflung ihrer Mutter zu groß wäre, würde sie zu ihr zurückkehren.

Und von nichts anderem berichten die Chronisten: Johanna war verzweifelt («Man hat mir meine Tochter geraubt!», rief sie immer wieder). Also kehrte Katharina nach Tordesillas zurück.[126]

Karl sorgte nun dafür, dass Katharina so behandelt und gekleidet wurde, wie es sich für eine spanische Infantin geziemte, ließ ihr ein eigenes Zimmer einrichten und befreite sie so aus der Gefangenschaft, zu der ihre eigene Mutter sie verurteilt hatte.

Johanna hatte ihre geliebte Tochter wieder bei sich, allerdings nur für einige weitere Jahre, genauer gesagt, bis zum Jahr 1525, als sie nach Verhandlungen mit Portugal in das Nachbarland aufbrach, um dessen Königin zu werden.

13. DER AUFSTAND DER COMUNEROS GEGEN KARL V.

Am 5. März 1518 traf Karl V. eine Entscheidung, die für das restliche Leben Johannas richtungweisend war: Er setzte den Marquis von Denia, Bernardo de Sandoval y Rojas, an die Spitze des Haushalts seiner Mutter. In seinen Augen war Sandoval y Rojas der beste Mann für diese schwierige Aufgabe, zum einen, weil dieser ihm treu ergeben war, zum anderen, weil er sich auf dessen Unbeugsamkeit verlassen konnte. Es war eine gute Wahl, um die Königin in Gewahrsam zu halten; für Johanna selbst aber war es eine schlechte Wahl, denn dieser strenge Mann tat nichts, um ihre quälenden Depressionen zu lindern.

Nach dem Besuch ihrer Kinder Karl und Eleonore und der Aufregung über das Verschwinden ihrer Tochter Katharina entbrannte in Johanna der Wunsch, wieder am aktiven Leben teilzunehmen:

> Die Königin, unsere Herrin,

teilte der Marquis von Denia Karl V. mit,

> spricht viel mit mir. Sie möchte nach draußen gehen, möchte, dass ich ihr dabei helfe ...[127]

Aber Denias Aufgabe war es nicht, die Königin dazu zu ermuntern, die Initiative zu ergreifen und wieder ein normales Leben zu führen. Ganz im Gegenteil:

> Immer wenn sie mit mir darüber gesprochen hat, habe ich ihr erwidert, es seien ungesunde Zeiten, daher dürfe Ihre Hoheit nicht hinaus, und wenn es an der Zeit sei, würde ich es Ihre Hoheit wissen lassen ...

«Es seien ungesunde Zeiten.» Offensichtlich schüchterte Denia die Königin mit der Geißel jener Zeit ein: der Pest.

Die Pest[128] hat nicht nur im Mittelalter gewütet, sondern auch im Zeitalter der Renaissance. Schon die ersten Anzeichen für die Krankheit versetzte die Menschen in Panik. Kein Wunder also, dass Denia dieses Argument verwendete, um Johanna in Schach zu halten:

> … es seien ungesunde Zeiten …

Dennoch versuchte die Königin weiterhin, ihr Leben selbst in die Hand zu nehmen. Sie befal dem Marquis, er solle die herausragendsten Mitglieder des Hochadels herbeirufen:

> Ihre Hoheit hat mir aufgetragen, einige Granden herbeizurufen …

Was hatte Johanna vor? Offenbar wollte sie sich der Granden bedienen, um ihre Freiheit wiederzuerlangen. Der Marquis selbst sah es so:

> … denn sie will sich über die Art und Weise beschweren, wie man sie hier hält, will, dass sie es wissen …

Der Marquis reagierte geschickt auf diese Entwicklung. Er appellierte an den Geist von Johannas Vater Ferdinand, tat so, als lebte er noch, denn er wusste ganz genau, dass Ferdinand zu den wenigen Menschen gehörte, die Johanna Respekt abnötigten:

> Und ich sagte zu Ihrer Hoheit, dass sich die Granden nicht darauf einlassen würden, weil der Katholische König selbst die Art und Weise angeordnet habe, wie man Ihre Hoheit hier behandle …

Aber Johanna ließ nicht locker, zeigte dabei eine solche Verstandesschärfe, dass sich bei Denia Zweifel regten, ob sie tatsächlich «wahnsinnig» war:

> Noch immer ist sie in der Lage, die Granden herbeizurufen und es mir in solch wohl gewählten Worten darzulegen, *dass mich schaudert, wie jemand in ihrem Zustand so sprechen kann* …

Und Denia erwähnt auch, dass ihn Schuldgefühle plagten. Doch dann versicherte er seinem Herrn, dass er natürlich weiterhin die Aufgabe erfüllen werde, die dieser ihm aufgetragen habe:

Johannas Wahnsinn wurde natürlich auch von der Historienmalerei des 19. Jahrhunderts aufgegriffen, wie dieses Gemälde von Lorenzo Vallés aus dem Jahr 1866 zeigt. Es hängt im Prado, Madrid.

> ... aber es ist nicht unsere Aufgabe, nicht die meine und nicht der Marqui-
> se, die eine oder andere Sache zu entschuldigen oder Abhilfe zu schaffen.
> Eure Hoheit sei versichert, dass mit Hilfe Unseres Herrn nichts geschehen
> wird, was nicht in Eurem Sinne ist ...[129]

Johanna durchlebte in ihrer leidvollen Gefangenschaft Momente der Verzweiflung, die sich in Wutanfällen gegen ihre Diener Bahn brach.[130] Oder aber sie umschmeichelte den Marquis von Denia, versuchte ihn mit ihren Reizen zu verführen, ihr Freiheit zu gewähren. Immerhin war sie eine junge Frau und die Königin, zwei Grün-de, weshalb ihr Wächter, der Marquis von Denia, immer wieder in Zweifel geriet:

> ... da kam Ihre Hoheit auf mich zu und sagte mir, sie sei nicht so ungehö-
> rig, mir Übles tun zu wollen, sie wolle mich wie einen Bruder behandeln,
> *sie wolle mit mir weggehen.*[131]

Fünf lange Stunden redete die Königin auf Denia ein, und es kamen merkwürdige Dinge zur Sprache, die er Karl nicht zu erzählen wagte. Und alles hat er handschriftlich niedergeschrieben «wegen der Art dieser Angelegenheit».

Was war es, das Denia dem König nicht zu erzählen wagte? Vielleicht, dass Johanna den königlichen Doppeltitel ablehnte. Darauf deutet eine Bemerkung hin, die sie gegenüber einem Palastdiener machte, der die Ankunft von Karl V. verkündete («die Ankunft des Königs»): Sie und nur sie allein sei die Königin von Kastilien, nicht ihr Sohn, der Prinz. Der Marquis schlug daher vor, eine List anzuwenden, um die Königin unter Druck zu setzen: Alles geschähe im Auftrag von Ferdinand dem Katholischen. Dass er dieses Täuschungsmanöver tatsächlich versuchte, geht aus seinem Bericht eindeutig hervor:

> Ich habe der Königin, unserer Herrin, gesagt, dass der König, mein Herr, ihr Vater, noch lebt; bei allem, was nicht auf die Zustimmung Ihrer Hoheit stößt, sagte ich, der König habe es angeordnet, denn aufgrund der Ehrerbietung, die sie ihm entgegenbringt, nimmt sie es besser auf, als sie es aufnähme, wenn sie wüsste, dass er tot ist ...[132]

Johanna allerdings konnte nicht begreifen, wie ein Vater seine Tochter gefangen halten konnte. Also drängte sie Denia, er solle doch an Ferdinand den Katholischen schreiben,

> ... denn sie erträgt das Leben, das sie führt, nicht, sie sei seit einiger Zeit hier eingesperrt, als Gefangene, und auch wenn sie als Tochter Ehrerbietung zeigen müsse, so müsse sie doch wenigstens besser behandelt werden, so müsse sie doch wenigstens ab und zu an einem Ort sein, wo sie von den Dingen erfahre ...

Wir dürfen vermuten, dass Johanna durchaus die Gelegenheit hatte, sich gegen ihre Situation aufzulehnen. Den Schlüssel hierfür bot ihr der Hochadel, und tatsächlich hatten, wenn wir ihr Glauben schenken dürfen, «zahlreiche Granden» sie dazu gedrängt.[133] Vielleicht war dies der Grund, warum Karl V. sie von allem isolierte. Denia sollte sich um die Gesundheit seiner Mutter kümmern, aber auf gar keinen Fall zulassen, dass sie den Palast verließ, und schon gar nicht, dass sie mit irgendeinem Mitglied des Hochadels sprach. Und alles,

was er über Johanna schrieb, musste mit einem Sonderboten ver-
schickt werden.

Die Isolierung Johannas in Tordesillas war von Ferdinand dem Katholischen in die Wege geleitet worden, und Karl V. hielt sie auf-
recht, offensichtlich aus Gründen der Staatsräson. Johanna hätte den
Palast nur verlassen dürfen, wenn tatsächlich die Pest ausbrechen
sollte, nur dann hätte sie an einen anderen, sichereren Ort gebracht
werden dürfen.

Lassen wir Karl V. selbst zu Wort kommen:

> Die Königin darf diese Stadt nur in der Not verlassen und nicht, solange
> dort, wenn Gott es will, Gesundheit herrscht; und da es keinen Ortswech-
> sel geben darf, und sei er noch so unbedeutend, weil dies unseren Interes-
> sen zuwiderliefe, soll sie für die ganze Zeit an diesem Ort verweilen, solan-
> ge sie nicht in Gefahr ist, und daher empfehle und befehle ich, dass diese
> Stadt bewacht werde; wenn jedoch die Notwendigkeit besteht und kein
> Mittel mehr fruchtet, dann sollt Ihr die Königin, meine Herrin, in das
> Kloster San Pablo de la Moraleja bringen …
>
> Und da verhandelt werden müsse, dass sie den Leichnam Philipps des
> Schönen wieder auszugraben wünschte, sollte sie wiederum getäuscht
> werden, sollte ein ähnlicher Sarg vorbereitet werden; er ordnete an, dass
> ein ähnlicher Sarg vorbereitet werde, man ihr sagen solle, er befinde sich
> darin und er sei so zu tragen, «als befände er sich tatsächlich darin».[134]

Alles deutete also darauf hin, dass sich unter Karl V. an Johannas Lage
in Tordesillas nichts ändern würde. Wie Ferdinand der Katholische
sorgte Karl V. dafür, dass seine Regentschaft nicht durch Verschwö-
rer gefährdet werden konnte, die sich der Königin bedienten und sie
für ihre Zwecke manipulierten.

Plötzlich aber überschlugen sich die Ereignisse in Kastilien und
boten Johanna eine letzte Gelegenheit, in Freiheit zu gelangen.

Es brodelte in Kastilien, und die Spannung brach sich schließlich
in dem Bahn, was wir als den Aufstand der Comuneros von Kastilien
kennen.

Der Aufstand der Comuneros. Mit diesem faszinierenden Thema
haben sich bereits die brillantesten Essayisten wie Azaña oder Mara-
ñón beschäftigt, die herausragendsten Historiker wie Maravall, Jo-

seph Pérez oder Gutiérrez Nieto, und auch ich selbst habe dieses Thema eingehend studiert.

Dank dieser Arbeiten verfügen wir über einen detaillierten Einblick in die Dokumente der Zeit, die in den großen Nationalarchiven verwahrt werden, insbesondere dem von Simancas. Vielleicht lohnt aber auch der Blick in die lokalen Archive der Städte, die am stärksten von dem Aufstand betroffen waren, jedenfalls habe ich mich nach Zamora aufgemacht, um die Dokumente zu überprüfen.[135]

Eines der entscheidenden Ereignisse des Aufstands war die Einnahme von Tordesillas, wo die Comuneros versuchten, Johanna für ihre Sache zu gewinnen. Bevor wir uns aber diesem Ereignis zuwenden, hier ein Überblick über die Grundzüge der Erhebung.

Erstens fällt die Wucht auf, mit der dieser Aufstand ausbrach, wie schnell er sich verbreitete und die Grundfesten jener stark hierarchisierten Gesellschaft ins Wanken brachte. Fast hat man den Eindruck, dass es sich um einen Vorläufer der Umwälzungen handelte, die zweieinhalb Jahrhunderte später, am Ende des 18. Jahrhunderts, ganz Europa erschütterten.

Und zweitens, wie schnell diese Rebellion wieder in sich zusammenbrach – es genügte bereits ein Scharmützel wie das bei Villalar; nur in Toledo gelang es den Comuneros zehn Monate lang, Widerstand zu leisten, aber schließlich mussten auch sie sich der Macht des Reiches beugen.

Und drittens fällt auf, dass die Krone und der Adel sich verbündeten, gegen die die Zeichen der Zeit zu stehen schienen.

Und viertens, dass der Aufstand als Erhebung der wichtigsten Städte und Gemeinden der kastilischen Hochebene begann, die sich auf die Konstitution beriefen und eine gewisse Xenophobie erkennen ließen. Es handelte sich um die Städte, die die Cortes von Kastilien kontrollierten. Sie fühlten sich von Karl V. an den Rand gedrängt und glaubten sich ihrer Rechte beraubt, weil dieser die Macht seinen flämischen Ministern übertragen hatte. Der Aufstand ging also von den Städten aus, doch bald schon gesellte sich ein ungewollter Verbündeter hinzu: Die ländliche Bevölkerung ließ sich von dem rebellischen

Geist anstecken und begehrte gegen ihre Herren auf. Wurde die Rebellion anfangs vom städtischen Bürgertum kontrolliert, setzten sich bald schon die unteren Schichten an deren Spitze. Aus der politischen Rebellion wurde ein sozialer Aufstand, der die Lage komplizierte.

Und fünftens, ein wichtiger Punkt: Der Erhebung fehlte ein richtiger Führer, der die militärische Leitung übernommen und die Revolution zum Erfolg geführt hätte.

Wir wollen diese Punkte nun genauer erläutern.

Warum war der Aufstand so heftig und breitete sich so schnell aus? Um mit einer Redewendung zu antworten: Das Fass war übergelaufen. Denn alles, was nach der Ankunft Karls V. in Kastilien geschehen war, erinnerte an die kurze Regierungszeit Philipps des Schönen vor elf Jahren: Die Macht lag in den Händen eines Ausländers, der nicht einmal Spanisch sprach, und dieser Ausländer ließ das Land von seinen flämischen Ratgebern regieren, die in das Land einfielen und alles als Beute zu betrachten schienen, und dies bei einer Nation, die stolz darauf war, eine wirkliche Weltmacht zu sein.

Mit anderen Worten: Die politische Krise, die mit dem Tod Isabellas der Katholischen begonnen hatte, schwelte immer noch, die schlechte Erinnerung an Philipp den Schönen wurde durch die Ankunft seines Sohns Karl erneut geweckt.

Dieser schlechte Eindruck, diese angespannte Atmosphäre, diese Angst vor einer Zukunft unter der Regierung eines ausländischen Prinzen und seiner flämischen Ratgeber verdichteten sich bald zu einer tiefen Abneigung, umso mehr, als Karl das Amt des Erzbischofs von Toledo, das bis zu seinem Tod im November 1517 der unvergessene Cisneros innegehabt hatte, an einen siebzehn Jahre alten Jüngling übertrug, dessen einzige Tugend darin bestand, dass er der Neffe des allmächtigen Chièvres war, des Günstlings Karls V.

Diese Abneigung wurde noch vertieft, als 1519 die Nachricht eintraf, dass Karl zum Kaiser gewählt worden war. Nun fürchtete man in Kastilien – und bald schon zeigte sich, dass diese Furcht begründet war –, dass der junge König als Kaiser die spanischen Interessen hintanstellen würde, dass die spanischen Gelder und Güter, insbesondere

die Kastiliens, bald von anderen Interessen aufgezehrt werden würden. Als Karl V. 1520, ohne die traditionelle Frist von drei Jahren abzuwarten, die Cortes in Kastilien einberief, um neue Gefälligkeiten
einzufordern – was nichts anderes bedeutete, als neue Steuern zu erheben –, Gefälligkeiten, mit denen er seine kostspielige Reise als
neuer Kaiser nach Deutschland finanzieren wollte, schlug der Miss-
mut in eine heftige Gegenwehr um, deren Zentrum die Cortes selbst
waren; und die Tatsache, dass diese gegen alle Tradition in Galizien
einberufen worden waren, erregte die Gemüter noch mehr.

Wir haben andernorts bereits ausführlich auf die Ergebnisse jener
Cortes von 1520 hingewiesen, auf die vielen aufeinander folgenden
Abstimmungen, mit denen die Krone die hartnäckige Weigerung der
Abgeordneten überwinden wollte.[136] Und als schließlich die Cortes
von Santiago nach La Coruña verlegt wurden und die königliche
Macht durch Druck auf die Abgeordneten eine knappe Mehrheit zu-
stande brachte, griff Kastilien zu den Waffen und erhob sich gegen
den Kaiser.

Den Anfang machte Toledo, die kastilische Stadt, die wahrscheinlich am meisten unter dem neuen König zu leiden hatte. Karl V. erreichte die Nachricht kurz vor seiner Einschiffung. Er zögerte, ob er
die Reise verschieben sollte, um erst die Rebellion niederzuschlagen,
oder ob er diese Aufgabe guten Gewissens seinem Großkanzler
überlassen konnte, der ihn während seiner Abwesenheit vertreten
sollte: Kardinal Adrian von Utrecht. Dessen Ernennung war ein weiterer Affront gewesen, denn sie war trotz des feierlichen Verspre-
chens erfolgt, keinem weiteren Ausländer ein wichtiges Amt zu
übertragen.

Der Aufstand von Toledo breitete sich bald auf die meisten kastilischen Städte der Meseta aus, vor allem nachdem das königliche Heer
Segovia bestrafen wollte und dafür die Artillerie von Medina del
Campo anforderte. Die Einwohner Medinas weigerten sich, ihre Ka-
nonen zu übergeben, mit denen ihre Landsleute in Segovia beschos-
sen werden sollten. Das königliche Heer reagierte prompt und
brannte die blühende Handelsstadt nieder.

Dieses Feuer löste einen Flächenbrand aus und verbreitete sich rasch über ganz Kastilien: Toledo und Madrid, Segovia und Ávila, Salamanca und Zamora, León und Toro, selbst Valladolid und Burgos erhoben sich gegen Karl und seine Minister.

Doch schon wurden die Schwächen der Erhebung nur allzu deutlich: Es fehlte an militärischen Mitteln, und die aufständischen Städte konnten lediglich schlecht bewaffnete Milizen in die Schlacht werfen, die zudem noch schlecht organisiert waren und über kein taktisches Verständnis verfügten. Ihre anfänglichen Erfolge verdankten sie dem Machtvakuum, das Karl V. mit seiner Abreise hinterlassen hatte. Diese Milizen konnten weder auf eine Kavallerie noch auf eine Artillerie zurückgreifen. Den Freiwilligen mangelte es an militärischer Disziplin, und so verließen sie ihre Reihen häufig nach Gutdünken. Am schlimmsten aber war, dass man sich keinen Schlachtplan zurechtgelegt hatte, außer dass man Tordesillas erobern wollte. Und selbst dieses Städtchen konnte man nicht halten, geschweige denn zurückerobern, als man es wieder verloren hatte.

Um des Problems Herr zu werden, bildeten die aufständischen Städte eine Junta Santa, aber auch diese Junta hatte keine klare Vorstellung davon, wie man militärisch vorgehen sollte. Erst übertrug man das Kommando Padilla, dann schwankte man und ersetzte ihn durch Girón, ein Mitglied des Hochadels, dessen Loyalität gegenüber der Junta mehr als zweifelhaft war.

Aber wir wollen nicht vorgreifen. Zunächst wollen wir uns dem Ereignis zuwenden, das für unsere Geschichte von Bedeutung ist: dem Einmarsch der Aufständischen in Tordesillas, wo die Anführer Padilla, Bravo und Maldonado Johanna ihre Aufwartung machten.

Gleich zu Beginn der Erhebung, nachdem man in Ávila die Heilige Junta gebildet hatte, richtete sich der Blick nach Tordesillas. Denn eines war klar: Dass man sich gegen Karl V. wehrte, bedeutete nicht, dass man die Monarchie abschaffen wollte – damals dachte niemand im Entferntesten daran. Vielmehr wollte man dem Bild des schlechten Prinzen das des guten Prinzen entgegenhalten. Und da der Infant Ferdinand Spanien bereits verlassen hatte – eine geschickte Maßnahme Karls –, blieb kein anderer Weg, als Johanna um Unterstützung zu bitten, deren Wahnsinn von vielen angezweifelt wurde. Sie war die rechtmäßige Königin, und sie wurde in Tordesillas gefangen gehalten. Johanna war in dem Machtkampf die entscheidende Figur, und daher war es nur folgerichtig, dass sich die Aufständischen nach Tordesillas begaben. Der rebellische Geist hatte sich bereits in ganz Kastilien ausgebreitet und längst auch dieses kleine Städtchen erfasst.

Daran ist nichts Überraschendes: Tordesillas liegt genau zwischen Toro und Valladolid, und in dem Gebiet längst des Duero befanden sich alle Städte, von Soria bis Zamora, im Aufstand. Es wäre verwunderlich gewesen, hätte ausgerechnet Tordesillas die Ausnahme gebildet. Am 24. August 1520, noch bevor die von Padilla angeführten aufständischen Milizen in die Stadt einrückten, hatten die Bewohner von Tordesillas zu den Waffen gegriffen und waren der Ankunft Padillas und seiner Männer um einige Tage zuvorgekommen.

Die Gemeinde von Tordesillas schickten einen Ausschuss zum Palast, der mit Johanna zu sprechen wünschte. Der Stadtrichter wurde vorgelassen. Die Königin hatte sich an die Namen mehrerer Ratgeber aus der Zeit ihres Vaters, Ferdinand des Katholischen, erinnert und willigte ein, sie zu empfangen. Unter ihnen befanden sich der Akademiker Polanco und ein ehemaliger Professor der Universität Salamanca, den sie gut kannte: Doktor Diego Ramírez de Villaescusa. Er war in der ersten Zeit als Gräfin von Flandern ihr Kaplan gewesen und hatte später für die Universität von Salamanca eine große Rolle gespielt und das Colegio Mayor de Cuenca begründet.

Diego Ramírez de Villaescusa hatte die Königin begleitet, als sie nach dem Tod Philipps des Schönen über die kastilische Hochebene irrte. 1514 aber hatte König Ferdinand ihn aus dem Gefolge Johannas entfernt, als er voller Argwohn bemerkt hatte, wie dieser auf seine Tochter immer größeren Einfluss gewonnen hatte. Immerhin hatte er ihm einen ehrenvollen Rückzug ermöglicht: Er hatte ihn zum Präsidenten des Obergerichts von Valladolid gemacht. Es handelte sich also um eine hochgestellte Persönlichkeit, die Johanna zu sich bitten ließ.

Alle Gespräche waren vergebens. Die Gesandtschaft des Stadtrates hatte auf eine Reaktion der Königin gehofft, die es erlauben würde, der nationalen Regierung Karls V. Paroli bieten zu können, aber es gelang ihnen nicht, Johanna aus ihrer Apathie zu reißen; sie blieb, was politische Dinge betraf, völlig desinteressiert.

Eine ähnliche Erfahrung machten die Anführer des Aufstands.

Am 29. August 1529 marschierte Padilla in Tordesillas ein. Begleitet wurde er von Juan Bravo, dem Anführer der Miliz aus Segovia, und von dem Madrilenen Francisco Zapata. Bald danach trat Padilla vor die Königin.

Juan de Padilla vor der Königin. Allen war bewusst, dass es sich um einen historischen Augenblick handelte. Padilla war nicht irgendein Meuterer. Er war ein bedeutendes Mitglied des Patriziertums von Toledo, und durch seine Ehe mit María Pacheco, der Tochter des Grafen von Tendilla, dem Oberbefehlshaber von Granada, war er auch mit dem kastilischen Hochadel verwandt. Die Königin empfing ihn gut gelaunt. Sie hörte sich die lange Rede des Aufständischen aus Toledo an, der ihr darlegte, in welch bedauerlichem Zustand sich das Reich durch die schlechte Regentschaft ihres Sohnes und seiner flämischen Minister befand. Padilla machte Johanna deutlich, dass die Heilige Junta, die sich in Ávila gebildet hatte, um das Reich zu retten, ihn zu ihr geschickt habe, um sie aus ihrer Gefangenschaft zu befreien und ihr wieder die Regierungsgewalt zu übertragen. Und nun warte man auf ihre Antwort, sei bereit, ihr zu gehorchen,

und wenn Eure Hoheit es wünschen, stehen wir Euch zu Diensten …

Es war ein bewegender Moment, politisch und historisch bedeutend. Die Revolution der Comuneros hatte den Thron erreicht.

Und auf diesem Thron saß eine Frau, die sich in die Enge getrieben fühlte. Kein Wunder, dass Johanna die Anführer der Comuneros mit Erleichterung begrüßte. Sie verhießen Freiheit, ein Ende ihrer grausamen Gefangenschaft. Nun hing alles von ihr ab, so wie damals,

als die Nachricht vom Tod ihres Vaters, Ferdinands des Katholischen, nach Tordesillas gedrungen war.

Nicht ganz. Denn nun schien es so, zum ersten Mal, als verlange ein großer Teil der Gesellschaft lautstark nach der Rückkehr der Königin, nach der Rückkehr zur Normalität, und biete ihr dafür alle Unterstützung an. Die Frage war nur, ob Johanna in der Lage war, all die Jahre ihrer Abkehr vom aktiven Leben zu überwinden. Ob es ihr gelingen würde, die Gespenster aus ihrer Seele zu vertreiben. Ob sie wieder ihre Stellung als Königin würde einnehmen können, als Herrin über Kastilien, ja ganz Spanien, denn immerhin war sie die Tochter der glorreichen Isabella der Katholischen und mithin die rechtmäßige Königin.

Die erste Antwort, die sie den Comuneros gab, schien zur Hoffnung zu berechtigen:

> Ja, ja, seid mir zu Diensten und berichtet mir alles und bestraft die Bösen, denn ich habe Euch wahrlich nötig.

Worauf Padilla entschlossen erwiderte:

> Es geschehe, wie Ihre Majestät befehlen.[137]

Die Königin hatte Befehle erteilt! Die Königin hatte das Vorgehen der Comuneros gut geheißen! Mehr noch: Sie hatte sie in ihre Dienste genommen.

Die Sache schien gewonnen. Wenn die Königin sie unterstützte, bestand kein Zweifel, wer die wahren Verteidiger des Reiches, seiner Gebräuche und Freiheiten waren und wer die Usurpatoren; wer die Loyalen und wer die Verräter waren; wer auf der legalen Seite stand und wer die Tyrannen waren. Die Comuneros konnten der Heiligen Junta glücklich Bericht erstatten:

> Wir glauben, dass wir eine gute Grundlage gelegt haben, um unsere Reiche friedlich, ruhig und gut zu regieren …

Angesichts dieser Umstände lag es nahe, die Junta nach Tordesillas zu verlegen, in die Nähe der Königin. Am 1. September folgte eine zweite Unterredung zwischen Padilla und Johanna. Padilla unterbreitete ihr genau diesen Vorschlag und erhielt ihre Zustimmung. Die Königin deutete sogar an, dass sie bereit wäre, die königliche Macht auszuüben, mit allen Konsequenzen:

> Kommt her, ich freue mich und habe mit euch zu bereden, was für meine Reiche gut ist.[138]

Es war ein mündlicher Befehl, was einiges zu bedeuten hatte angesichts der zahlreich anwesenden Zeugen. Aber würde er ausreichen, um die Macht im Land an sich zu reißen? Wäre es nicht besser, wenn die Königin alles niederschreiben ließe und ihre Unterschrift daruntersetzte? Es wäre dies ein entscheidender Schritt gewesen, auf dieser Grundlage hätte man die Konfrontation mit Karl V. und seinen Anhängern wagen können. Und daher bat Padilla, der sich der Bedeutung einer solchen Geste bewusst war, Johanna auch genau darum, ermuntert von dem, was er bis dahin erreicht hatte, im Vertrauen darauf, dass die Sache gewonnen war.

Es war vergeblich. Plötzlich schreckte Johanna vor der Verantwortung zurück, die auf sie zukam, und verfiel wieder in die alte Apathie. Sie erlaubte lediglich, dass ein Schreiber ihre Befehle schriftlich festhielt:

> Es solle ein Schreiber herbeigeholt werden, der festhalten und bezeugen solle, dass sie der Junta, die sich in Ávila befand, befahl, nach Tordesillas zu kommen.[139]

Die Heilige Junta gehorchte prompt und hielt am 20. September 1520 Einzug in Tordesillas.

Zweieinhalb Monate lang versuchte die aufständische Junta mit Hilfe Johannas das Reich zu regieren. Den verhassten Gefängniswärter, den Marquis von Denia, vertrieb man aus dem Palast.

Zweieinhalb Monate in Freiheit: ein zu kurzer Traum für ein so langes Leben.

14. ENDLICH FREI?

Das Eintreffen der aufständischen Milizen in Tordesillas, die Vertreibung des Marquis von Denia, des verhassten Gefängniswärters, die extremen Umbrüche in der politischen Landschaft Kastiliens: Das Leben von Königin Johanna würde sich, so schien es, endlich verändern.

Die Königin war frei. Sie war nicht mehr dem Ehrgeiz Philipps des Schönen ausgeliefert, der sie immer ins zweite Glied verbannt hatte, der seine Macht über sie stets ausgenutzt hatte, in der Politik wie im Bett – immer hatte Philipp seine Rechte auf Kosten seiner Frau erbarmungslos ausgenutzt. Verblasst war auch das Andenken an ihren Vater, Ferdinand den Katholischen, der sich nur der Staatsräson verpflichtet gefühlt und sich von seinem Wunsch, die politische Macht in Kastilien auszuüben, so sehr hatte hinreißen lassen, dass er nichts getan hatte, um seine Tochter aus der unwürdigen Lage zu befreien. Ganz im Gegenteil, der Stand der Dinge kam ihm – wie Johanna selbst bemerkt hatte – sehr zupass, denn er sicherte ihm seine politische Macht. Somit war Ferdinand hauptverantwortlich dafür, dass Johanna in Tordesillas ein Leben in Gefangenschaft fristen musste. Auch Karl, ihr Sohn, hatte nach seiner Thronbesteigung den Status quo so belassen und hielt sich zudem in weiter Ferne auf – etwa 350 Leguas, um einen Begriff von damals zu benutzen –, was eine Reisezeit von einem Monat bedeutete. Eine beträchtliche Distanz, durch die der neue Kaiser in Spanien wenige Einfluss ausüben konnte.

Außerdem war Karl Johannas Sohn, was ihr eine größere Geistesfreiheit ermöglichte als gegenüber ihrem Vater. Mit anderen Worten: Als die Comuneros den Palast der Königin betraten, schien ein Wind der Freiheit alle Zimmer, Höfe und Flure zu durchwehen.

Es stellte sich nun die entscheidende Frage: War Johanna von ihrem Leiden geheilt, einem Leiden, das so offen zu Tage getreten war? Die Älteren am Hof erinnerten sich noch gut an die Johanna, die mit sechzehn Jahren Spanien verlassen hatte, eine gebildete und schöne Prinzessin, die attraktivste Tochter der Katholischen Könige, diejenige, die aufgrund ihres Sprachtalents und ihrer Neigung zur Musik die humanistische Bildung am Hofe Isabellas am stärksten verinnerlicht hatte.

In den Niederlanden hatte Johanna dem emotionalen Druck nicht standgehalten. Abgeschnitten von allem, was sie in Spanien liebte, erschüttert von Eifersuchtsattacken, hervorgerufen durch die Frivolitäten Philipps des Schönen und seines Liebeshändels mit den Damen des flämischen Hofs, hatte die Prinzessin, die zu so viel Hoffnung Anlass geboten hatte, erste Zeichen einer emotionalen Labilität gezeigt: ihre unbeherrschten Wutanfällen gegen die flämischen Damen, ihr Aufbegehren gegen ihren Ehemann – Tage, in denen sie sich in ihrem Zimmer einschloss, Nächte, in denen sie sich nicht auskleidete und auch nicht schlief, Hungerstreiks – und vor allem die extreme Reaktion auf den Tod ihres Mannes.

Alle stellten sich also die Frage, ob sie zu einem geistigen Gleichgewicht gefunden hatte. Denn schon einmal hatte sich der Königin die Gelegenheit geboten, Kastilien zu regieren, nämlich im Herbst 1506, als Philipp der Schöne gerade gestorben war und sich der Katholische König auf dem Weg nach Neapel befand, doch sie hatte diese Gelegenheit nicht ergriffen, hatte sich geweigert, irgendeine Entscheidung zu treffen, solange ihr Vater nicht aus Italien zurückgekehrt war. Viele hofften darauf, dass der Grund für ihre Entscheidungsschwäche damals die tiefe Verzweiflung über den frühen Tod ihres Gatten gewesen war.

Nun stellte sich die Frage, mit welcher Johanna man es zu tun hatte: mit der viel versprechenden Prinzessin, die Spanien 1496 verlassen hatte, oder mit der untröstlichen Witwe, die nichts mehr von der Welt wissen wollte und überall nur noch Tod und Zerstörung sah. Niemand zweifelte daran, dass Johanna gemütskrank war – heute würden wir von einer exogenen Depression sprechen –, aber vielleicht konnte sie diese Krankheit besiegen. Immerhin hatte die Königin mit klarem Verstand auf das geantwortet, was man sie gefragt hatte, ohne eine Spur von Wahnsinn. Es bestand also Hoffnung, dass sie ihr Amt als Königin ausüben konnte, dass sie die Staatsgeschäfte in die Hand nehmen konnte, und sei es auch mit Einschränkungen. Denn niemand erwartete von ihr, dass sie dem Beispiel ihrer Mutter Isabella der Katholischen folgte, jener großen Königin. Aber es würde schon genügen, wenn sie bei ihren Ministern eine gute Wahl träfe, ihnen ihr Vertrauen schenkte und deren Entscheidungen absegnete.

Ein Text aus jener Zeit spiegelt die Erwartungen wider. Er stammt von Kardinal Adrian von Utrecht, jenem flämischen Prälaten, den Karl V. während seiner Abwesenheit an die Spitze der kastilischen Regierung gesetzt hatte. Das Dokument datiert vom 4. September 1520. Darin reagiert Adrian, der sich zu diesem Zeitpunkt in Valladolid aufhielt, auf die Ereignisse in Tordesillas, auf den Einzug der Comuneros, auf die Vertreibung des Marquis von Denia und die Befreiung Johannas. Er schreibt:

> Die Diener und Untertanen der Königin sagen öffentlich, dass der Vater und der Sohn sie in Tyrannenmanier eingesperrt hätten und sie nun wieder wie mit fünfzehn Jahren sei und durchaus fähig, das Land zu regieren wie seinerzeit Königin Isabella.[140]

Ein äußerst aufschlussreicher Text.

Angesichts dieser Umstände durfte man gespannt sein, wie sich Johanna auf der ersten Regierungssitzung der Heiligen Junta, die sich bereits in Tordesillas befand, verhalten würde.

Am 24. September 1520 hatte die Junta ihre erste Audienz bei der Königin. Anwesend waren die Abgeordneten der zwölf Städte und Gemeinden, die sich dem Aufstand der Comuneros angeschlossen hatten: Burgos, León, Valladolid, Soria, Segovia, Ávila, Salamanca, Toro, Madrid, Toledo, Guadalajara und Cuenca. Es fehlten nur die Abgeordneten von Zamora, dann wären alle Städte der beiden Mesetas vertreten gewesen. Und auch diese trafen später noch ein.

Wir wollen an der Versammlung teilnehmen. Wir wollen uns anhören, was einer der fähigsten Protagonisten zu sagen hat, Doktor Zúñiga, Professor an der Universität von Salamanca und zweifellos der eloquenteste Abgeordnete unter den Comuneros.

Gleich zu Beginn stellt Zúñiga klar: Johanna sei die rechtmäßige Königin, die Herrscherin über Kastilien, die jedoch ihre Macht nicht ausübe. Warum? Was war in Kastilien seit dem Tod von König Ferdinand geschehen? Das Land sei schlecht verwaltet, ja in den Ruin getrieben worden, mit dem Prinzen Karl seien Flamen eingefallen, die das Königtum ausbeuteten. Und seien jene tyrannischen Unterdrücker nicht die Gleichen, die schon einmal die Königin ihrer Rechte beraubt hätten?

Dies war der entscheidende Moment in Zúñigas Rede. Der Professor aus Salamanca versuchte Johanna anzuspornen, indem er sich direkt an sie wandte: Sie sei frei. Sie sei wieder die souveräne Königin, der alle folgen würden. Sie könne nun Befehle erteilen, ihr Reich regieren, nach Gutdünken bestimmen, denn alle würden ihr gehorchen. Kurzum, sie solle ihre Untertanen nicht im Stich lassen, denn diese seien bereit, falls nötig, für sie zu sterben, um sie zu verteidigen.

Dann ergriff Johanna das Wort. Zunächst entschuldigte sie sich für ihr Unvermögen. Seltsamerweise erwähnte sie kaum den Tod ihres geliebten Philipp. Stattdessen sprach sie umso ausgiebiger über ihren Vater, Ferdinand den Katholischen.

Aber lassen wir die Königin selbst zu Wort kommen, so, wie ein anwesender Notar es festgehalten hat. Es ist die einzige lange Rede, die wir von der Königin kennen, so dass es sich lohnt, sie hier wiederzugeben und zu kommentieren:

Nachdem Gott die Katholische Königin, meine Herrin, zu sich genommen hatte, gehorchte ich und folgte ich stets dem König, meinem Herrn, meinem Vater, weil er mein Vater war und der Mann der Königin, meiner Herrin; und ich habe ihn sorglos walten lassen, weil ich nicht dachte, dass irgendjemand etwas Böses im Schilde führen könnte. Und als ich dann erfuhr, dass Gott ihn zu sich genommen hat, hat es mir sehr Leid getan, und ich hätte es lieber nicht erfahren, ich wollte, er lebte noch, dass er dort, wo er ist, lebte, denn sein Leben war nötiger als das meine. Und als ich es dann erfuhr, hätte ich es gern früher erfahren, um alles wieder gutzumachen, was mir ...[141]

Und dann fügt die Königin hinzu:

Ich empfinde große Zuneigung zu allen Menschen und bedauere jeden Schaden und jedes Übel, das ihnen zugefügt wurde. Stets befand ich mich in schlechter Gesellschaft, stets hat man mir Unwahrheiten und Lügen erzählt und mir vieles verheimlicht, und gern wäre ich dort gewesen, wo ich von dem erfahren hätte, was mich anging, aber der König, mein Herr, hat mich hierhergebracht, und ich weiß nicht, ob er auf die gehört hat, die den Platz meiner Mutter, meiner Herrin, eingenommen hat, und ob ihn andere Gründe bewegten, jedenfalls konnte ich nichts tun. Und als ich von den Ausländern hörte, die nach Kastilien gekommen sind, um sich dort aufzuhalten, ist mir das sehr nahe gegangen. Zuerst dachte ich, dass diese Ausländer im Auftrag meiner Kinder gekommen sind, aber dem war nicht so. Es wundert mich, dass sich die Kastilier nicht eher gerächt haben. Ich selbst habe es nicht gewagt hervorzutreten, weil ich gefürchtet habe, die Ausländer könnten es meine Kinder entgelten lassen. Denn ich kann nicht glauben, dass es meine Kinder selbst waren, die Böses tun, auch wenn Ihr mir gesagt habt, dass es so sei. Schaut, ob es wirklich so ist, denn ich glaube nicht, dass eines von meinen Kindern mir Übles tun würde, auch wenn ich nur die zweite oder dritte Herrin bin, sollte ich nicht so behandelt werden, denn immerhin bin ich die Tochter eines Königs und einer Königin. Ich freue mich sehr, dass Ihr versucht, die Missstände zu beheben, denn wenn Ihr es nicht tätet, würde es auf Eurem Gewissen lasten. Und daher beauftrage ich Euch damit. Und was mich angeht, so werde ich Euch nach besten Kräften beistehen, an welchem Ort auch immer ich bin. Und wenn ich nicht so viel werde tun können, wie ich möchte, dann kommt das daher, dass ich meinem Herzen Ruhe verschaffen und mich über den Tod meines Herrn, des Königs, hinwegtrösten muss; solange ich aber dazu in der Lage bin, werde ich alles tun. Kommt aber nicht alle auf einmal her, benennt aus denen, die heute hier sind, vier weise Männer, damit sie mit mir reden und ich erfahre, was ich wissen muss, und ich werde ihnen zuhören und mit ihnen sprechen, und ich werde mich kundig machen, wann immer es notwendig ist, ich werde alles tun, was in meiner Macht steht.[142]

In dieser Rede zeigt sich uns Johanna unverstellt. Wir können besser verstehen, was sie quälte, ihre eigene Qual und die ihr auferlegte.

Offensichtlich wirft sie dem Vater vor, dass er sie in Tordesillas eingesperrt hat, wobei Johanna ihn damit entschuldigt, dass er dem
schlechten Einfluss ihrer Stiefmutter Germaine de Foix erlegen sei.
Ins Auge springt ebenfalls, dass sie sich schuldig fühlt, dass sie ihre
Pflichten als Königin nicht wahrgenommen und das Reich nicht regiert hat. Solange der König gelebt hatte, hatte sie sich von dieser
Pflicht befreit gefühlt, denn ihm schrieb sie eine größere Befähigung
in Staatsangelegenheiten zu. Daher beklagt sie sich auch darüber,
dass man ihr seinen Tod zu spät mitgeteilt hat.

> … hätte ich es gern früher erfahren, um alles wieder gutzumachen, was
> mir …

Als Königin hätte sie die Missstände in ihrem Reich beheben können.
Aber sie war hintergangen worden:

> Stets befand ich mich in schlechter Gesellschaft, stets hat man mir Unwahr-
> heiten und Lügen erzählt und mir vieles verheimlicht …

Johanna hätte gern früher vom Tod ihres Vaters erfahren. Dass sie darüber getäuscht wurde, wissen wir durch den Brief, den der Marquis
von Denia an Karl V. schrieb: Darin machte er Johanna glauben, dass
der Katholische König noch lebte. Und dann war da noch die für Johanna entscheidende Frage, warum ihr Vater sie in Tordesillas hat
einsperren lassen, denn niemand anderer als er war dafür verantwortlich. Eine schmerzliche Frage für Johanna, eine Frage, die sie
sich Tag und Nacht stellte. In ihrer Verzweiflung findet sie nur eine
Antwort, warum ihr Vater sie so grausam behandelt hat: Dahinter
musste ihre Stiefmutter Germaine de Foix stecken:

> und ich weiß nicht, ob er auf die gehört hat, die den Platz meiner Mutter,
> meiner Herrin, eingenommen hat, und ob ihn andere Gründe bewegten …

Damit war ihre Untätigkeit gerechtfertigt:

> … jedenfalls konnte ich nichts tun …

In ihrer Rede kommt Johanna auch auf eine der Ängste zu sprechen,
die Historiker gerne verschweigen: dass sie von ihren Kindern ge-

trennt war. So wahnsinnig konnte Johanna nicht sein, dass sie sich nicht an ihre vier kleinen Kinder erinnerte, die in Flandern geblieben waren, Eleonore, Karl, Isabella und Maria. Und jenen Ferdinand, der in Alcalá zur Welt gekommen war und der anfangs bei ihr gelebt hatte. Was Johanna in Bezug auf ihre Kinder schreibt, ist herzzerreißend. Ihre Untätigkeit erklärt sie damit, dass sie Angst davor hatte, dass die flämischen Minister ihren Kindern etwas antun könnten, die ihnen in den fernen Niederlanden und auch in Kastilien selbst ausgeliefert waren:

> Ich selbst habe es nicht gewagt hervorzutreten, weil ich gefürchtet habe, die Ausländer könnten es meine Kinder entgelten lassen.

Johannas Bemerkung legt den Verdacht nahe, dass man ihr damit gedroht hatte, ihren Kindern Schaden zuzufügen, sollte sie aus ihrer Gefangenschaft fliehen. Wir können es nicht mit Sicherheit sagen, aber es ist durchaus möglich, dass es so war. Jedenfalls steht außer Zweifel, dass es die Königin schier verrückt machte, ihre Kinder nicht um sich zu haben. Wir neigen dazu, Johanna nur als die Frau zu sehen, die über den Tod ihres Mannes in Verzweiflung geraten ist. Wir dürfen aber nicht die Mutter vergessen, die darunter litt, dass sie ihre Kinder nicht bei sich hatte. Dieser Kummer macht ihre Rede an die aufständische Junta so bewegend.

Auch die Bemerkung über Philipp den Schönen rührt uns, sie steht im Einklang mit dem Bild, das wir uns traditionellerweise von ihr machen, das Bild der Frau, die durch dieses Trauma aus dem seelischen Gleichgewicht geriet, so dass sie sich außerstande sah, Kastilien zu regieren:

> Und ich nicht so viel werde tun können, wie ich möchte, dann kommt das daher, *dass ich meinem Herzen Ruhe verschaffen und mich über den Tod meines Herrn, des Königs, hinwegtrösten muss* ...

War Germaine de Foix mit dafür verantwortlich, dass Johanna in Tordesillas gefangen gehalten wurde? Wie ich gestehen muss, war mir dieser Verdacht nie gekommen, bis ich die Rede Johannas las.

Wenn wir uns fragen, wer von ihrer Gefangenschaft profitierte (*Cui prodest!*), gewinnt die Anschuldigung Johannas Sinn.

Zweifellos profitierte Germaine de Foix von der Tatsache, dass Johanna aus dem Weg geräumt war. Wie stark ihr Einfluss auf Ferdinand den Katholischen war, lässt sich an dem letzten Brief ablesen, den dieser seinem Enkel Karl schickte. Darin bittet Ferdinand Karl darum, sie als Erbin der aragonesischen Krone einzusetzen, ja er fleht ihn an, Germaine nie zu vergessen, sie gütig zu behandeln, sich um sie zu kümmern. In diesem Brief, den wir im *Corpus documental de Carlos V* veröffentlicht haben, erwähnt er seine Tochter nicht mit einem Wort.[143]

Aber kehren wir zurück zu der Audienz, die Johanna der aufständischen Junta gewährte.

Wie Joseph Pérez darlegt, verweigerte Zúñiga dem Doppelkönigtum Johannas und Karls seine Zustimmung. Es durfte in Kastilien nicht zwei Könige geben. Wenn Johanna die Macht entschlossen ausübe, müsse Karl ins zweite Glied zurücktreten und den Platz einnehmen, der für ihn vorgesehen sei: den des Prinzen und Thronfolgers.[144]

Diese Konfrontation war für die aufständische Junta zu offen und zu radikal, sie gab ihre Befehle nach wie vor im Namen «der Königin und des Königs, unserer Herren ...»

> ... damit sie sich nicht mit ihrem Sohn überwerfe ...[145]

Dennoch stand die Frage im Raum, ob Johanna in der Lage sei, die Monarchie allein zu regieren.

Zweifellos hatte der siegreiche Einzug der Comuneros in Tordesillas eine sichtbare Veränderung der Königin bewirkt. Kardinal Adrian schreibt an Karl V.:

> ... vieles, was Ihre Hoheit spricht, zeugt davon, dass sie ganz bei Verstand ist ...

Aber das war nicht alles. Es gab auch andere Anzeichen dafür, dass sich Johannas Zustand gebessert hatte: Sie zog sich schicklicher an, sie wollte den Palast verlassen und zusammen mit ihrer Tochter Katharina das Kloster Santa Clara besuchen.[146]

Der Kardinal war nicht der Einzige, dem diese Veränderung auffiel. Auch der portugiesische Botschafter bemerkte es: Sie beantwortete die Fragen «kaum unangemessen», sie kleidete sich ziemlich, sie aß, und auch ihre Wohnstatt war «sauber und reinlich». So auffällig war diese Veränderung, dass der Botschafter bemerkt:

Für alle ist all dies so neu, dass es neuer nicht sein könnte ...[147]

Eine bemerkenswerte Veränderung, aber sie genügte nicht. Denn um einen wirklichen Wandel herbeizuführen, hätte sich Johanna entschließen müssen, das Land zu regieren oder wenigstens die Beschlüsse der aufständischen Junta mit ihrer Unterschrift zu ratifizieren. Doch niemand konnte sie dazu bewegen.

Johanna weigerte sich strikt, irgendein Dokument zu unterzeichnen. Damit war der Aufstand der Comuneros gescheitert. Da die Königin die Comuneros nicht in letzter Konsequenz unterstützte, fehlte ihnen die Legitimität. Sie hätten einen radikaleren Weg einschlagen können, aber sie taten es nicht. Sie drängten Johanna weiterhin, sie möge mit ihrer Unterschrift ihre Sache unterstützen, damit ihre Entscheidungen die nötige Legitimation bekamen, aber es gelang ihnen nicht.

Zu Recht bemerkt Joseph Pérez: «Ihre hartnäckige Weigerung rettete Karl V.»[148]

Was folgte, besitzt allenfalls anekdotischen Wert. Ein Plan sah vor, Johanna mit einem anderen gefangenen Mitglied einer Königsfamilie zu verheiraten, der sich zu jener Zeit in der Burg von Játiva der germanenfreundlichen Valencianer aufhielt: mit dem Herzog von Kalabrien. Der Plan scheiterte, weil der Herzog klug genug war, sich nicht von jenen Aufständischen befreien lassen zu wollen. Dafür wurde er später von Karl V. großzügig belohnt, der ihn nicht nur in Freiheit setzte, sondern ihn auch mit Germaine de Foix verheiratete und ihn damit zum Vizekönig von Valencia machte. Doch auch Johanna hätte dieser Heirat nicht zugestimmt. Auf das Drängen der Comuneros, sie solle doch endlich ihren Pflichten als Königin nachkommen, antwortete sie, das wolle sie auch, aber es sei noch zu früh dafür, es gehe ihr noch nicht gut genug:

> ... sie werde es tun, sobald sie gesund sei, denn im Augenblick sei sie noch zu schwach ...[149]

Um sich zu erholen, um jene «Schwäche» zu überwinden, brauchte die Königin mehr Zeit, Zeit, die sie nicht hatte. Denn als Tordesillas von den Anhängern Karls zurückerobert wurde, verfiel sie wieder in eine tiefe Depression.

Johanna war wieder gefangen, war wieder dem verhassten Marquis von Denia ausgeliefert. Die Phase der Freiheit hatte fünfundsiebzig Tage gedauert.

Zu kurz für die Königin, um wieder ganz gesund zu werden.

Wieder einmal war Johanna nicht genug Zeit vergönnt gewesen, um dem Abgrund ihrer Depression zu entkommen.

15. DIE ENDLOSE EINSAMKEIT

Es besteht kein Zweifel: Johannas Schicksal war eng mit der Sache der Comuneros verknüpft. Die Ereignisse in jenem Spätherbst 1520, als die ersten Kälteeinbrüche sich in der Meseta bemerkbar machten, sind daher von entscheidender Bedeutung.

Der erste Rückschlag war Johannas Haltung, ihre Zögerlichkeit in allen Entscheidungen. Sie scheute eine offene Rebellion gegen Karl und war nicht zum bewaffneten Kampf bereit. Aus noch nicht ganz geklärten Gründen setzte sie Juan Padilla als militärischen Anführer ab und übertrug das Kommando Pedro Girón, der als Sohn des Grafen von Urueña ein Mitglied des Hochadels war. Vielleicht war diese Entscheidung als Geste gegenüber den Granden Kastiliens gedacht, um der antiaristokratischen Bewegung die Kraft zu nehmen, die in jenem Sommer Altkastilien erschüttert hatte.

Girón stationierte zunächst seine Truppen in Villabrágima, einem Ort in der Nähe von Medina de Rioseco, der Stadt des Almirante, wo der kastilische Hochadel seine Kräfte zusammenzog. Ein Angriff auf die Stadt hätte Karls Partei den Todesstoß versetzen können. Aber Girón änderte plötzlich seine Pläne, zog in Richtung Villapando ab und entfernte sich damit von Tordesillas. Von Villabrágima aus wollte er die königlichen Streitkräfte ins Stocken bringen, machte ihnen jedoch andererseits den Weg frei, um Tordesillas zurückzuerobern, den Ort, an dem die Königin sich aufhielt.

Noch erstaunlicher war, dass Girón, als der Kampf um Tordesillas tobte, nichts unternahm, um der Stadt zu Hilfe zu eilen.

Nicht ohne Grund warf man Girón damals vor, ein Verräter zu sein. Ein Zeitzeuge, der Mönch Antonio de Guevara, erläutert uns die Gründe dafür: Während seines Aufenthalts in Villabrágima unterhielt Girón Kontakt mit dem Hochadel. Es gibt noch einen weiteren Hinweis darauf, das Girón die Sache der Comuneros verriet: Nachdem Karl V. den Aufstand niedergeschlagen hatte, bestrafte er die Anführer der Comuneros erbarmungslos, nur Pedro Girón kam ungeschoren davon.

Die aufständischen Milizen unter Pedro Girón brachen am 3. Dezember von Villabrágima aus auf. Am folgenden Tag verließen die Streitkräfte des Hochadels Medina de Rioseco in Richtung Tordesillas, das 44 Kilometer entfernt lag. Am 5. Dezember am frühen Morgen griffen sie die Stadt an.

In Tordesillas leistete eine kleine Einheit (etwa 500 Mann), darunter eine Kompanie, die Bischof Acuña unter dem weltlichen Klerus Zamoras rekrutiert hatte, leichten Widerstand. Doch schon gegen Nachmittag hatte das kaiserliche Heer die Situation im Griff und drohte den Hauptplatz einzunehmen. Nach dem endgültigen Sieg wurden alle Häuser geplündert, mit Ausnahme der Wohnstätte der Königin, der Kirchen und der Klöster.

Nach dem Fall Tordesillas nahm der Marquis von Denia sein Amt als Gefängniswärter wieder auf. Johanna von Kastilien war wieder eine Gefangene.

All dies geschah im Jahr 1520.

Obwohl diese Gefangenschaft so lange währte, obwohl Johanna häufig in tiefe Depressionen verfiel, sorgte ihre starke körperliche Konstitution dafür, dass sie Jahr um Jahr weiterlebte. Ihr Gefängniswärter, der Marquis von Denia, starb weit vor ihr und musste *volis nolis* seinem Sohn das Amt übertragen.

Jahr um Jahr, von 1520 bis 1555.

Johannas Gefangenschaft erstreckte sich über die gesamte Regentschaft Karls V. Es war kein Zufall, dass Karl V. in ihrem Todesjahr abdankte, es war, als hätte der Kaiser nur darauf gewartet, auf diese Weise die merkwürdige Situation, dass Mutter und Sohn dem Titel nach gemeinsam regierten, beenden zu können.

Jahr um Jahr, insgesamt fünfunddreißig an der Zahl, lebte Johanna in Gefangenschaft. Im Dezember 1520 war sie einundvierzig Jahre

Die Exekution der aufständischen Comuneros Padilla, Bravo und Maldonado auf der Plaza von Villalar. Ölgemälde von Anton Gisbert, Abgeordnetenkongress, Madrid.

alt, 1555 eine alte Frau von 75 Jahren, was für jene Zeiten ungewöhnlich war, denn kaum einem Herrscher jenes Jahrhunderts war ein solch hohes Alter vergönnt. Isabella die Katholische, ihre Mutter, war mit dreiundfünfzig gestorben; Ferdinand, ihr Vater, mit vierundsechzig; ihr Sohn, Karl V., starb mit achtundfünfzig; nur ihr Enkel, Philipp II., wurde einundsiebzig Jahre.

Johanna übertraf alle an physischer Robustheit. Aber um welchen Preis! Wie viel Leid, wie viel Bitternis! Jahr für Jahr, Tag für Tag, Stunde für Stunde. Denn eine Gefangenschaft rechnet sich nicht in Jahren, in der Gefangenschaft scheint jede Stunde endlos. Fünfunddreißig Jahre – elf Jahre hatte sie bereits zuvor ertragen müssen – bedeuten zwölftausendsechshundertfünfundsiebzig Tage, und rechnet man dies in Stunden um, kommt man auf etwa dreihundertsechzigtausend. Das ist, was tatsächlich zählt.

Als Johanna wieder in Gefangenschaft gesetzt wird, ist Hernán

Cortez gerade dabei, Mexiko zu erobern, und Magellan umsegelt den Erdball. Und Johanna ist immer noch eine Gefangene, als Pizarro das Reich der peruanischen Inkas erobert und die Spanier Lima, Santiago de Chile und Buenos Aires gründen, als die Schlacht von Pavia stattfindet, als Karl V. 1535 mit Cheir-ed-Din, genannt Barbarossa, um Tunis kämpft und 1547 bei Mühlberg die Lutheraner schlägt. Kurzum, als das spanische Imperium den Zenit seiner Macht erreicht. Währenddessen sitzt Johanna, die rechtmäßige Königin von Kastilien und Aragonien, in ihrem Palastgefängnis und beklagt sich ohne Unterlass über ihr bitteres Schicksal, über die schlechte Behandlung, die sie über sich ergehen lassen muss, über die Schikanen, mit denen sie der Marquis von Denia und all jene quälen, deren Aufgabe es ist, die Königin «in guter Obhut zu halten».

In dem Palastgefängnis spielte sich Tag für Tag ein Zweikampf zwischen der Königin und ihrem Gefängniswärter ab: Johanna wollte ihr Zimmer verlassen, und sei es nur, um auf den Gang mit dem Blick über den Fluss zu treten, und der Marquis sorgte dafür, dass sie in ihren Gemächern blieb, oder wenn dies nicht möglich war, wenn sie dagegen aufbegehrte, sperrte er sie ein in ihrem Zimmer, «in dem es keine Öffnung gab», so dass sie mit niemandem in Kontakt treten konnte. Aber selbst in diesem eintönigen Leben mit seinem alltäglichen Kampf gab es Abwechslungen und Veränderung.

Da war erstens der ersehnte Besuch, den ihr Karl und Kaiserin Isabella und ihre Enkel Philipp, Maria, Johanna und Maximilian abstatteten.

Und zweitens ein trauriges Ereignis: 1525 verließ ihre geliebte Tochter Katharina Tordesillas, um Königin von Portugal zu werden.

Und drittens die alarmierende Nachricht – für Johanna barg sie eher eine gewisse Hoffnung –, dass die Gegend «geschädigt sei», dass Fälle von Pest aufgetreten seien und man daher überlegen müsse, Tordesillas zu verlassen und einen sichereren Ort aufzusuchen.

Und schließlich war da noch die Gleichgültigkeit in religiösen Dingen, die die Königin immer wieder unter Beweis stellte. Sie rief ihre Wärter und sogar den Hof selbst auf den Plan, die in Sorge darü-

ber waren, ob Johanna die Grenze zur Ketzerei nicht bereits überschritten hatte. Allerdings konnte man einer Frau, der man nicht genug Verstand zubilligte, um das Land zu regieren, schwerlich
vorwerfen, dass sie sich in religiösen Dingen nachlässig zeigte.

Entscheidend jedoch war in jener Zeit die Haltung, die Karl V.
nach dem Aufstand der Comuneros gegenüber seiner Mutter an den
Tag legte.

Karl V. hatte es als Verletzung seiner königlichen Würde empfun-
den, dass die Comuneros Tordesillas erobert hatten, wie diese die
Königin bedrängt hatten, nicht immer mit dem nötigen Respekt,
wenn wir Zeitzeugen glauben dürfen. Da waren die Reden des Doktor Zúñiga, der klar unterschieden hatte zwischen Johanna, «der Königin», und Karl, «ihrem Sohn, dem Prinzen». Er hatte also dem Kaiser die königliche Würde abgesprochen und außerdem Johanna
bedrängt, die Papiere der rebellischen Comuneros zu unterzeichnen.
Der Konnetabel von Kastilien schrieb dazu am 29. Oktober 1520 aus
Briviesca an den Kaiser:

> Ihre Majestät haben Recht, wenn Ihr alle bestraft, die an diesen Ereignissen
> beteiligt waren, vor allem was Ihre Mutter, die Königin, meine Herrin,
> angeht, die sich als die Königin, die sie ist, unter Soldaten und Barbaren be-
> findet, die sie nicht kennt und noch nie gesehen hat und die jeden Tag mit
> langen Flinten aufmarschieren und sie überreden wollen, Papiere zu unter-
> schreiben …[150]

Der Zorn des Kaisers konnte sich schlecht gegen die eigene Mutter
richten. Sie hatte verkündet, dass «niemand sie gegen ihren Sohn auf-
hetzen könne». Aber in Tordesillas gab es ja noch eine andere wichtige Person, die der Bannstrahl des Kaisers treffen konnte: seine
Schwester Katharina. Die Infantin war dreizehn, als die Comuneros
in Tordesillas eindrangen, ein Alter, in dem man damals als fast er-
wachsen galt. Und tatsächlich war Katharina für viele zu der Zeit
kein Kind mehr, sondern bereits eine Frau, die für ihre Taten verantwortlich gemacht werden konnte. Die Comuneros selbst hatten es
ähnlich gesehen, hatten versucht, sie für ihre Sache zu gewinnen, und
sie hatte sich angehört, was diese zu sagen hatten, vielleicht zu wohl-

gefällig angehört, vor allem, als sie erfahren hatte, dass ihre Mutter die wahre Königin von Kastilien sei. Dies gelangte schließlich auch Karl V. zu Ohren. Der Marquis von Denia hatte, nachdem er von Karl erneut zum Wärter Johannas bestimmt worden war, an Selbstbewusstsein gewonnen und wurde nicht müde, immer wieder anzudeuten, dass die Infantin sich sehr verdächtig benommen und sie daher eine harte Strafe verdient habe, um ihren Willen zu brechen:

> ... und alle, die Euch gute Diener waren, sollten gut behandelt werden, und alle, die es nicht waren, sollten Eurer Gnade verlustig gehen ...[151]

Auch Kardinal Adrian, wahrscheinlich verleitet durch die Anschuldigungen Denias, teilte dem Kaiser mit:

> ... die Mitglieder der Junta haben der Infantin mehr Freiheiten gestattet, als ihr von Rechts wegen zustehen ...[152]

Auf diese Hinweise hin griff Karl V. zu harten Maßnahmen und bestrafte seine Schwester Katharina, die sich zu Recht – und diesen Mut muss man erst einmal aufbringen – beschwerte:

> Ich weiß, dass Eure Majestät geschrieben habt, ich hätte Euch in der Zeit, als die Junta in Tordesillas war, schlecht gedient, und Eure Majestät schrieb es mit einer Härte, die ich nicht verdient habe ...[153]

Die Infantin ließ sich nicht einschüchtern und sandte eine bemerkenswerte Bittschrift an den Kaiser, die ein Licht wirft auf das, was im Palast von Tordesillas vor sich ging, in dem der Marquis von Denia wieder das Kommando führte.

Die Infantin appelliert darin an das Herz ihres Bruders:

> Ohne Grund werde ich schlecht behandelt.

Katharina schickte diese Bittschrift durch einen Boten ihres Vertrauens, dessen Namen wir nicht kennen. Das Schreiben datiert vom 19. August 1521, als Denia seine Aufgaben bereits seit Monaten wieder übernommen hatte.

> Ich flehe Eure Majestät an, dass Ihr mir um Gottes Willen Glauben schenkt und so schnell wie möglich Unterstützung schickt, denn Ihr dürft nicht vergessen, dass die Königin, meine Herrin, und ich nur Euch haben.[154]

Zu Beginn weist sie Karl darauf hin, dass sie in ihren anderen Briefen nicht die Wahrheit geschrieben habe, denn sie seien von dem Marquis und seiner Frau diktiert gewesen («Ich habe an Eure Majestät einige Briefe geschrieben, die alle nur das enthielten, was der Marquis und die Marquise wollten, denn etwas anderes ließen sie nicht zu»). Dann weist sie die schwere Anschuldigung, die der Kaiser gegen sie erhoben hat, dass sie sich ihm gegenüber illoyal verhalten habe, strikt zurück.

Tatsächlich hatte die Infantin nichts weiter getan, als die aufständische Junta darum zu bitten, den Marquis und seine Frau nicht zu vertreiben,

> ... ich tat, was ich konnte, als hinge mein Leben davon ab ...

Außerdem hatte sie einen Brief unterschrieben, als Padilla von der Junta abgesetzt worden war, in dem sie darum bat, dass er zurückkommen solle («sie legten mir einen Brief vor, den ich unterschrieb»), in gutem Glauben, weil ihr gesagt worden war, dass dies für die Königin gut sei. Mehr war nicht passiert.

Der Marquis und seine Frau verhielten sich hingegen ganz offensichtlich unverzeihlich. Karl V. war allerdings vorgewarnt. Lope de Hurtado hatte im Dezember 1520 geschrieben:

> Der Marquis von Denia ist hierher zurückgekehrt und legt mehr Eifer an den Tag, als gut ist ...

Es sei daher angeraten, dass der Marquis sein Verhalten gegenüber der Königin und der Infantin ändere, der Kaiser solle es ihm befehlen:

> Eure Majestät sollte ihm raten, sich zu mäßigen und darauf bedacht zu sein, die Diener der Königin, unsere Herrin, und ebenfalls die Señora Infantin und die Marquise besser zu behandeln als bisher, denn er habe sie, wie es heißt, schlecht behandelt, und nach seiner Rückkehr der Königin und der Infantin das Herz schwer gemacht ...

Und er endet:

> ... es heißt, der Marquis sei fest entschlossen, alles wieder wie bisher zu halten, und angesichts seines Eifers und des Unwillens, mit dem man ihn hier empfängt, glaube ich, dass dies nicht gut wäre.[155]

Die Infantin Katharina beklagt sich also darüber, dass sie schlecht behandelt werde, dass man ihr den gewohnten Umgang verbiete, sowohl mit den Dienern des Palastes als auch mit den Leuten des Städtchens, die sie sonst besuchen kamen oder ihr schrieben. Die Marquise hatte sich darüber empört, dass Katharina der Frau des Almirante geantwortet hatte. Unverblümt schreibt Katharina an Karl:

> … sie will mir die Augen auskratzen …

Katharina wurde öffentlich gedemütigt, indem man ihr den Rang verweigerte, der ihr zustand. Und dies verletzte die Tochter, die Enkelin der Katholischen Könige und die Schwester des Kaisers, in ihrer Würde. Es lag nun in der Hand des Kaisers, diesen Zustand zu ändern, er musste es nur befehlen:

> Ich bitte Eure Majestät darum, dass Ihr ihnen schreibt und den Befehl erteilt, mich anders zu behandeln, damit in der Öffentlichkeit zwischen mir und ihren Töchtern ein Unterschied sei.

Der Marquis und seine Frau versuchten sogar, Katharinas Beichtvater auszutauschen, Pater Guardián, weil ihnen der Einfluss nicht behagte, den er auf die Infantin ausübte. Die Infantin musste ihren Bruder daran erinnern, dass Ferdinand der Katholische höchstselbst diesen Beichtvater bestimmt hatte.

Es gab noch weiteren Grund zur Klage. Wenn wir der Infantin glauben dürfen, raubte ihr die Marquise Kleidung und Schmuck:

> … sie nehmen mir alles weg und geben es aus und schmelzen es ein, ich selbst habe nichts mehr …

Die Marquise zwang die Infantin, den Kaiser um Kleidung und Schmuck zu bitten, die sie dann nie zu Gesicht bekam. Das Schlimmste jedoch war die Art und Weise, wie sie die Königin behandelten. Wie die Infantin pathetisch klagt:

> Eure Majestät, sorgt um Gottes Willen dafür, dass man es der Königin, meiner Herrin, nicht verbiete, wenn sie auf den Gang treten will, der zum Fluß hin liegt, oder den, der mit Matten ausgelegt ist, oder wenn sie den Saal aufsuchen will, um sich zu erholen, und dass weder die Töchter noch

die Diener der Marquise noch sonstwer vor Ihrer Hoheit hergehen, wenn sie mein Zimmer betritt, sondern die Menschen, die ihr sonst zu Diensten sind; denn hinter dem Rücken der Königin befehlen die Marquise und ihre Töchter den Frauen, dass sie die Königin nicht in den Saal oder auf die Flure lassen, *und sie sperren sie in ihrem Zimmer ein, wo es lediglich Kerzenlicht gibt ...*[156]

Dass der Marquis und seine Frau dieses Verhalten an den Tag legten, darüber besteht kein Zweifel, denn der Marquis von Denia selbst gestand es dem Kaiser ein mit der Begründung, dass es gefährlich sei, Johanna auf die Flure mit Blick auf den Fluss zu lassen, weil sie dann um Hilfe schreie und einen großen Aufruhr verursache:

> ... häufig geht sie auf den Flur, der zum Fluss geht, und ruft Leute herbei, die wiederum andere Leute herbeirufen sollen ...

Und nicht nur die Leute. Die Königin rief auch die Kommandanten der Wache herbei, damit sie alle töteten, die ihr missfielen. Ein ziemlich harter Vorwurf:

> ... dann rufen sie die Leute und Kommandanten herbei, die in der Nähe sind, damit sie die einen oder die anderen töten. Solange also Ihre Hoheit sich in diesem Zustand befindet, Eure Majestät, liegt es auf der Hand, was in Eurem Interesse ist und was wir, die wir hier sind, durchzustehen haben ...

Der Marquis ging sehr geschickt vor. Er verschwieg nicht die Unstimmigkeiten, die zwischen ihm und seiner Frau und der Infantin bestanden, und er griff Katharina auch nicht frontal an; dies wäre zu gefährlich, denn schließlich war sie die Schwester des Kaisers:

> Ich habe erfahren, dass Ihre Majestät geschrieben haben, dass die Marquise und ich Ihrer Hoheit keine guten Diener seien und sie nicht mit dem Respekt behandelten, den wir ihr schuldig sind, und dass es an uns liege, die wir willens und verpflichtet sind, Euch zu dienen und ebenso der Tochter und der Enkelin ihrer Eltern und Großeltern, und da sie die Schwester Eurer Majestät ist ...

Der Marquis zeigte ganz offen, dass er am Hof des Kaisers Vertrauensleute hatte und über die Klagen der Infantin unterrichtet war. Er war scharfsinnig genug, nicht abzustreiten, dass es diese Klagen gab;

er wies lediglich darauf hin, dass die Infantin aufgrund ihres jugendlichen Alters nicht verstehen könne, dass alles im Interesse des Kaisers geschehe:

> ... wenn etwas nicht oder nicht mehr zur Zufriedenheit Ihrer Hoheit ist, dann nur, um Eurer Majestät und Ihrer Hoheit zu dienen, und ich hoffe, dass Ihre Hoheit, wenn sie einmal älter ist, erkennen wird ...[157]

Der Marquis von Denia spekulierte darauf, dass man eher ihm Glauben schenken würde als dem kleinen Mädchen, das sich gegenüber den Comuneros so unklug verhalten hatte. In dieser verzwickten Lage kam der Infantin Kardinal Adrian zu Hilfe, der sie nach einer gewissenhaften Untersuchung von jeder Schuld freisprach:

> Ich war selbst in Tordesillas, um herauszufinden, ob es Grund für die Klagen gibt, und um die Wahrheit zu entdecken. Wie ich meine, war sie in allem sehr vernünftig, und sie hielt sich, so gut es ging, zurück, über die zu sprechen, die Eurer Majestät schlecht zu Diensten sind; so teilte ich es natürlich auch Ihrer Hoheit mit, und ich bitte Euch, dass Ihr in allem und in dem, was die Señora Infantin betrifft, volle Unterstützung in ihrem Sinne gewährt, so wie es richtig ist und sich geziemt.[158]

Nachdem die Reputation der Infantin wiederhergestellt war, blieb die Frage, was von den Aussagen des Marquis von Denia zu halten war: Dass er alles im Dienste des Königs tue, dass alles aus Gründen der Staatsräson geschehe, dass also die Klagen der Infantin Katharina weder Hand noch Fuß hätten.

Alle Zeugenaussagen, alle Indizien, alle Beweise, über die wir heute verfügen, deuten darauf hin, dass der Marquis und seine Frau auf schändliche Weise ihre Machtstellung missbrauchten, dass sie die unglückliche Königin und die wehrlose Infantin schlecht behandelten. Katharina entkam dieser Hölle schließlich – ebenfalls aus Gründen der Staatsräson –, als ihr Bruder den Heiratsvertrag mit dem portugiesischen König Johannes III. abschloss; es war ein Doppelabkommen, denn Karl V. heiratete gleichzeitig Prinzessin Isabella, die Schwester von Johannes III. Johanna von Kastilien jedoch blieb weiterhin dem Marquis von Denia und seiner Frau ausgeliefert, als Gefangene in Tordesillas.

Welche Verantwortung trägt Karl V. bei alldem? Wie kann es sein, dass jemand, der in allen seinen politischen Aktivitäten ein solches Verantwortungsgefühl an den Tag legte, seine Mutter solch zweifelhaften Machenschaften auslieferte? Noch heute kann ich mir diese Frage nicht beantworten. Meine Studien haben mir gezeigt, wie verantwortungsbewusst der Kaiser seine Völker regierte, wie korrekt er mit seinen Verbündeten, ja selbst mit seinen Feinden verfuhr. Nur ein Beispiel: Nachdem er mit den Türken einen Waffenstillstand vereinbart hatte, bat er seinen Sohn darum, diesen nicht zu brechen,

> ... denn es ist nur recht, dass Ihr versucht, was ich versucht habe, nämlich alle Menschen lauter zu behandeln, seien sie Gläubige oder Ungläubige, denn so geziemt es sich für einen Herrscher und für alle guten Menschen ...[159]

Stets hatte ich in Karl V. den Ritter des Ordens vom Goldenen Vlies gesehen, den christlichen Prinzen, den gerechten Kaiser der Christenheit. Wie nur konnte er seine eigene Mutter vergessen? Gibt es irgendeine Rechtfertigung für sein Verhalten? Er habe sich der Staatsräson gebeugt, heißt es oft. Nicht er habe Johanna von Kastilien in Tordesillas weggesperrt, sondern sein Großvater, mit der Begründung, sie sei wahnsinnig und müsse «in gute Obhut genommen» werden, niemand dürfe Zugang zu ihr haben, denn sonst sei der Friede im Land in Gefahr. Und tatsächlich hatte Karl genau diese Erfahrung gemacht, als die aufständischen Comuneros Johanna für ihre Sache hatten gewinnen wollen.

Als Karl V. nach Spanien kam, hatte Johanna bereits acht Jahre in Gefangenschaft verbracht. Der Kaiser eilte sofort zu ihr, wie wir gezeigt haben, und setzte mit dem Marquis von Denia einen Adligen seines Vertrauens an die Spitze des Hofs. All dies scheint vernünftig zu sein. Und trotzdem stellen sich viele Fragen: Hat Karl eine weise Wahl getroffen? Hat Karl dem Marquis zu viele Befugnisse erteilt? Hat er ihn genügend kontrolliert?

Karl V. erwähnt in seinen *Memoiren* drei Besuche bei seiner Mutter: 1517, 1522 und 1537. Angesichts der Pflichten, die er seiner Mutter gegenüber hatte, will dies wenig erscheinen. Aber erinnert er sich auch an alle Besuche? Dank der wertvollen Forschungsarbeit des verdienten Historikers und Spezialisten dieser Epoche, Manuel Foronda y Aguilera, dem Verfasser des bemerkenswerten Buches *Estancias y viajes del emperador Carlos V.*,[160] wissen wir heute mehr.

Nachweislich war Karl V. mindestens zwölfmal in Tordesillas. Damit verändert sich das Bild, das wir bisher von dem Kaiser hatten. Zum ersten Mal besuchte er seine Mutter zusammen mit seiner Schwester am 4. November 1517 und blieb eine Woche. Zwei Monate später, am 16. Januar 1518, besuchte er sie erneut, hielt sich aber lediglich drei Tage in Tordesillas auf. Im März 1520 aber, bevor er nach Deutschland aufbrach, um sich dort zum Kaiser krönen zu lassen, reiste Karl erneut in das Städtchen am Duero, um seiner Mutter die Ehre zu erweisen, und blieb sieben Tage. Nachdem er Kastilien nach dem Aufstand der Comuneros befriedet hatte, eilte er ebenfalls sofort zu Johanna, und zwar am 2. September 1522. Im Jahr darauf erfolgten nicht weniger als drei Besuche: am 9. Mai 1523 reiste er von Valladolid an und blieb sechs Tage. Im folgenden Monat, am 13. Juni, legte er nur einen Zwischenaufenthalt ein, speiste und nächtigte aber in Tordesillas; bereits am 17. kehrte er zurück und blieb vier Tage.

Aber erst 1524 machte sich Karl V. tatsächlich daran, die Probleme in Tordesillas zu lösen. Er verlegte seinen Hof für einen Monat in die kleine Stadt, vom 3. Oktober bis zum 5. November. Diesmal ließ er sich Zeit, seine Schwester Katharina, die inzwischen zu einer Frau von sechzehn Jahren herangereift war, wirklich kennen zu lernen. Dann entschied er, dass Katharina sein Vertrauen verdiente, und er machte sie zur Königin von Portugal.

Danach vergingen zehn Jahre, bis der Kaiser wieder nach Tordesillas zurückkehrte. Zweifellos war Karl davon überzeugt, dass dort alles seinen geregelten Gang ging und er sich vollständig seinen pri-

Karl V. auf dem Gipfel der Macht, nachdem er 1532 die Türken bei Wien zurückgeschlagen hatte. Bei seiner Rückkehr nach Spanien besuchte er seine Mutter, die sich damals in Mojados aufhielt. Ölgemälde von Tizian, Museo del Prado, Madrid.

vaten Plänen und der internationalen Politik widmen konnte. Hierzu einige Daten und Ereignisse: 1525 die Schlacht von Pavia; 1526 die Heirat mit Isabella von Portugal; 1527 der Sacco di Roma und die Geburt von Prinz Philipp; 1528 die Belagerung Neapels durch die Franzosen und die Befreiung der Stadt; 1529 der «Damenfriede» und die erste Reise nach Italien; 1530 die Kaiserkrönung in Bologna; 1531 der Tod Margaretes von Savoyen, der Tante Karls V., und – in Anwesenheit des Königs – die Neuorganisation der Regierung in den Niederlanden; 1532 die Vertreibung der Türken und Karls Einzug in Wien. Als der Kaiser 1534 schließlich nach Spanien zurückkehrte, um Altkastilien zu bereisen, vergaß er wiederum nicht, seine Mutter in Mojados zu besuchen, wohin der Hof sich vor der Pest geflüchtet hatte.[161]

Und schließlich kam es zu einem denkwürdigen Ereignis: Als Karl V. seiner Frau Isabella ankündigte, dass er 1536 endlich nach Spanien zurückkehren könne, bat er sie darum, in Tordesillas auf ihn zu warten, «bei der Königin, seiner Mutter».[162] Der Kaiser selbst traf am 19. Dezember 1536 dort ein und blieb mit seiner Frau und seinen Kindern bis zum 28. Dezember. Karl V. verbrachte nach langer Abwesenheit Weihnachten mit seiner Mutter und seiner Familie.

Wir wollen dieses Weihnachten 1536 näher betrachten, an dem Johanna im Kreis der kaiserlichen Familie von ihrer Einsamkeit erlöst wurde. Nachdem der Kaiser seine Frau und die drei Kinder, Philipp, Maria und Johanna, nach Tordesillas beordert hatte, trafen, sehr zum Erstaunen der Königin, nach und nach Vertreter des Hofs ein. Johanna sah plötzlich Reiter in die Stadt einziehen, das Kommen und Gehen von Würdenträgern, alles war Bewegung, Lärm, Tumult. Vorbei war es mit der Ruhe und Stille ihrer Gefangenschaft.

Da es sich um ein bedeutendes höfisches Ereignis handelte, wurde alles genauestens von den Chronisten festgehalten. Vor allem Pedro Girón führt uns, in der Art einer Zeitungsreportage, in das Palastgebäude der Königin ein: Der Kaiser wird für den 19. Dezember erwartet, der ganze Hof harrt seiner Ankunft, allerdings im Palast, geschützt vor der Kälte, die den harten Winter der Meseta ankündigt.

Plötzlich, zur Überraschung aller, ertönt Pferdegalopp. Es ist der Kaiser höchstpersönlich in Begleitung seiner Getreuen.

Unter den Höflingen entsteht Aufruhr, alle eilen die Treppen hinab, wollen die Ersten sein, die dem Eroberer von Tunis die Ehre erweisen, dem Soldaten von Afrika, dem neuen *Carolus Africanus*, wie der Kaiser nun genannt wird, als wäre er ein Held der Antike.

Der Chronist schildert uns diese Szene:

> Und als es hieß, Ihre Majestät sei eingetroffen, stürzten alle in den Hof, um ihn zu begrüßen, und weil es so viele waren, die die Treppen hinunterliefen, war Seine Majestät bereits vom Pferd gestiegen und stand am Fuß der Treppe, wo alle seine Hände küssten, was Ihrer Majestät Anlass zu großer Freude war ...[163]

Karl V. ist gerührt von diesem Menschenauflauf, der nicht im Protokoll vorgesehen ist, und er dankt seinen treuen kastilischen Adligen. Am oberen Ende der Treppe erwartet ihn, umringt von den beiden Kardinälen Tavera und García de Loaysa, sein Sohn Philipp, der Prinz, der mit seinen neun Jahren bereits eine beeindruckende Persönlichkeit ist. Diese drei sind die Einzigen, die sich an das höfische Protokoll gehalten haben.[164]

Die wichtigsten Ereignisse stehen noch aus: die Begrüßung der Königin, seiner Mutter, und die Umarmung der Kaiserin. Beide erwarten ihn im Saal des kleinen Palastes, in dem Johanna lebt. Was uns der Chronist darüber berichtet – und wir dürfen davon ausgehen, dass er Augenzeuge war –, ist ein weiterer Beweis dafür, dass Karl V. seiner Mutter großen Respekt zeigte, auch wenn er sie in Tordesillas gefangen hielt.

Der Chronist schreibt:

> Und er begab sich, mit ihnen plaudernd,[165] zu dem Saal, wo ihn die Königin und die Kaiserin erwarteten. Seine Majestät ging vor der Königin, seiner Mutter, auf die Knie und bat um ihre Hand. Sie erwiderte, er möge sich erheben, denn er wisse doch, dass sie nie die Hand gebe. Der Kaiser erhob sich und umarmte dann die Kaiserin. Sie machte eine tiefe Verbeugung. Seine Majestät richtete sie auf und wandte sich der Königin zu, um mit ihr zu sprechen, was er dann auch eine ganze Weile tat ...

Die sanfte und schöne Kaiserin Isabella besuchte Johanna in Tordesillas. Besonders bemerkenswert war ihr Besuch an Weihnachten 1536, als sie sich mit
Karl V. und ihren drei Kindern eine Woche lang in der Stadt aufhielt. Museo
del Prado, Madrid.

Worüber sprach Karl V. mit seiner Mutter? Sicherlich nicht über Staatsangelegenheiten, sondern über ihre Gesundheit, darüber, wie sie behandelt wurde. Zwar hielt Karl V. seine Mutter in Gefangenschaft, aber in diesen Weihnachtstagen, die er mit seiner Mutter verbringen wollte, zusammen mit seiner Familie, erwies er sich als respektvoller Sohn gegenüber dieser bedauernswerten Frau. Sie war und blieb die Königin, mit der man achtungsvoll umzugehen hatte. Man konnte sie nicht ignorieren, man konnte sie aber auch nicht auf freien Fuß setzen. Karl konnte und wollte nicht der Sohn sein, der sich gegen seine Mutter erhob, und er konnte und durfte nicht zulassen, dass sie für Intrigen missbraucht wurde. Er musste sie «in guter Obhut» halten, wie es in den Dokumenten jener Zeit heißt, aber er durfte ihr niemals den Respekt verweigern. Das Bild, das uns der Chronist Pedro Girón von Karl V. zeichnet, dass dieser vor ihr auf die Knie fiel wie schon einmal 1517, als er sie zum ersten Mal besuchte, ist äußerst aufschlussreich.

Wie um dieses ideale Weihnachtsszenario zu vervollständigen, schneite es an jenem Tag:

> Im Morgengrauen begann es zu schneien, und es schneite zweieinhalb Tage lang ohne Unterlass, wie man es seit mehr als vierzig Jahren nicht mehr gesehen hatte ...

Die Schneefälle waren so stark, dass Kolonnen bereit gestellt werden mussten, um Wege durch den Schnee zu graben und die Versorgung des Hofes zu sichern, der durch den Schneesturm von der Außenwelt nahezu abgeschnitten war.[166]

1538 kam Karl V. in Begleitung der Kaiserin erneut nach Tordesillas.[167] Es war der zehnte Besuch. Noch zwei weitere Besuche sollten folgen: am 19. November 1539, als seine Frau bereits gestorben war – kurz bevor er zu seiner gefährlichen Reise durch Frankreich in die Niederlande aufbrach, um die rebellische Stadt Gent, seinen Geburtsort, zu bestrafen; und am 23. Januar 1542, um drei Tage mit seiner Mutter zu verbringen.

Dies war sein letzter Besuch. 1543 spitzte sich die Lage in Nordeuropa so sehr zu, dass Karl dringend in den Niederlanden gebraucht wurde. Erst 1556 kehrte er nach Spanien zurück, um sich in das Kloster Yuste zurückzuziehen und in Ruhe zu sterben.

Johanna von Kastilien war zu der Zeit schon nicht mehr am Leben.

Wir haben beiläufig darauf hingewiesen, dass Karl V. im Oktober 1524 von Tordesillas aus die Hochzeit seiner Schwester Katharina mit Johannes III. von Portugal vorbereitete. Nun wollen wir dieses Ereignis aus Johannas Perspektive betrachten.

Für die Königin bedeutete der Aufbruch ihrer Tochter nach Portugal einen schmerzhaften Verlust, den schlimmsten, den sie nach dem Tod ihres Mannes erlitten hatte.

Am 2. Januar 1525 brach Katharina von Tordesillas auf — für immer. Sie war noch nicht einmal 18 Jahre alt — ihr Geburtstag war am 14. Januar —, aber das Leben hatte sie bereits vor solch schwere Prüfungen gestellt, dass sie frühzeitig gereift war und Portugal eine gute Königin sein würde.

Sie war durch eine harte Schule gegangen und sie hatte allen Anforderungen genügt.

Johanna aber verlor eine wichtige Stütze: die Zuneigung der Tochter und die emotionale Verbindung, kurz, ihren einzigen Trost. Von da an lebte Johanna, abgesehen von kurzen Besuchen verschiedener Familienangehöriger (wie wir noch sehen werden, kamen ihre Enkel nach Tordesillas), in völliger Einsamkeit. Als hätte sie ihr Schicksal vorausgeahnt, verharrte sie einen Tag und eine Nacht lang an dem Fenster, durch das sie die Abreise ihrer geliebten Tochter beobachtet hatte.[168]

Überdies hatte Johanna nun niemanden mehr, der sie gegen das schändliche Verhalten des Marquis von Denia und seiner Frau verteidigte. Und wie schändlich sich ihre Wärter verhielten, dafür gibt es Zeugen. Kurz nach Katharinas Abreise, im Januar 1525, kam der Almirante von Kastilien nach Tordesillas. Über das, was er dort sah, war er so entsetzt, dass er sich verpflichtet fühlte, Karl V. darüber zu informieren. Karl selbst hatte ihn beauftragt, in Tordesillas nach dem

Rechten zu sehen, ein weiterer Beweis dafür, dass dem Kaiser das Schicksal seiner Mutter nicht gleichgültig war:

> Als ich auf Geheiß Eurer Majestät nach Tordesillas reiste, sprach ich mehrere Male mit der Königin, unserer Herrin, und ich muss gestehen, mein Herr, dass offensichtlich war, wie unzufrieden sie über die Arbeit des Marquis und der Marquise war, so unzufrieden, *dass sie deren Gegenwart unerträglicher findet als die Tatsache, dass die Königin von uns gegangen ist* ...[169]

Und der Almirante schreibt weiter:

> ... aus Mitleid schreibe ich an Eure Majestät, denn sie scheint allen Grund zur Klage zu haben, und wenn sie den Palast verlässt, ist sie so aufgewühlt, wie Ihr erfahren habt ...

Der Almirante empfand Mitleid mit Johanna, die wehrlos dem Marquis von Denia und seiner Frau ausgeliefert war. Es stellt sich die Frage, ob diese auch Gewalt an ihr verübten. Ja, lautete die klare Antwort, denn der Marquis selbst gestand ein, dass er «Zwang» habe anwenden müssen, um die rebellische Königin ruhig zu stellen. Und er gestand dies dem Kaiser selbst ein!

> Der Zustand der Königin, unsere Herrin, ist unverändert, und vor einem Monat trat sie auf den Gang hinaus und fing an zu schreien, und weil niemand Ihre Hoheit hören sollte, schickte ich Frauen zu ihr, die sie bitten sollten, in ihr Zimmer zurückzukehren, denn andernfalls würden sie sie dort hinschaffen; und als sie sah, dass sie es ernst meinten, trat sie wieder ein.

Kein Zweifel: Die Aufseherinnen — denn eine andere Bezeichnung verdienen diese Frauen nicht, die so prompt die Befehle des Marquis befolgten — waren offenbar nicht zimperlich und hielten die Königin in Schach; nur so ist zu erklären, dass Johanna ihren Anordnungen so widerstandslos gehorchte. Der Nutznießer war der Marquis von Denia:

> Sie ist so brav geworden, dass sie alles erfüllt, worum wir sie bitten.

Wenn noch irgendein Zweifel über die rabiate Behandlung besteht, dann räumt die folgende Bemerkung des Marquis sie aus:

Ich dachte stets, dass es bei Ihrer Hoheit durch die Unpässlichkeit, an der sie leidet, nichts Besseres gäbe, als ein wenig Zwang auszuüben, auch wenn es undenkbar scheint, dass ein Vasall dies an seinem Herrn tut ...[170]

Rekapitulieren wir: Die Königin entschlüpft ihren Bewachern, läuft auf den Flur, der zum Fluss geht, und fängt an zu schreien. Aufseherinnen drängen Johanna, in ihr fensterloses Zimmer zurückzukehren, das nur Kerzenlicht erhellt, wenn die Beschreibung, die uns die Infantin Katharina gegeben hat, stimmt. Die Königin gehorcht sofort («... sie ist so brav geworden ...»). Und schließlich erwähnt der Marquis, dass man «ein wenig Zwang» ausgeübt habe, worüber er selbst entsetzt zu sein vorgibt.

Die Tatsache, dass der Marquis von Denia dem Kaiser höchstpersönlich davon schreibt, zeigt, dass er dazu befugt war. Dies steht auch im Einklang mit den ersten Anweisungen, die Karl V. dem Marquis gegeben hat. Diese Anweisungen stammen vom Januar 1520, und darin forderte der Kaiser den Marquis dazu auf, er solle unter allen Umständen dafür sorgen, dass die Königin in vollkommener Isolation lebe, dass niemand mit ihr spreche:

Es scheint mir am besten und zweckmäßigsten zu sein, alles zu tun, was möglich ist, damit niemand mit Ihrer Hoheit spreche, denn dies brächte keinen Nutzen, sondern nur Schaden.[171]

Da es sich um eine schwerwiegende Angelegenheit handelte, musste der Marquis die Briefe an den Kaiser selbst schreiben und sie mit einem sicheren Boten schicken, so sehr war der Kaiser über das besorgt, was in Tordesillas geschah, und ebenso darüber, dass nichts davon an die Öffentlichkeit drang.

Johanna wiederum war wahrscheinlich nicht lange so «brav», wie es in dem Brief heißt. Auf die Gewalt, die ihr angetan wurde, reagierte sie, wie sie bereits in Flandern reagiert hatte, als der Gefängniswärter ihr eigener Ehemann war: Sie trat in einen Hungerstreik.

... seit fünf oder sechs Tagen isst sie nur noch Brot und Käse, schreibt der Marquis Mitte Oktober 1527, *und so hält sie es immer, wenn etwas gegen ihren Willen geschieht* ...[172]

Das Bild bleibt widersprüchlich. Auf der einen Seite haben wir die harte Behandlung der Königin, auf der anderen Seite die Zuneigung, die Karl V. und die ganze königliche Familie Johanna entgegenbringen, wie die regelmäßigen Besuche beweisen. Denn auch die Kaiserin Isabella besuchte Johanna in Tordesillas, im Oktober 1536, ein Besuch, der weit über das Protokollarische hinausging, blieb Isabella immerhin sechs Tage in Tordesillas.[173] Auch ihr Enkel Philipp II. besuchte Johanna zusammen mit seiner ersten Frau, jener Maria Manuela von Portugal, der Tochter ihrer geliebten Katharina und gleichfalls ihre Enkelin. Wahrscheinlich war dies einer der wenigen glücklichen Momente in den späten Jahren der Königin, als jenes frisch verheiratete Paar – sie waren beide erst sechzehn Jahre alt – vor ihr stand. So großen Gefallen fand sie daran, dass sie die beiden aufforderten, vor ihr zu tanzen.[174] Philipp II. besuchte sie ein zweites Mal im Jahr 1554, bevor er nach England aufbrach, um nach dem Tod Maria Manuelas 1545 die Ehe mit Königin Maria Tudor einzugehen. Und auch Maximilian II. kam nach Tordesillas, als er für kurze Zeit Großkanzler von Kastilien war, in Begleitung seiner Frau Maria, der Tochter Karls V., einer weiteren Enkelin Johannas. Dieser Besuch fand am 4. August 1550 statt, wie Maximilian an Karl V. schrieb:

> Wir besuchten die Königin, unsere Herrin, und küssten ihr die Hände, und Ihre Hoheit freute sich darüber …

Dreißig Jahre lang, wenn wir als Ausgangspunkt den Weggang ihrer Tochter Katharina nehmen, lebte Johanna als Gefangene in Tordesillas. Doch wie müssen wir uns dieses Leben vorstellen? Werfen wir zunächst einen Blick auf die Zahlen.

Die Zuwendungen, die der Hof der Königin erhielt, waren beträchtlich: 1544 beliefen sie sich auf 38 000 Dukaten jährlich. Wie hoch dieser Betrag war, zeigt ein Vergleich mit dem, was Prinz Philipp – der bereits mit Maria Manuela verheiratet war – zur Verfügung stand: 32 000 Dukaten, wobei man berücksichtigen muss, dass die Prinzessin 22 000 Dukaten zum Haushalt beitrug. Die Infantinnen Maria und Johanna wiederum erhielten 20 000 Dukaten. Kaiser Karl V. verfügte natürlich über mehr Geld, etwa 250 000 Dukaten, bei einem Gesamthaushalt von 1 790 000 Dukaten.[175] Damit schlug der Hof Johannas mit 2,1 Prozent im königlichen Haushalt zu Buche. Und diese Geldmenge war nötig, um all die Bediensteten Johannas zu bezahlen. Wie sich die Gelder verteilten, darüber gibt eine Liste Aufschluss, die anlässlich des Todes der Königin erstellt wurde.[176]

Da waren vor allem die Ausgaben für die Dienste von Adligen: Der Marquis von Denia erhielt 925 000 Maravedi jährlich plus weitere 95 000 für Wachsfackeln und Kerzen; seine Frau, Katharina von Zúñiga, schlägt mit 40 000 Maravedi zu Buche plus einem Tagegeld von 4 Reales (135 Maravedi), also insgesamt 49 640 Maravedi jährlich. Dann kam der Graf von Lerma, Francisco de Rojas, mit 70 000 Maravedi jährlich und seine Frau, Isabella von Borja, mit 40 000 und 3 Reales für Verpflegung, also weiteren 37 230 Maravedi jährlich. Und schließlich Fernando de Tovar, Maestresala und Hauptmann der

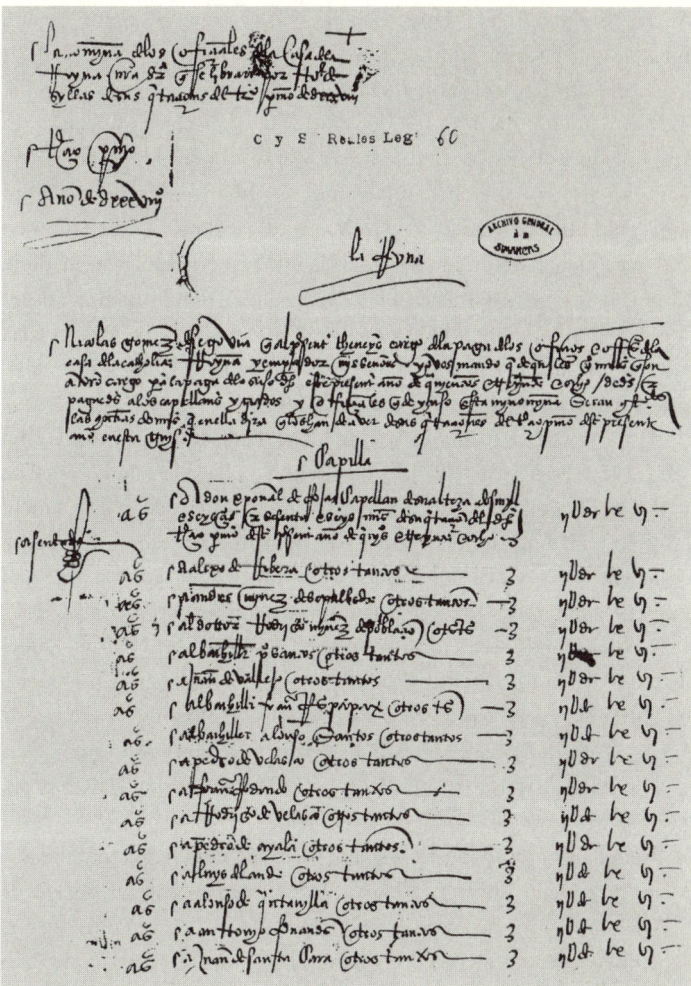

Fehlen durfte in diesem Buch auch nicht eines der vielen Dokumente über Johanna die Wahnsinnige, die im Archiv von Simancas verwahrt werden. Es handelt sich hier um «die Gehaltsliste der offiziellen Bediensteten im Haushalt der Königin, unserer Herrin …». Allgemeines Archiv von Simancas, Casa y Sitios Reales, leg. 60, fol. 258, auf der das Personal der Kapelle der Königin und ihre Honorare verzeichnet sind.

Wache, der mit seiner Frau, Isabella von Orange, zusammenlebte, mit 80 000 Marevedi plus 44 320 als Wachszieher.

Zu diesem überschaubaren Kreis der Adligen gehörten auch die «Begleitdamen», die für Religion und Moral zuständig waren, z. B. Ana Enríquez de Rojas, der 240 000 Marevedi jährlich gezahlt wurden, plus weitere 20 000 Zuschuss und 202 Maravedi täglich Verpflegungsgeld (also insgesamt 73 730 Maravedi jährlich). Diese Summen sind ein Zeichen dafür, für wie wichtig ihr Amt erachtet wurde, denn immerhin war es das am besten bezahlte unter den Frauen, ja insgesamt an diesem kleinen Hof; und als ob dies noch nicht genug wäre, hatte sie auch noch Anspruch darauf, den ganzen Winter über kostenlos mit Brennholz versorgt zu werden.

Weitere «Begleitdamen» waren Magdalena de Rojas, die Gräfin von Castro; Francisca de Rojas, die Gräfin von Paredes, und Margarita de Rojas, allesamt Töchter des Marquis von Denia; schließlich taucht auf dieser Liste auch noch Beatriz de Bobadilla auf, deren berühmte Vorfahrin von Isabella der Katholischen protegiert worden war und über die es in dem Dokument heißt, sie sei eine «alte Bedienstete».

Zu diesem adligen Kreis, wenn auch auf anderem Niveau, zählen auch die «Kammerzofen», die alle den Titel *Don* trugen, ein Hinweis auf ihren sozialen Status: María de Vargas, Hofdame; Francisca de Ávala, María de Luna, Francisca de Verdugo, Marina de Cepeda, Ana de Hinistrosa, María de Villafañe («die Hofdame der Kaiserin gewesen war») und Jerónima de Avendaño.

Auch die religiöse Betreuung ließ man sich einiges kosten: die Kapelane Francisco Rodríguez Papax, Francisco Redondo, Rodrigo de Velasco und Pedro de Ayala erhielten jeweils 562 500 Maravedi jährlich plus einen Zuschuss, der nicht näher benannt wird. Jedenfalls wurden sie nach dem Großkanzler am besten bezahlt. Und sie waren nicht die Einzigen, denn auf der Liste stehen weitere zehn Kapelane, darunter so altgediente wie Francisco del Mercado, «der schon unter dem Katholischen König gedient hatte». In der Kapelle verrichteten darüber hinaus zwei Knechte, zwei Konditoren und ein Pförtner ihren Dienst.

Um die Palastangelegenheiten kümmerten sich neben dem bereits erwähnten Maestresala Luis de Cepeda, Stellvertreter des Hofmarschalls; Alonso de Ribera, Kammerdiener, und vier Continos (einfache Diener).

Die Verwaltung oblag Andrés Martínez de Ondarca, Aufseher und Buchhalter; Luis de Landa, Zahlmeister; und Fernando de Munabay, Aufseher über die Speisekammer und die Küche. Es gab auch einen Kammerschreiber (Francisco de Burgos), der von vier «Kammerdienern» unterstützt wurde. Dann taucht auch noch Diego Fernández de Gamarra auf, «der Büchersekretär des Hofmarschalls».

Die Wache, die aus 43 Hellebardisten bestand, wurde befehligt von Hauptmann Fernando de Tovar, und zu dieser Wache zählten ebenfalls der Stellvertreter des Hauptmanns, ein Leutnant, zwei Korporäle, ein Fahnenträger, ein Gerichtsdiener, ein Quartiermacher; dazurechnen könnte man auch noch drei «Schildknappen zu Fuß» und 24 einfache Wachen; zu einer Wachmannschaft gehörten auch ein Arzt und ein Chirurg.

Für die medizinische Betreuung des Hofes war ansonsten seit 1534 Doktor Santa Cara zuständig.

Die Speisekammer führte Gaspar de Villarroel, dem ein Einkäufer, fünf Bedienstete und ein Flaschenmeister unterstanden. Und nicht vergessen dürfen wir die Küche, das Herzstück eines Palastes. Dort arbeitete der Koch Francisco González de la Vega, unterstützt von einem Hilfskoch, zwei Küchenjungen und einem «Küchen»-Pförtner (offenbar musste die Küche bewacht werden).

Dazu kommen noch ein Apotheker, Cristóbal de Génova, ein Schneider (ein Flame) mit seinem Gehilfen, ein Schuster, ein Gerber, eine Bäckerin und eine Konditorin (Mari Guerra, «eine alte Bedienstete»), ein Diener für das Herdfeuer, einer für das Wasser, einer fürs Fegen, einer für die Hühner und ein Zimmermann.

Nicht unerwähnt bleiben sollen einige weitere, niedrigere Ämter: Bettenmacher, Estraden- und Tischdiener, Silberbesteckdiener mit Gehilfen, Mundschenke, Pförtner, Boten und Dienstmädchen: Wäscherinnen, Garderoben- und Kammermädchen etc. Insgesamt also um die 300, wenn wir zu den ausdrücklich Erwähnten noch zwei lange Listen von Kindern ehemaliger und anderer niedrigerer Diener hinzuzählen. Noch nicht berücksichtigt ist dann noch, dass die meisten Familie hatten, deren Kinder nicht eigens erwähnt werden. Ein kleines Dorf also, darunter zweifellos auch einige Flamen, die Johanna aus Flandern mitgebracht hatte, und deren Nachkommen und Erben, denn damals wurden auch die Ämter vererbt.

Wir dürfen die Aufzählung derer, die Johanna dienten und sie kontrollierten, nicht unkommentiert lassen. Zunächst stellen wir verwundert fest, wie groß dieser Hofstaat war. Eigentlich würde man denken, dass Johanna vom Marquis von Denia und seiner Frau bewacht wurde, mit Hilfe einiger Hofdamen, dazu vier oder fünf Aufseherinnen, einigen Frauen, die für den Haushalt zuständig waren, und einigen Wächterinnen: insgesamt also vielleicht zwei oder drei Dutzend Personen. Tatsächlich haben wir es mit einem kleinen Hof zu tun, der dem Marquis von Denia unterstand, zu dem ein großer familiärer Anhang gehörte: die Rojas.

Dieser Hof, zu dem man das starke Wachkontingent zählen muss (mehr als hundert Wachen), bestimmte das Leben in Tordesillas. Ein Großteil davon wohnte nicht im Palast, sondern über das Städtchen verstreut. Erinnern wir uns, dass im Tordesillas des 15. Jahrhunderts etwas tausend *vecinos* lebten, so dass die ca. 300 Angehörigen des Hofs fast ein Viertel der Einwohnerschaft ausmachten. Da es sich um Adlige und Diener handelte, die von der Krone bezahlt wurden, machte sich ihre Anwesenheit zweifellos bemerkbar in der kleinen Stadt am Duero, die im Schatten der Königin fast ein halbes Jahrhundert lang eine Blütezeit erlebte.

In diesem Umfeld verbrachte Johanna von Kastilien ihre letzten Jahre.

Es waren düstere Jahre, denn zu der psychischen Krankheit kam auch die physische, denn Johanna war, wahrscheinlich nach einem Sturz, von der Hüfte abwärts bewegungsunfähig. Alle Ausscheidungsprozesse, sowohl das Wasserlassen als auch der Stuhlgang, waren dadurch äußerst beschwerlich. An manchen Tagen machte sie sich voll, ohne dass jemand sie reinigte. Die Frauen, die sie pflegten – oder pflegen sollten –, redeten sich damit heraus, dass die Königin sie anschreie. Eine Entschuldigung, die nicht sehr überzeugend ist, wenn man bedenkt, dass es sich um die gleichen Frauen handelte, die Johanna, wenn sie auf dem Gang mit Blick auf den Fluss rebellisch wurde, in ihr fensterloses Zimmer zurückzwangen, das nur von Kerzenlicht beleuchtet war.

Kein Wunder, dass es mit der Gesundheit der alten Frau bergab ging, die zu aller Überraschung – dennoch – weit über siebzig Jahre alt wurde.

Eine andere Frage beschäftigte den Hof in nicht geringem Maße, eine Frage, über die man sich auch im Volk flüsternd ausließ: Die Königin verhielt sich in religiösen Dingen gleichgültig. Sie ließ sich sogar zu Taten hinreißen, denen etwas Ketzerisches anhaftete.

Wir dürfen nicht vergessen, dass Kastilien Mitte des Jahrhunderts einen schweren Rückfall in Sachen Toleranz erlebte. Verantwortlich dafür war die allmächtige Inquisition, die 1559 schreckliche Ketzerverbrennungen und Prozesse gegen hochgestellte Persönlichkeiten wie z. B. den Erzbischof Carranza durchführte. Natürlich wurde Johanna wie eine Geisteskranke behandelt, die des Regierens unfähig war und folglich auch kaum der Ketzerei beschuldigt werden konnte.

Dennoch führten diese Gerüchte dazu, dass einer der bedeutendsten Geistlichen seiner Zeit, der Jesuitenpater Francisco de Borja (der Bruder der Großkanzlers von Tordesillas), mit einer besonderen Mission an den Hof kam. Wie in jener Epoche üblich, bestand der Verdacht, dass die Königin verhext sein könnte. Es hieß, sie ertrage keine geweihten Kerzen um sich, und dies konnte nur bedeuten, dass der Teufel in ihr steckte. Außerdem machte sie angeblich seltsame Gesten im Gottesdienst, und zwar genau in dem Moment, in dem der Priester die Hostie hob.

Francico de Borja versuchte herauszufinden, ob an diesen Anschuldigungen etwas Wahres war. Er kam zu dem Urteil, dass sie jeglicher Grundlage entbehrten, wie er in einem Bericht an Philipp II. schrieb:

… woraus ich den Schluss ziehe, dass es sich mit allem anderen, was man sich erzählt, ähnlich verhält …[177]

Mit diesem Urteil gab der Jesuit der Königin in ihren letzten Tagen ein wenig Frieden. Sein moralischer und intellektueller Rang, die Tatsache, dass Prinz Philipp persönlich ihn gesandt hatte und er außerdem zum Stammbaum der Rojas gehörte, führten dazu, dass alle am Hof ihn bei seiner Aufgabe unterstützten.

Francisco de Borja erkannte, dass die Königin nicht angemessen behandelt wurde und sich dadurch ihre Krankheit verschlimmert hatte. Indem er Verständnis für die Kranke zeigte und ihr sanft zuredete, bewirkte er bei Johanna eine erstaunliche Verbesserung ihres Zustands.

Johanna nahm Francisco de Borja freundlich auf, denn sie sah in ihm keinen Unbekannten, war er doch der Edelknabe der Infantin Katharina gewesen.

Die ersten Besuche des Jesuiten fanden 1552 auf Geheiß von Prinz Philipp statt, der Kastilien damals in Abwesenheit Karls V. regierte. 1554 schickte Philipp II. Francisco de Borja erneut nach Tordesillas, das er in jenem Jahr selbst besucht hatte, um seiner Großmutter die Ehre zu erweisen, bevor er nach England aufbrach. Da er entsetzt war über den Zustand, in dem sich Johanna befand, bat der Prinz – damals schon König von Neapel – Francisco de Borja, sich noch einmal zu der Königin zu begeben.

Warum waren der Königin die religiösen Dinge so verleidet? Johanna wies ihren Hofdamen die Schuld zu:

… denn kaum habe sie mit den Gebeten begonnen, da nehme man ihr das Buch aus den Händen, da werde sie ausgescholten und werde über ihre Gebete gespottet …

Einige Hofdamen spuckten auf die Heiligenbilder und schütteten allerlei Schmutz ins Weihwasser. Wenn die Messe gelesen werde, würden sie sich ohne jede Ehrerbietung vor den Priester stellen, die Missale umdrehen

… und ihm befehlen, alles das zu sagen, was sie wollten.

Dass die Hofdamen sich all dessen schuldig machten, ist kaum glaubwürdig. Und Franscico de Borja bezweifelte es gegenüber der Königin.

Es kann sehr wohl sein – erwiderte Johanna und lieferte einen Beweis für ihren Wahnsinn –, denn sie sagen, sie seien die Seelen von Verstorbenen.

Die Seelen von Verstorbenen!

Manchmal kämen sie in ihr Zimmer, wobei die eine sage, sie sei der Graf von Miranda, und die andere, sie sei der Großkommandeur, und sie behandelten sie mit Geringschätzung und sprächen Beschwörungsformeln,

… als wären sie Hexen …

Damit ist der entscheidende Begriff gefallen, damit haben wir den Hinweis darauf, was in jenem kranken Hirn vor sich ging: Johanna fühlte sich im Bann von Hexen. Und so kam Francisco de Borja zu dem Schluss, dass die Königin den Verstand verloren hatte, dass man nicht mehr viel tun konnte, außer ihr nach dem Mund zu reden und jene Hofdamen, die Johanna der Hexerei bezichtigte, zum Schein zu bestrafen.[178]

Francisco de Borja stand vor zwei Möglichkeiten. Entweder waren es Hirngespinste der Königin, oder der Teufel hatte seine Hand im Spiel:

… entweder sind es Hirngespinste oder böse Visionen …

Für alle Fälle sollte man bei der Königin eine Teufelsaustreibung durchführen, was Philipp II. nicht gestattete. Der scheinbaren Bestrafung jener Hofdamen allerdings stimmte er zu und ließ sie eine Zeit lang entfernen. Mit dieser Maßnahme brachte Francisco de Borja die Königin dazu, dass sie wieder zur Messe ging, und sogar, dass der gesamte Palastbereich mit Weihwasser besprenkelt wurde,

wegen der Hexen, die sie vormals gesehen hat …[179]

Ein weiterer Mönch half Francisco bei der Aufgabe, die Königin zu trösten: Luis de la Cruz. Uns ist ein Gespräch zwischen ihm und der

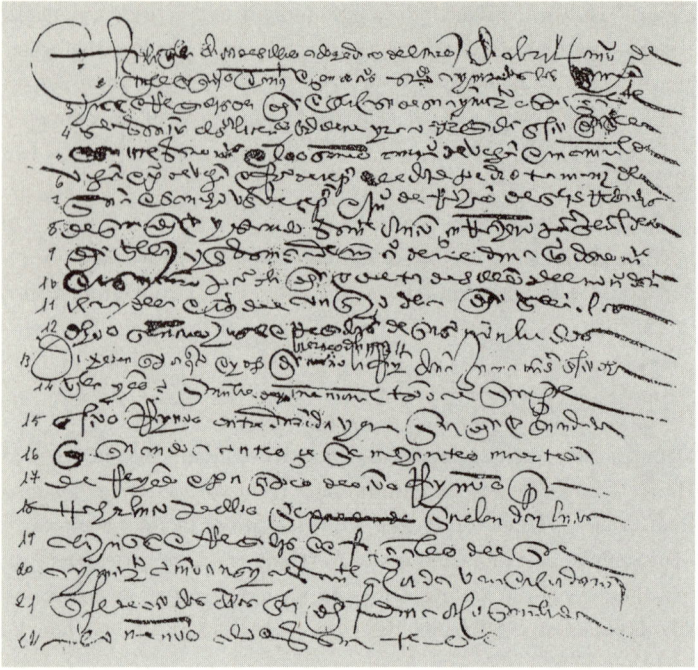

Fehlen durfte ebenfalls nicht die Akte aus den Libros de Acuerdos Municipales von Tordesillas, in der der Schmerz über den Tod von Königin Johanna seinen Niederschlag gefunden hat, vor allem in den Zeilen 13 ff., in denen der Tod der Königin vermerkt wird: «... es heißt, dass heute, am Freitag ... Königin Johanna verstarb ...». Geschehen am 12. April 1555.

Königin überliefert, das wie ein Fenster ist, durch das wir einen Blick in das 16. Jahrhundert und vor allem in die Innenwelt Johannas der Wahnsinnigen werfen können:

> Sagen Sie, Pater, in allem Ernst, sind Sie der Enkel von Juan Velázquez?
>   Gewiss, Señora.
>   Ich danke Ihnen sehr, dass Sie bereit waren, hierher zu kommen, um sich dieser Angelegenheit anzunehmen, denn ich vertraue darauf, dass es jetzt nicht mehr so zugehen wird wie bisher, dass man diese Frauen entfernt,[180]

um sie dann drei Tage später wieder auf mich loszulassen, denn so kann einer nichts für sein Seelenheil tun.

Señora, wir, die wir durch den Kaiser und den Prinzen hierher versetzt worden sind, vermögen mehr, um Eurer Hoheit zu Diensten zu sein und Ihnen Ruhe zu verschaffen, als diese Frauen, die Sie behindern, aber warum helfen Sie denn selbst nicht dadurch, dass Sie Ihrerseits das tun, was Sie als katholische und christliche Königin und unsere Landesmutter zu tun verpflichtet sind? Wie können wir, Ihre Diener, Ihnen dienen und Sie zufrieden stellen, wenn Sie dies selbst auf diese Weise behindern?

Wirklich, Pater, Sie haben Unrecht, darauf derart zu dringen. Tun Sie und der Prinz, der Sie, wie Sie sagen, hierher gesandt hat, doch das, was Ihre Pflicht ist, nämlich diese Scheusale und schamlosen Wesen zu bestrafen. Das andere können Sie mir selbst überlassen. Dafür werde ich schon sorgen.[181]

Sie begann an seltsamen Visionen zu leiden, die sie quälten und von denen sie auch Luis de la Cruz berichtet:

... denn sie hat mir eine lange Geschichte erzählt,

schreibt Luis in einem Brief vom 25. Mai 1554 an Philipp II.,

von einer Katze aus Algier, wie diese die kleine Prinzessin von Navarra und unsere Königin Isabella aufgefressen und den Katholischen König gebissen habe, und sie erzählte noch eine Menge ähnlicher Dinge. Das weibliche Personal habe diese bösartige Katze in den Palast geholt, und diese befände sich jetzt ganz in der Nähe ihres Gemachs, um ihr ebenso viel Böses anzutun, wie diese Frauen das gemeinhin täten. Ihre Hoheit erzählte diese Geschichte mit so viel Behagen, dass sie mich niedersetzen hieß und mich daran ergötzen ließ, und sie sagte mir noch, wie sehr sie sich über mein Kommen freue. Sie befahl mir angesichts der Tatsache, dass ich derartige Dinge über diese Frauen hörte, sie streng zu bestrafen ...

Nach diesem Gespräch mit der Königin wagte Luis de la Cruz, ein Urteil über die Königin abzugeben: Er erachte es für unmöglich, sie zum Gebrauch der Sakramente zu verpflichten, und natürlich sei sie ganz ohne Schuld:

... weiterhin bin ich überzeugt, dass Ihre Hoheit derart guten Glaubens ist und so gänzlich unschuldig, dass man sie eher beneiden als bedauern muss ...[182]

Gegen Ende ihres Lebens trübte sich ihr Geist immer mehr, aber auch die körperlichen Gebrechen wurden schlimmer. Seit langem schon war Johanna bettlägrig, litt an vielerlei Geschwüren und Ausschlägen. Sie bekam den Brand und hatte solche Schmerzen, dass sie die ganze Zeit schrie.

Das Ende nahte. Francisco de Borja wurde wieder herbeigerufen, der sie wenigstens von ihren quälenden Wahnvorstellungen erlöst hatte. Borja war davon überzeugt, dass Johanna ihren Verstand wiedererlangt hatte. Und nun stellte sich die Frage, ob sie fähig war, die Heiligen Sakramente in Empfang zu nehmen. Weil man darüber im Zweifel war, wandte man sich an die Universität von Salamanca, die wiederum ihren bedeutendsten Theologen nach Tordesillas schickte: Domingo de Soto.

Er kam am 11. April 1555 in Tordesillas an und sprach lange mit der Königin, anfangs vor Zeugen, später allein. Ihr Zustand habe sich stark verbessert, befand er anschließend, sie könne die Letzte Ölung empfangen, nicht aber die heilige Kommunion. [183]

Es war Gründonnerstag, so dass Johanna ihre persönliche Passionsgeschichte erlebte. Bei ihr war Francisco de Borja, der ihr ein großer Trost war.

Ihre letzten Worte waren:

Der Gekreuzigte Jesus Christus stehe mir bei. [184]

Johanna starb am 12. April, dem Karfreitag des Jahres 1555, in der Früh.

Endlich war die Gefangenschaft der unglücklichen Königin, der traurigen Gefangenen von Tordesillas, zu Ende.

ANHANG

ANMERKUNGEN

1 Madrid 1874; (...) ders., *La reina doña Juana la Loca* (Madrid 1892).

2 Madrid 1946 (erschienen zusammen mit einer Studie Pfandls über den Prinzen Karl).

3 Barcelona 1953.

4 *Corpus documental de Carlos V., op. cit.*, I, S. 54 f.

5 Z. B. wissen wir durch den Marquis von Denia, wie sehr sich Johanna darüber freute, dass der Kaiser und seine Frau der dritten Tochter ihren Namen gaben: «... freute sich sehr, als sie von der Entbindung Eurer Majestät erfuhr und dass Ihr die Infantin Johanna genannt habt ...» (Marquis von Denia an die Kaiserin, Tordesillas, 8. Juli 1535; *Corpus, op. cit.*, I., S. 433 f.).

6 Es sei daran erinnert, dass das kopernikanische Denken, das in der zweiten Hälfte des 15. Jahrhunderts im ganzen Christentum, nicht nur bei den Katholiken, sondern auch bei den Protestanten und Calvinisten (auch bei Luther und Calvin selbst) so scharfe Kritik hervorgerufen hat, von der Universität Salamanca erstaunlicherweise begrüßt wurde, deren Statuten, sowohl die von 1561, als auch die von 1594, die Lektüre der Werke des polnischen Astronomen empfahlen, wahrscheinlich – das ja – eher im Hinblick auf die Sterntafeln denn auf die Theorie. (Vgl. meine Studie: *Copérnico y su huella en la Salamanca del Barroco* (Salamanca, Universität, 1974)).

7 Einen allgemeinen Überblick über die Epoche bietet: Manuel Fernández Álvarez, *España y los españoles en los tiempos modernos* (Salamanca 1979).

8 Pedro Ciruelo, Reprobación de las supersticiones y hechicerías (Salamanca 1541, S. 38).

9 Santa Teresa, *Libro de la Vida* (in: *Obras completas*, Madrid 1984, S. 24) (dt: Teresa von Avila, *Das Buch meines Lebens*, Freiburg 2003).

10 Manuel Fernández Álvarez, *Fray Luis de León*, Madrid: Espasa Calpe, 1991, S. 180 ff.

11 Pedro Ciruelo, *op. cit.*, S. 103 ff.

12 Santa Teresa, *Epistolario* (in: *Obras completas*, ed. 1979, S. 709; ich gebe die Ausgabe von 1979 an, weil dieser Brief in der nachfolgenden Ausgabe von 1984 weggelassen wurde).

13 César Silió Cortés, *Isabel la Católica*, Madrid 1943, S. 389.

14 J. V. L. Brans, Isabel la Católica y el arte hispano-flamenco, Madrid 1952, S. 73 ff.

15 Antonio de la Torre y del Cerro, La Casa de Isabel la Católica, Madrid 1954; vgl. Félix Llanos y Torriglia, En el hogar de los Reyes Católicos (Madrid 1943), und vor allem die ausgezeichnete Studie von Tarsicio de Azcona, Isabel la Católica. Estudio crítico de su vida y su reinado (Madrid, BAC, 1964).

16 Feliciano Cereceda, Semblanza espiritual de Isabel la Católica (Madrid 1946); auch Azcona ist dieser Meinung, op. cit., S. 716.

17 Azcona, op. cit., S. 718.

18 Ludwig Pfandl, Juana la Loca (Madrid 1955) (dt.: Ludwig Pfandl, Johanna die Wahnsinnige: ihr Leben, ihre Zeit, ihre Schuld, Freiburg 1930). Der zweite Teil ist dem Enkel der Königin gewidmet.

19 Auch der Komtur Francisco de los Cobos, der mächtige Minister Karls V., hatte Kenntnis von diesem Erziehungsmodell (vgl. meine Studie «Las instrucciones políticas de los Austrias Mayores», in: Spanische Forschungen der Görresgesellschaft: Gesammelte Aufsätze zur Kulturgeschichte Spaniens, Bd. 23 [Münster 1967], S. 176).

20 Das Augustinerkloster von Madrigal de las Altas Torres, der ehemalige Königspalast, in dem Königin Isabella geboren wurde, besitzt ein bemerkenswertes Archiv, in dem die Korrespondenz zwischen Maria von Aragonien und Karl V. aufbewahrt wird (Vgl. op. cit., Fray Luis de León, S. 72 ff.).

21 Zitat aus Cereceda, op. cit., S. 140.

22 Padre Mariana, Historia General de España, Madrid, ed. 1782, II, S. 517.

23 Der Originalbrief, veröffentlicht von Antonio Rodríguez Villa, Bosquejo biográfico de la reina doña Juana, Madrid, S. XX–XIV; eine Kopie, die sich im Besitz des Archivs von Simanca befindet, wurde veröffentlicht von Modesto Lafuente, Historia General de España, Barcelona, ed. 1889, VII, S. 358 f.; angesichts der Bedeutung des Briefes werden wir noch einmal auf ihn zurückkommen und hier nur darauf hinweisen, dass die Kopie im Archiv von Simanca Teil eines Bündels von Abschriften ist, die vom Brüsseler Königshof stammen. Anhand der Dokumente lässt sich nachweisen, welche Taktik Philipp der Schöne anwandte, um gegen die Ansprüche Ferdinands des Katholischen vorzugehen.

24 Cereceda, op. cit., S. 267.

25 Jerónimo Münzer, Viaje por España y Portugal en los años 1494 y 1495 (übers. von Julio Puyol, Bol. R. Academia Historia, 1924; ich habe die Ausgabe von García Mercadal verwendet, Viajes de extranjeros por España y Portugal, Madrid 1952, I, S. 404 ff.).

26 Ibid.

27 Antonio de Lalaing, Primer viaje de Felipe el Hermoso a España en 1501 (in der zitierten Ausgabe von García Mercadal, I, S. 460).

28 Andrés Bernáldez, *Memorias del reinado de los Reyes Católicos* (Madrid, ed. M. Gómez-Moreno y Juan de M. Carriazo, 1962, S. 215).

29 Azcona, *op. cit.*, S. 717.

30 Luis Suárez Fernández, *La España de los Reyes Católicos* (in: *Historia de España*, begründet von R. Menéndez Pidal und fortgeführt von J. M. Jover Zamora, XVII-2, S. 429).

31 Eine Reproduktion des Gemäldes findet sich in der deutschen Ausgabe meines Buches *Carlos V.* (dt: Manuel Fernández Álvarez, *Imperator Mundi: Karl V., Kaiser des Heiligen Römischen Reiches Deutscher Nation*, Stuttgart 1977, Bild 9).

32 Zitiert von L. Pfandl, *Juana la Loca, op. cit.*, S. 49.

33 Huizinga, *El otoño de la Edad Media*, Madrid 1945, S. 372 (dt.: *Herbst des Mittelalters. Studien über Lebens- und Geistesformen des 14. und 15. Jahrhunderts in Frankreich und in den Niederlanden*, München 1924).

34 Lorenzo de Padilla, *Crónica de Felipe I, llamado el Hermoso* (in: Col. Docs. In. Hist. de España, VII (Madrid 1846, S. 35 ff.).

35 L. Pfandl, *op. cit.*, S. 50; jedenfalls ist diese eifrige Suche nach einem Priester merkwürdig, da sich ja, laut Pfandl, unter Johannas Gefolge der Kapelan Ramírez de Villaescusa befand.

36 A. Rodríguez Villa, *Bosquejo biográfico de la reina doña Juana*, *op. cit.*, S. 33 ff.

37 A. Rodríguez Villa, *op. cit.*, S. 34.

38 A. Rodríguez Villa, *op. cit.*, S. 38. Hier haben wir den Beweis dafür, wie isoliert sich Johanna fühlte. Dieses Gefühl konnte sich leicht zu einer Depression ausweiten, wenn noch die Eifersucht wegen Philipps Eskapaden hinzukam.

39 L. Pfandl, *op. cit.*, S. 51.

40 Petrus Martyr von Anglería an den Kardinal von Santa Cruz; cf. Justa de la Villa: «El príncipe don Juan», in: *Diccionario de Historia de España*, Madrid, Rev. de Occ., 1968, II, S. 575.

41 Andrés Bernáldez, *op. cit.*, S. 380.

42 Ibid.

43 *Crónica*, zitiert von Lorenzo de Padilla, S. 67 f.

44 Ibid. Wie kam es, dass Philipp der Schöne so sicher war, dass Prinz Michael bald sterben würde? Warum gab er Anordnung, man möge ihn schnellstens davon unterrichten? Der Fürst von Machiavelli hätte es nicht besser machen können.

45 Lorenzo de Padilla, *Crónica*, S. 82.

46 Lorenzo de Padilla, *Crónica*, S. 83.

47 Antonio de Lalaing, *op. cit.*, S. 457.

48 Ibid., S. 458.

49 Ibid.

50 Lorenzo de Padilla, *Crónica*, S. 87.

51 Eine Abbildung des Tryptichons findet sich in der englischen Ausgabe meines *Carlos V.* (Manuel Fernández Álvarez, *Charles V.: Elected emperor and hereditary ruler*, London 1976, Abbildung 2).

52 Juan Manuel Carretero Zamora, Corpus documental de las Cortes de Castilla (1415–1517), Madrid 1993.

53 Carretero Zamora, *Corpus documental ..., op. cit.*, S. 5.

54 Carretero Zamora, *op. cit.*, S. 80.

55 Petrus Martyr von Anglería, *Epistolario*, ed. López de Toro, in: *Docs. In. para la Historia de España*, Bd. X, Madrid 1955, S. 35.

56 César Silió Cortés, *Isabel la Católica, op. cit.*, S. 406, Fußnote 298.

57 Petrus Martyr von Anglería, *Epistolario*, ed. cit., S. 48.

58 Wir hatten bereits erwähnt, dass sich die Königin in einem Brief an den Botschafter Fuensalida beklagte. Auch Petrus Martyr von Anglería erwähnt diesen Vorfall (*Epistolario*, ed. cit., S. 75).

59 Zitiert aus dem Brief von Isabella der Katholischen an den Botschafter Fuensalida. (Vgl. den Kommentar von Luis Suárez Fernández in *La España de los Reyes Católicos, op. cit.*, XVII, 2, S. 629 ff.).

60 Manuel Fernández Álvarez, *La sociedad española del Renacimiento*, Salamanca 1970, S. 175 ff.

61 Ibid., El siglo XVI: Economía, Sociedad, Instituciones (in: Historia de España, hrsg. von J. M. Jover Zamora, op. cit., Band XIX (1989), S. 394).

62 Petrus Martyr von Anglería, *Epistolario, op. cit.*, S. 83 f. Hier haben wir einen weiteren Beweis dafür, wie isoliert und einsam Johanna in Flandern war. Schon Ramírez de Villaescusa hatte 1501 darauf hingewiesen, als er über die Prinzessin schrieb: «... sie hat keine Menschenseele, die ihr auch nur mit einem Wort beisteht» (zitiert von Azcona, *Isabel la Católica, op. cit.*, S. 718).

63 Vgl. Ludwig Pfandl. Diese Abschnitte gehören zu den scharfsinnigsten seines Buches (*Juana la Loca, op. cit.*, S. 57–60).

64 Testament von Isabella der Katholischen, ed. cit., S. 30.

65 Testament von Isabella der Katholischen, ed. cit., S. 26 f.

66 Ibid., S. 29.

67 Testament von Isabella der Katholischen, ed. cit., S. 27.

68 Tatsächlich wird neun Monate später ihre letzte Tochter Katharina geboren (am 14. Januar 1507).

69 Testament von Isabella der Katholischen, ed. cit., S. 26.

70 J. M. Carretero Zamora ..., *Corpus op. cit.*, S. 67.

71 Archivo General de Simancas, Cámara de Castilla, Libros de Cédulas, Libros Generales de la Cámara, leg. 11, fol. 9, copia; cf. *codoin*, VIII, S. 273.

72 Antonio Rodríguez Villa, *Bosquejo biográfico de la reina doña Juana, op. cit.*, S. 47 ff.

73 Die Abschriften dieser ganzen Dokumentation findet sich in dem bereits erwähnten Bündel im Archiv von Simancas (vgl. Fußnote 13). Sie erhärten meine These, dass Philipp der Schöne seine Frau Johanna benutzt hat, um gegen Ferdinand vorzugehen.

74 A. Rodríguez Villa, *Bosquejo* ..., XIV, *op. cit.*, S. XIIff.

75 Andrés Bernáldez, *Memorias del reinado de los Reyes Católicos, op. cit.*, S. 498.

76 Petrus Martyr von Anglería, *Epistolario*, ed. cit., S. 114.

77 Petrus Martyr von Anglería, *Epistolario*, ed. cit., S. 147.

78 Ibid.

79 Ibid.

80 Anonymer Flame, *Segundo viaje de Felipe el Hermoso* (in: García Mercadal, *Viajes de extranjeros ..., op. cit.*, I, S. 588).

81 Petrus Martyr von Anglería, *Epistolario*, ed. cit., S. 154.

82 Ibid., S. 155.

83 Ibid., S. 156.

84 Anonymer Flame, *op. cit.*, S. 586.

85 Andrés Bernáldez, *Memorias...*, *op. cit.*, S. 517.

86 Ibid., S. 516.

87 Ibid.

88 Anglería, *Epistolario*, ed. cit., S. 178.

89 Ibid, S. 164 (diesen Brief schrieb Anglería in Torquemada am 24. Dezember 1506).

90 Anglería, *Epistolario*, ed. cit., S. 173 f.

91 Ibid., S. 185.

92 Ibid., S. 185.

93 Anglería, *Epistolario*, ed. cit., S. 200.

94 Nicomedes Sanz y Ruiz de la Peña, *Doña Juana I en Tordesillas*, Valladolid 1948, S. 12.

95 Eleuterio Fernández Torres, *Historia de Tordesillas*, Valladolid 1914; reed. mit einem ausgezeichneten Vorwort von Jonás Castro Toledo, Valladolid 1993, S. 64 f.

96 Anglería, *Epistolario*, ed. cit., S. 278.

97 Francis Hackett, *Enrique VIII y sus seis mujeres*, Barcelona 1959, S. 25 (Orig: *Henry the Eighth*, New York 1931).

98 A. Rodríguez Villa, *Bosquejo biográfico de la reina doña Juana, op. cit.*, S. 64.

99 A. Rodríguez Villa, *Bosquejo ..., op. cit.*, S. 67.

100 Ibid., S. 70.

101 Ferdinand der Katholische an seinen Botschafter Puebla (Brief, veröffentlicht von A. Rodríguez Villa, *Bosquejo ... op. cit.*, S. 75 f.).

102 Ferdinand der Katholische an Gómez de Fuensalida, 18. April 1508 (zitiert

von Félix de Llanos y Torriglia, *Doña Catalina de Austria*, Aufnahmerede in die Königliche Akademie für Geschichte, Madrid 1923, S. 13).

103 Maria von Ungarn an Karl V., Brüssel, 31. Mai 1533 (Brief, zitiert von Manuel Fernández Álvarez, *Carlos V.: el césar y el hombre*, Madrid 2000, 4. Aufl. (erste Aufl. 1999), S. 476, Fußnote 53).

104 Manuel Fernández Álvarez, *Carlos V.*, S. 477.

105 Eleuterio Fernández Torres, *Historia de Tordesillas*, ed. cit., S. 124 ff.

106 Manuel Fernández Álvarez, *La sociedad española del Renacimiento*, op. cit., S. 74.

107 Laurent Vital, *Relación del primer viaje de Carlos V a España* (in: García Mercadal, *Viajes de extranjeros …*, op. cit., I, S. 701).

108 «Ich habe in ganz Kastilien keinen lieblicheren Ort gesehen» (ibid.).

109 R. L. Kagan (Hg.), *Ciudades españolas del Siglo de Oro. Las vistas españolas de Anton Van der Wyngaerde* (Madrid 1986).

110 Nicomedes Sanz y Ruiz de la Peña, *Doña Juana I en Tordesillas, op. cit.*, S. 13.

111 Ibid.

112 Ibid.

113 Ibid., S. 14.

114 Archiv von Simancas, Patronato Real, 29–52, fol. 13v.

115 Ibid., fols. 13v und 14r. Hinter den drei Punkten verbirgt sich die vollständige Aufzählung der Reiche und Besitztümer, so wie es damals üblich war.

116 Luis Ferrer an König Ferdinand, Tordesillas, 10. August 1511 (Dank an Professorin Ana Díaz Medina, die mir freundlicherweise Einblick in diesen Brief gewährte).

117 Der Brief von Cisneros an die Städte und Gemeinden, die in den Cortes Stimmrecht hatten, vermittelt ein gutes Bild vom Geschehen. Besonders aufschlussreich ist Karls Rechtfertigung: Alle rieten ihm dazu, sogar der Papst, den Königstitel anzunehmen, «… aber Seine Hoheit, dem Gott, die Ehre und Hochachtung, die er der hohen und mächtigen Königin Johanna, unserer Herrin, seiner Mutter, schuldet, wichtiger sind als seine eigenen Belange, wollte und will den Titel nur zusammen mit ihr annehmen …, weil er es seiner Mutter als gehorsamer Sohn solchermaßen schuldet und sie seine Wohltat verdient hat …» (Jerónimo Quintana, *Historia de la grandeza de la Villa de Madrid*, Madrid 1629; wiederaufgelegt 1986, S. 327).

118 Sandoval, *Historia del emperador Carlos V, op. cit.*, I, S. 83.

119 Manuel Fernández Álvarez, *Corpus documental de Carlos V*, Salamanca 1977, III, S. 304 ff.

120 Joseph Pérez, La revolución de las Comunidades de Castilla, Madrid 1977, S. 115.

121 Brief, veröffentlicht von der Cubera-Gesellschaft anlässlich des 500. Geburtstags von Karl V.

122 Manuel Fernández Álvarez, *La España del emperador Carlos V* (in: *Historia de España*, hrsg. von J. M. Jover Zamora, Madrid 1979).

123 Carlos V, *Memorias*, hrsg. von Manuel Fernández Álvarez, Madrid 1960, S. 49.

124 Laurent Vital, *op. cit.*, S. 699 f.

125 Ibid., S. 700.

126 Ibid., S. 755.

127 Zitiert von Nicomedes Sanz y Ruiz de la Peña, *op. cit.*, S. 17.

128 Einen Überblick über die Bedeutung der Pest in der Neuzeit vgl. Ana Díaz Medina, «Demografía y sociedad» (in: *Gran Historia Universal*, Bd. XV (hrsg. von Manuel Fernández Álvarez): *El Renacimiento*, Madrid 1986, S. 21–27).

129 Der Brief des Marquis von Denia an Karl V., zitiert von Nicomedes Sanz y Ruiz de la Peña, *op. cit.*, S. 17.

130 «Am Vorabend des Santiago-Feiertags warf sie Tontöpfe nach zwei Frauen und verletzte sie am Kopf ...».

131 Nicomedes Sanz y Ruiz de la Peña, *op. cit.*; dieser bemerkenswerte Briefwechsel findet sich im Archiv von Simancas, Sección Estado, Castilla, und in den Akten aus der Zeit ab 1518.

132 Ibid., S. 20.

133 Ibid.

134 Ibid., S. 18 f.

135 Manuel Fernández Álvarez, «Zamora en tiempos de Carlos V» (in: *Primer Congreso de Historia de Zamora*, III, Zamora 1991, S. 433–458); vom selben Autor, «La Zamora comunera en 1520» (in: *Studia Historica*, Historia Moderna, I, Nr. 3, Salamanca 1983, S. 7–28).

136 Manuel Fernández Álvarez, *La España del emperador Carlos V, op. cit.*, S. 188 ff.

137 Joseph Pérez, *La revolución de las Comunidades de Castilla, op. cit.*, S. 180 ff.

138 Ibid., S. 181.

139 Ibid., Fußnote 93.

140 Manuel Danvila, Historia crítica y documentada de las Comunidades de Castilla (in: Memorial Histórico Español, Bände XXXV–XL, Madrid 1897–1900, 6 Bände; Band II, S. 5).

141 Offenbar beendete der Notar den Satz nicht (es fehlt das *möglich war*).

142 Zitiert von Nicomedes Sanz y Ruiz de la Peña, *op. cit.*, S. 24.

143 «... dass Ihr Euch um sie kümmert und sie ehrt und achtet ...» Dann fügt er noch hinzu: «... dass Ihr meiner teuren und geliebten Frau in allen Dingen und Notwendigkeiten beisteht und helft ...» (*Corpus documental de Carlos V, op. cit.*, I, S. 48 f.).

144 Joseph Pérez, *op. cit.*, S. 185.

145 Ibid., S. 192.

146 Adrian von Utrecht an Karl V., 16. November 1520 (Archiv von Simancas, Patronato Real, leg. 2, fol. 1). Hier haben wir einen weiteren Beleg dafür, dass Johanna in einem palastähnlichen Anbau und nicht im Kloster St. Clara selbst wohnte.

147 Joseph Pérez, op. cit., S. 194, Fußnote 32.

148 Ibid., S. 195.

149 Ibid., S. 195, Fußnote 36.

150 Brief, veröffentlicht von A. Rodríguez Villa, Bosquejo biográfico de la reina doña Juana, op. cit., S. 127.

151 Llanos y Torriglia, op. cit., S. 21.

152 Ibid.

153 A. Rodríguez Villa, Bosquejo ..., op. cit., S. 138.

154 Ibid., S. 137 f.

155 A. Rodríguez Villa, op. cit., S. 134 f.

156 Bittschrift Katharinas an ihren Bruder Karl V., Tordesillas, 19. August 1521 (in: Rodríguez Villa, op. cit., S. 137–142).

157 Brief des Marquis von Denia, 25. Januar 1522, veröffentlicht von A. Rodríguez Villa, op. cit., S. 143–146.

158 In: Llanos y Torriglia, op. cit., S. 22 f.

159 Manuel Fernández Álvarez, Corpus documental de Carlos V. (Salamanca 1975), II, S. 574.

160 Manuel Foronda y Aguilera, Estancias y viajes del emperador Carlos V, Madrid 1914.

161 Vgl. mein Buch Carlos V: el césar y el hombre, op. cit., S. 485.

162 Manuel Foronda y Augilera, op. cit., S. 433.

163 Pedro Girón, Crónica del emperador Carlos V, ed. cit., S. 82; vgl. mein Buch Carlos V: el césar y el hombre, op. cit., S. 546 ff.

164 «Da stieg er (Karl V.) die Treppe zum Flur hinauf, und an der Tür zur Treppe standen Prinz Philipp und die beiden Kardinäle, und dort küsste der Prinz die Hand Seiner Majestät, und er gab sie ihm mit einer Geste der Zuneigung, und Gleiches taten die Kardinäle ...» (Pedro Girón, op. cit., S. 82).

165 Karl V. mit dem Prinzen und den Kardinälen.

166 «... und die Diener gingen fort, um Proviant herbeizuschaffen, und zu den Mühlen, damit Brot für den Hof gebacken werden konnte, und damit war der Not ein Ende ...» (Pedro Girón, Crónica del emperador Carlos V, ed. cit., S. 84).

167 Ibid., S. 459.

168 Nicomedes Sanz y Ruiz de la Peña, op. cit., S. 29 f.

169 Ibid., S. 30.

170 Ibid.

171 *Corpus documental de Carlos V, op. cit.*, S. 82.

172 Nicomedes Sanz y Ruiz de la Peña, *op. cit.*, S. 30.

173 Pedro Girón, Crónica del emperador Carlos V, op. cit., S. 74.

174 Luis Fernández y Fernández de Retana, *La España de Felipe II* (in: *Historia de España*, begründet von R. Menéndez Pidal, XIX, 1., S. 200).

175 Archiv von Simancas, Estado, leg. 59, fol. 185.

176 Hrsg. von A. Rodríguez Villa, *op. cit.*, S. 186 ff. In Simanca findet sich noch eine weitere Aufstellung des Personals von Johanna aus dem Jahr 1538 (Sección Casas y Sitios Reales, leg. 60, fols. 258–261). 1538 ist die Anzahl der Bediensteten kleiner, was darauf hinzudeuten scheint, dass die Anweisung Karls V. an den Großkanzler von Kastilien, dass man in seiner Abwesenheit den Haushalt seiner Mutter nicht vernachlässigen möge, nicht von ungefähr kam. (Vgl. *Corpus documental de Carlos V., op. cit.*, II, S. 49 ff.)

177 Francisco de Borja an Philipp II., Medina del Campo, 17. Mai 1554 (*Corpus documental de Carlos V., op. cit.*, IV, S. 64 f.).

178 «In Anbetracht des Zustands, in dem sich die Königin, unsere Herrin, zu befinden scheint, dass nämlich die Krankheit, an der Ihre Hoheit leidet, ihre Urteilskraft trübt, kann man nicht viel tun, da dieser Zustand so tief in Ihrer Hoheit verwurzelt ist ...» (Francisco de Borja an Philipp II., Brief, veröffentlicht von Nicomedes Sanz y Ruiz de la Peña, *op. cit.*, S. 34).

179 Ibid., S. 35.

180 Die Königin spricht hier in ihrem Verfolgungswahn von den Dueñas, die ihr ihrer Meinung nach schlecht dienten.

181 Nicomedes Sanz y Ruiz de la Peña, *op. cit.*, S. 37.

182 Ibid., S. 37 f.

183 Ibid., S. 40.

184 Francisco de Borja an Karl V., Valladolid, 19. Mai 1555: Últimos momentos de doña Juana (*Corpus documental de Carlos V., op. cit.*, IV, S. 214)

LITERATURVERZEICHNIS

Schriftliche Quellen

Anonymer Flame, Segundo viaje de Felipe el Hermoso a España (in: García Marcadal, *Viajes de extrajeros a España y Portugal*, Madrid 1952, I, S. 548−599)

Bernáldez, Andrés, *Memorias del reinado de los Reyes* Católicos, hrgs. von M. Gómez-Moreno y J. M. Carriazo, Madrid 1962

Corpus documental de Carlos V, hrsg. und kommentiert von Manuel Fernández Álvarez, Salamanca 1973−1981, 5 Bände

Corpus documental de las Cortes de Castilla (1475−1517), hrsg. von M. Carretero Zamora, Madrid 1993

Danvila y Collado, Manuel, *Historia crítica y documentada de las Comunidades de Castilla* (in: *Memorial Histórico Español*, t. XXXV−XL, Madrid 1897−1900, 6 Bände)

Felipe el Hermoso, Cartas (in: *Colección de Documentos Inéditos para la Historia de España*, t. VIII, Madrid 1846, S. 270−393)

Gómez de Fuensalida, Gutierre, Correspondencia (1496−1509), Madrid 1907

Isabel la Católica, Testamento (Archivo de Simancas, Valladolid 1944)

Lalaing, A., Primer viaje de Felipe el Hermoso a España en 1501 (in: García Mercadal, *Viajes de extranjeros por España y Portugal*, Madrid 1952, I, S. 433−548)

Mártir de Anglería, Pedro, Epistolario, hrsg. und übers. von José López de Toro (in: *Colección de Documentos Inéditos para la Historia de España*, t. IX−XII, Madrid 1953−1957).

Padilla, Lorenzo de, *Crónica de Felipe I, llamado el Hermoso* (in: *Colección de Documentos Inéditos para la Historia de España*, t. VIII, Madrid 1846, S. 5−267)

Parra, Doctor, *Carta sobre la muerte de Felipe el Hermoso* (in: *Colección de Documentos Inéditos para la Historia de España*, t. VIII, Madrid 1846, S. 394−397)

Vital, Laurent, *Relación del primer viaje de Carlos V a España* (in: García Mercadal, *Viajes de extranjeros por España y Portugal*, Madrid 1952, I, S. 627−788)

Studien

Azcona, Tarsicio, *Isabel la Católica. Estudio crítico de su vida y su reinado*, Madrid 1964

Cereceda, Feliciano, *Semblanza espiritual de Isabel la Católica*, Madrid, Instituto de Cultura Hispánica 1946

Fernández Álvarez, Manuel, *La sociedad española del Renacimiento*, Salamanca 1970

ders., *La España del Emperador Carlos V* (in: *Historia de España*, begründet von Menéndez Pidal und fortgeführt von *J. M. Jover Zamora*, t. XX, Madrid 1990, 5. Aufl.)

ders., *El siglo XVI. Economía, Sociedad, Instituciones* (in: *Historia de España*, hrsg. von J. M. Jover Zamora, t. XIX, Madrid 1989)

ders., «La crisis del nuevo Estado, 1504–1516» (in: *Historia de España*, hrsg. von J. M. Jover Zamora, t. XVII, 2. Aufl., Madrid 1969, S. 645–792)

ders., *La sociedad española en el Siglo de Oro*, Madrid 1989

ders., «La Zamora comunera en 1520» (in: *Stvdia Historica*, Salamanca 1983, S. 7–28)

Fernández Torres, Eleuterio, *Historia de Tordesillas*, Valladolid 1914; Neuaufl. Valladolid 1993, mit einem Vorwort von Jonás Castro Toledo

Foronda y Aguilera, Manuel, *Estancias y viajes del emperador Carlos V*, Madrid 1914

Hume, Martin, *Reinas de la España antigua*, Madrid (ohne Jahresangabe) (in: *Juana la Loca*, S. 153–192) (Orig.: *Queens of Old Spain*, London 1911)

Maravall Casenoves, José Antonio, *Las Comunidades de Castilla. Una primera revolución moderna*, Madrid 1979, 3. Aufl.

Mattingly, Garrett, *Catalina de Aragón*, Buenos Aires 1942

Pérez, Joseph, *La revolución de las Comunidades de Castilla (1520–1521)*, Madrid 1977

Pfandl, Ludwig, *Juana la Loca*. Madrid 1946, 5. Aufl. (dt: *Johanna die Wahnsinnige: ihr Leben, ihre Zeit, ihre Schuld*, Freiburg 1930)

Prawdin, M., *Juana la Loca*, Barcelona 1953

Rodríguez Villa, Antonio, *Bosquejo biográfico de la reina doña Juana*, Madrid 1874

ders., *La reina doña Juana la Loca*, Madrid 1892

Sanz y Ruiz de la Peña, Nicomedes, *Doña Juana en Tordesillas*, Valladolid 1948

Silió Cortés, César, *Isabel la Católica, fundadora de España*, Madrid 1943

Suárez Fernández, Luis, *La España de los Reyes Católicos* (in: *Historia de España*, hrsg. von J. M. Jover Zamora, t. XVII, 2., Madrid 1969)

ZEITTAFEL

1479 In Toledo wird die Infantin Johanna von Kastilien geboren.

1480 Cortes von Toledo: Restrukturierung des Königlichen Rats

1482 Beginn des Kriegs von Granada

1484 In Córdoba wird die Infantin Maria geboren, die zukünftige Königin von Portugal.

1485 In Alcalá de Henares wird die Infantin Katharina geboren, die zukünftige Königin von England.

      Bulle von Innozenz VIII. gegen die Hexerei (*Summis desiderantes affectibus*)

1487 Eroberung Málagas

1488 Bartolomé Díaz umsegelt das Kap der Guten Hoffnung.

1492 *Annus admirabilis*: Kapitulation Granadas und Ende der Reconquista

      Kolumbus entdeckt Amerika.

      Nebrija veröffentlicht die erste spanische Grammatik.

      Königliches Dekret über die Bekehrung oder Vertreibung der Juden.

1493 Kolumbus' zweite Reise nach Westindien.

1494 Vertrag von Tordesillas, in dem Spanien und Portugal die Überseegebiete aufteilen

1496 Hochzeit von Johanna von Kastilien und Philipp dem Schönen

1498 Eleonor, die erste Tochter Johannas, wird geboren.

1500 In Gent wird Karl V. geboren.

      Fernando de Rojas, *Tragicomedia de Calisto y Melibea (La Celestina)*

1501 Tod des Prinzen Michael, des Thronfolgers von Portugal, Kastilien und Aragonien

      Johanna bringt Isabella zur Welt, die zukünftige Königin von Dänemark.

1502 Erste Reise von Philipp dem Schönen und Johanna nach Kastilien, wo sie von den in Toledo zusammengetretenen Cortes als Prinz und Prinzessin von Asturien ausgerufen werden

1503 Johanna bringt den Infanten Ferdinand zur Welt, den zukünftigen Kaiser.

      Siege des «Großen Kapitäns» in Neapel

1504 Tod Isabellas der Katholischen

1505 Johanna bringt Maria zur Welt, die zukünftige Königin von Ungarn.

1506 Tod Philipps des Schönen

      In Valladolid stirbt Christoph Kolumbus.

1507 Johanna bringt in Torquemada die Infantin Katharina zur Welt, die nachgeborene Tochter Philipps des Schönen und zukünftige Königin von Portugal.
Ferdinand der Katholische ist Großkanzler von Kastilien.

1508 Eroberung von Oran.

1509 Johanna wird von Ferdinand dem Katholischen in Tordesillas eingesperrt.
Cisneros gründet die Universität von Alcalá.
Erasmus von Rotterdam, *Lob der Torheit*

1512 Besetzung Navarras

1514 Machiavelli, *Der Fürst*

1515 Franz I. siegt bei Marignano und besetzt das Herzogtum Mailand.

1516 Tod Ferdinands des Katholischen

1517 Erste Reise Karls V. nach Spanien

1519 Karl V. wird zum Kaiser gewählt.

1520 Aufstand der Comunidades von Kastilien. Die Comuneros dringen in Tordesillas ein.

1521 Niederlage der Comuneros bei Villalar
Reichstag in Worms gegen Luther
Soliman erobert Belgrad.
Hernán Cortés erobert Mexiko.

1522 Sebastián Elcano: erste Weltumseglung

1525 Katharina verlässt Tordesillas.

1526 Hochzeit von Karl V. und Isabella von Portugal

1527 Sacco di Roma
Philipp II. wird geboren.

1529 Erste Reise Karls V. nach Italien

1530 Karl V. wird in Bologna zum Kaiser gekrönt.

1532 Karl V. verteidigt Wien gegen die Türken.

1534 Michelangelo malt in der Sixtinischen Kapelle *Das jüngste Gericht*.

1539 Tod Kaiserin Isabellas

1541 Karl V. erleidet bei Algier eine schwere Niederlage.

1542 *Nuevas Leyes de Indias*, Gesetze, mit denen die spanische Krone ihren Machtanspruch bekräftigte.

1543 Nikolaus Kopernikus, *De revolutionibus orbium coelestium*
Andreas Vesal, *De humani corporis fabrica*

1545 Konzil von Trient

1547 Kaiserlicher Sieg bei Mühlberg

1552 Flucht des Kaisers aus Innsbruck

1555 Tod Johannas des Wahnsinnigen
Abdankung Karls V.

ABBILDUNGSVERZEICHNIS

PERSONENREGISTER

Kursive Seitenangaben verweisen auf Bildunterschriften.

Margarete von Savoyen 188
Margarethe von Österreich, Gattin
    Johanns 46 f., 51, 68 ff.
Margarethe von York 61
Maria Manuela von Portugal, Gattin
    Philipps II. 195 f.
Maria Stuart 25
Maria Tudor 50, 195
Maria von Aragonien (illegitime Toch-
    ter Ferdinands) 43
Maria von Österreich, Tochter
    Karls V. 90
Maria von Portugal, Schwester Johan-
    nas 38, 60, 79, 82
Maria von Ungarn, Tochter Johannas
    11, 40, 56, 91, 94, 127 ff., *139*,
    171
Maria, Tochter Karls V. 178, 188,
    195 f.
Mariana, Pater 43
Martínez, Andrés 199
Matienzo, Tomás de 64, 66 f.
Maximilian I., Kaiser 47, 68, 123
Maximilian II., Kaiser 195
Maximilian von Österreich 90
Maximilian, Sohn Karls V. 178
Memling, Hans 56
Mena, Juan de 39
Mendoza, Kardinal 78
Mercado, Francisco del 198
Mercado, Rodrigo Sánchez de 136
Messina, Antonello 56
Metsys, Quintin 56
Michael, spanischer Kronprinz, Sohn
    Manuels des Glücklichen und Isa-
    bellas 69–72, 79, 82 f.
Michelangelo 14
Montesquieu, Charles de Secondat
    24
Moro, Antonio 50
Moya, Marquise von 61, 116

Mújica, Martín de 61
Munabay, Fernando de 199
Münzer, Hieronymus 44 f.

Nieto, Gutiérrez 157

Orange, Isabella von 198
Oviedo, Gonzalo Fernández de 42

Pacheco, María 162
Padilla, Juan de 160–164, 175, *177*,
    181
Padilla, Lorenzo de 61, 71, 74, 76
Padilla, María de 130
Papax, Francisco Rodríguez 198
Pérez, Joseph 142, 157, 172 f.
Peter I. 16, 124, 130
Pfandl, Ludwig 7, 41, 62
Philipp der Gute 60
Philipp der Schöne, Johannas Gatte
    7, 11, 44–48, *54*, *55*, 60, 62, 64,
    68, 70–79, 81 f., 84 f., 87 f.,
    90–94, 96–106, 108 f., *110*,
    111–116, *117*, 118, *120*, 122 ff.,
    125, 126 f., 132, 146, 150, 156,
    158, 161, 165 f., 168, 171
Philipp II., Sohn Karls V. 25, 41 f.,
    131, 177 f., 188 f., 195 f., 201 ff.,
    205
Pizarro, Francisco 178
Polanco, Professor 161
Poupet, Charles de 129
Pradilla, Francisco *117*
Prawdin, Michael 7
Priego, Marquis del 123
Puebla, Doktor 126
Pulgar, Hernando 43

Quesada, Hernando de 61
Quevedo y Villegas, Francisco Gómez
    de 125

AUS DEM VERLAGSPROGRAMM

SPANIEN BEI C.H.BECK

Walther L. Bernecker
Spaniens Geschichte seit dem Bürgerkrieg
3., neubearbeitete und erweiterte Auflage. 1997.
336 Seiten mit 1 Karte. Paperback
Beck'sche Reihe Band 284

Walther L. Bernecker
Spanische Geschichte
Vom 15. Jahrhundert bis zur Gegenwart
3. Auflage. 2003. 136 Seiten mit 2 Karten. Paperback
C.H.Beck Wissen in der Beck'schen Reihe Band 2111

Werner Herzog
Spanien
4., aktualisierte Auflage. 1998. 197 Seiten mit 27 Abbildungen
und 2 Karten. Paperback
Beck'sche Reihe Band 811
Reihe «Länder» in der Beck'sche Reihe Band 811

Günther Haensch / Gisela Haberkamp de Antón
Kleines Spanien-Lexikon
Wissenswertes über Land und Leute
2., neubearbeitete Auflage. 1996. 190 Seiten mit 7 Karten. Paperback
Reihe «Länder» in der Beck'schen Reihe Band 825

Carlos Collado Seidel
Der Spanische Bürgerkrieg
Geschichte eines europäischen Konflikts
2006. 218 Seiten mit 5 Karten. Paperback
Beck'sche Reihe Band 1677

Georg Bossong
Das Maurische Spanien
Geschichte und Kultur
2007. 128 Seiten mit 7 Abbildungen und 2 Karten. Paperback
C.H.Beck Wissen in der Beck'schen Reihe Band 2395

GESCHICHTE DER HEXENVERFOLGUNG

Lyndal Roper
Hexenwahn
Geschichte einer Verfolgung
Aus dem Englischen von Holger Fock und Sabine Müller
2007. 470 Seiten mit 66 Abbildungen. Gebunden

«Vom späten 15. Jahrhundert bis in die Aufklärung – das zeigt
Lyndal Ropers glänzende Untersuchung der Vorstellungswelt der
frühen Neuzeit – durchzogen Wogen der Hexenpanik das Land.»
Johanna Schmeller, Die Welt,

Wolfgang Behringer
Hexen
Glaube, Verfolgung, Vermarktung
4. Auflage. 2005. 115 Seiten mit 4 Abbildungen
und 3 Tabellen. Paperback
C.H. Beck Wissen in der Beck'schen Reihe Band 2082

Brian P. Levack
Hexenjagd
Die Geschichte der Hexenverfolgungen in Europa
3. Auflage. 2002. 296 Seiten mit 13 Abbildungen. Paperback
Beck'sche Reihe Band 1332

«Levacks vorzüglich übersetztes Werk ist eine Fundgrube
nicht nur für Fachgelehrte, sondern auch für
kulturgeschichtlich interessierte Laien.»
Welt am Sonntag

Verlag C.H.Beck München

BIOGRAPHIEN BEI C.H.BECK – EINE AUSWAHL

Leonie Berger / Joachim Berger
Anna Amalia von Weimar
Eine Biographie
2006. 298 Seiten mit 17 Abbildungen. Gebunden

Irene Eber
«Ich bin allein und bang»
Ein jüdisches Mädchen in Polen 1939 – 1945
Aus dem Englischen von Reinhild Böhnke
2007. 287 Seiten mit 18 Abbildungen und 1 Karte. Gebunden

Peter-André Alt
Franz Kafka
Der ewige Sohn. Eine Biographie
2005. 763 Seiten mit 43 Abbildungen. Leinen

Günter Brakelmann
Helmuth James von Moltke
1907-1945. Eine Biographie
2. durchgesehene Auflage. 2007. 432 Seiten mit 60 Abbildungen.
Gebunden

Norberto Fuentes
Die Autobiographie des Fidel Castro
Aus dem Spanischen von Thomas Schultz
2. durchgesehene Auflage. 2006. 757 Seiten mit 26 Abbildungen.
Gebunden

Sudhir Kakar
Die Frau, die Gandhi liebte
Aus dem Englischen von Karl-Heinz Siber
2005. 287 Seiten. Gebunden

Verlag C.H.Beck München